II CONGRESSO DE DIREITO DO DESPORTO

Memórias

II CONGRESSO DE DIREITO DO DESPORTO

Porto, Hotel *Porto Palácio*
12 e 13 de Outubro de 2006

Coordenação

RICARDO COSTA **NUNO BARBOSA**

II CONGRESSO DE DIREITO DO DESPORTO

COORDENAÇÃO
RICARDO COSTA, NUNO BARBOSA

EDITOR
EDIÇÕES ALMEDINA, SA
Avenida Fernão de Magalhães, n.º 584, 5.º Andar
3000-174 Coimbra
Tel: 239 851 904
Fax: 239 851 901
www.almedina.net
editora@almedina.net

PRÉ-IMPRESSÃO • IMPRESSÃO • ACABAMENTO
G.C. GRÁFICA DE COIMBRA, LDA.
Palheira – Assafarge
3001-453 Coimbra
producao@graficadecoimbra.pt

Novembro, 2007

DEPÓSITO LEGAL
266568/07

Os dados e as opiniões inseridos na presente publicação
são da exclusiva responsabilidade do(s) seu(s) autor(es).

Toda a reprodução desta obra, por fotocópia ou outro qualquer processo,
sem prévia autorização escrita do Editor,
é ilícita e passível de procedimento judicial contra o infractor.

ÍNDICE

PROGRAMA DO CONGRESSO 7

SESSÃO SOLENE DE ABERTURA

Ricardo Costa
    – Coordenação Científica 13

José Eduardo Fanha Vieira
    – Secretaria de Estado da Juventude e do Desporto 15

José Alípio de Oliveira
    – Comité Olímpico de Portugal 17

CONFERÊNCIA DE ABERTURA

José Carlos Vieira de Andrade
    – Os Direitos Fundamentais e o Direito do Desporto 23

PAINEL I. JUSTIÇA DESPORTIVA

J. J. Almeida Lopes
    – Litígio Desportivo e Recurso aos Tribunais 45

José Luís Pereira Seixas
    – Organização Jurisdicional do Desporto Profissional 105

Miguel Gorjão-Henriques
    – O Tribunal de Justiça como Instância de Resolução de Conflitos Desportivos:
      a propósito do *Caso Meca-Medina* 121

PAINEL II. COMPETIÇÃO DESPORTIVA

Ángel María Villar Llona
  – La Liberación de Deportistas a las Selecciones Nacionales:
  Aspectos Jurídicos y Económicos 143

Carolina Cunha
  – Desporto e Concorrência 171

Alberto Palomar Olmeda
  – La Regulación del Dopaje en el Deporte 205

PAINEL III. RELAÇÃO LABORAL DESPORTIVA

Júlio Gomes
  – Nótula sobre o Período Experimental no Contrato de Trabalho Desportivo ... 255

Paulo Leite Gonçalves
  – O Direito de Opção na Prestação do Desportista Profissional 267

CONFERÊNCIA DE ENCERRAMENTO

José Alberto Pinheiro Pinto
  – Especificidades Fiscais no Fenómeno Desportivo 283

CRÓNICA DA JORNADA
  Nuno Barbosa e Ricardo Costa 295

SESSÃO SOLENE DE ENCERRAMENTO

Nuno Barbosa
  – Coordenação Científica 305

PROGRAMA DO CONGRESSO

12 de Outubro de 2006

9.00h **SESSÃO SOLENE DE ABERTURA**

9.30h **CONFERÊNCIA DE ABERTURA**: "Direitos Fundamentais e o Direito do Desporto", JOSÉ CARLOS VIEIRA DE ANDRADE, Professor da Faculdade de Direito da Universidade de Coimbra

Coffee Break

10.45h **PAINEL I. JUSTIÇA DESPORTIVA**

Presidência:
JOSÉ CORRÊA SAMPAIO, Presidente da Federação Portuguesa de Ténis

Conferencistas:
"Litígio Desportivo e Recurso aos Tribunais", J. J. ALMEIDA LOPES, Juiz Conselheiro do Supremo Tribunal Administrativo e Presidente dos Tribunais Administrativos e Fiscais do Porto e de Viseu
"Relações entre Federações e Ligas em Matéria Jurisdicional", JOSÉ LUÍS PEREIRA SEIXAS, Advogado
"O TJCE como Jurisdição de Conflitos Desportivos", MIGUEL GORJÃO-HENRIQUES, Assistente da Faculdade de Direito da Universidade de Coimbra

Comentador:
MANUEL QUEIROZ, Jornal «Correio da Manhã»

12.15h **DEBATE**

Intervalo para almoço

15.30h   PAINEL II. COMPETIÇÃO DESPORTIVA

Presidência:
Mário Santos, Presidente da Federação Portuguesa de Canoagem

Conferencistas:
"A Participação do Atleta Profissional nas Selecções Nacionais: Riscos e Consequências", Ángel María Villar, Vice-Presidente da FIFA (Comité Jurídico) e da UEFA, Presidente da Real Federação Espanhola de Futebol
"Desporto e Concorrência", Carolina Cunha, Assistente da Faculdade de Direito da Universidade de Coimbra
"O Combate do Direito contra o *Doping*", Alberto Palomar Olmeda, Professor da Universidade Carlos III de Madrid, Magistrado

Comentador:
Martins Morim, Jornal «A Bola»

17.00h   DEBATE

13 de Outubro de 2006

10.00h   PAINEL III. RELAÇÃO LABORAL DESPORTIVA

Presidência:
Gilberto Madaíl, Presidente da Federação Portuguesa de Futebol, representado por Ângelo Brou

Conferencistas:
"O Período Experimental no Contrato de Trabalho Desportivo", Júlio Gomes, Professor da Faculdade de Direito da Universidade Católica Portuguesa
"O Direito de Opção e de Preferência na Prestação do Desportista Profissional", Paulo Leite Gonçalves, Advogado, Director Geral da «Boavista Futebol SAD»
"As Especificidades da Relação entre Treinador e Clube Desportivo", Jorge Leite, Professor da Faculdade de Direito da Universidade de Coimbra

Comentador:
Rui Orlando, «Sportv»

11.45h **DEBATE**

Intervalo para almoço

14.30h **CONFERÊNCIA DE ENCERRAMENTO**: "Especificidades Fiscais no Fenómeno Desportivo", José Alberto Pinheiro Pinto, Professor da Faculdade de Economia da Universidade do Porto e da Universidade Católica Portuguesa

Coffee Break

16.00h **CRÓNICA DA JORNADA**, Ricardo Costa, Assistente da Faculdade de Direito da Universidade de Coimbra, e Nuno Barbosa, Advogado

16.30h **SESSÃO SOLENE DE ENCERRAMENTO**

SESSÃO SOLENE DE ABERTURA

Ricardo Costa
Coordenação Científica

José Eduardo Fanha Vieira
Secretaria de Estado da Juventude e do Desporto

José Alípio de Oliveira
Comité Olímpico de Portugal

Senhor Representante do Senhor Ministro da Presidência
do Conselho de Ministros e do Secretário de Estado
da Juventude e do Desporto
Senhor Vice-Presidente do Comité Olímpico de Portugal
Senhores Representantes das autoridades e entidades
públicas presentes
Senhor Representante da Livraria Almedina
Senhores Convidados
Caros Colegas
Senhoras e Senhores

Declaro aberto o II Congresso de Direito do Desporto!

Saúdo todos os presentes com muita satisfação. Aqui estamos novamente!

Muitos duvidaram que à edição do Estoril de 2004 se sucederia a continuação desta iniciativa. Mas, se então nos lamentámos de alguma inércia na adesão dos sujeitos e agentes desportivos àquele *fórum* de discussão do Direito de Desporto, não seríamos nós a contribuir para essa inércia. Ao invés, a constituição de um espaço periódico de análise e reflexão era uma conquista sem retorno. Sem volta! Era assim no próprio dia 22 de Outubro de 2004, data do encerramento dessa primeira edição. Foi nesse próprio dia que nos socorremos de um papel esquecido no bolso e esboçámos o II Congresso: seria no Porto, com pessoas novas, com temas diferentes e ligados à prática, com mais debate, com mais Direito.

Registámos que o modelo tinha resultado. E, como ouvimos no Estoril, com um fôlego indesmentível.

Por um lado, porque a qualidade manifesta dos Conferencistas e o interesse dos temas escolhidos ancoraram a autenticação científica do Congresso. Por outro, porque chamámos um naipe de não juristas, vindos da imprensa, que auxiliaram a simplificar a complexidade, a desmontar a erudição, a fazer a ponte com os interessados pelo Direito do Desporto.

Para um ramo que é difícil, porque transversal e esgotante no recurso aos outros ramos jurídicos, aquele fora um momento de inegável emancipação.

Se assim foi, havia que melhorar e consolidar o evento.

Sem prejudicar a autoridade académica, profissional e institucional dos intervenientes. Sem claudicar na actualidade prática das matérias elencadas. Assim fizemos, mas com outra aposta: mais tempo para dialogar, mais tempo para cruzar saberes, mais tempo para comparar experiências. Uma aposta que foi compreendida: superamos substancialmente nesta segunda edição o número de participantes inscritos na edição de 2004 e esta é a nossa maior recompensa. Pela vossa confiança, muito obrigado!

O Congresso é feito por aqueles que enriquecem as sessões solenes, que preenchem o nosso encontro com as suas Conferências e Comentários, e pelos que moderam cada um dos painéis temáticos. Para todos eles, uma palavra de profundo reconhecimento, nomeadamente aos nossos convidados de Espanha. E, em acrescento, porque é devido, aos representantes das federações desportivas de ténis, de canoagem, de futebol, na pessoa dos seus presidentes: é reconfortante saber que algumas das modalidades desportivas mais vitoriosas no estrangeiro foram sensíveis ao nosso convite e perceberam o sinal que davam ao desporto, que tem direito e sem direito não vive!

Em Outubro de 2004, como era nossa aspiração, quando prometemos vencer o Adamastor que ainda intimidava, julgo que fomos mais fortes que os Velhos do Restelo. Estou certo que o seremos novamente. Nós, todos nós, os que estivemos no Estoril e estamos hoje no Porto, que usufruímos do gozo que é saber mais!

O notável poeta Carlos Drummond de Andrade deixou-nos há mais de meio século uma corajosa sentença no poema *Nosso tempo*: "As leis não bastam. Os lírios não nascem da lei". Se alguns "lírios" conseguirmos semear, o II Congresso de Direito do Desporto terá valido a pena!

RICARDO COSTA

Exmo. Senhor Dr. Ricardo Costa
Exmo. Senhor Dr. Nuno Barbosa
Exmo. Senhor Representante do Comité Olímpico de Portugal

Passaram dois anos desde o I Congresso de Direito do Desporto. Vivíamos, então, sob os efeitos do Euro 2004 e o desporto, em particular o futebol, estava na ordem do dia, porque tinha sido uma aposta ganha por Portugal, quer no plano da organização quer no plano desportivo.

A realização de um congresso sobre o direito do desporto constitui, também, um desafio aliciante, sabendo-se de antemão que as temáticas envolvidas – desporto e direito – não são matérias de fácil discussão.

Mas também este desafio foi ganho, e aprova, se tal fosse necessário, encontra-se na circunstância de estarmos hoje, no Porto, a realizar a sessão de abertura do II Congresso de Direito do Desporto.

No brocardo latino diz-se que onde há sociedade está presente o direito e onde há direito existe uma sociedade. E se esta regra tem valido de ponto de partida para a generalidade das relações intersociais, é certo que nem sempre teve plena aplicação no caso do desporto.

Com efeito, não o direito entendido como corpo jurídico de normas, mas o direito na sua acepção ampla nem sempre teve (e tem!) um convívio são com a ordem desportiva. Durante largos anos o desporto foi um elemento estranho à organização do Estado, entendendo-se o direito aplicável como sendo apenas constituído pelo conjunto de normas emanadas do interior das organizações desportivas privadas, fossem elas nacionais ou internacionais.

No entanto, a dimensão que o desporto foi conseguindo ao longo, sobretudo, da década de oitenta nos campos social e económico não passou incólume aos olhos do Estado, passando esta actividade a ser considerada como de interesse público e, logo, objecto de intervenção legislativa.

Mas, efectivamente, o desporto continua a ser uma área com especificidades, gerando dinâmicas que nem sempre são acompanhadas no plano legislativo. Esta especificidade projecta-se sobretudo no domínio das relações com o ordenamento jurídico dos Estados, bastando para tanto lembrar o recente episódio conhecido como "Caso Mateus".

Também no plano supranacional esta especificidade tem levado a que surjam áreas de conflito, particularmente com o direito comunitário, de que o "Caso Bosman" é apenas o exemplo mais conhecido.

Estes singelos exemplos, um recente outro mais tardio, demonstram a necessidade de se continuar a aprofundar a discussão em redor do direito do desporto. E esta discussão que hoje se inicia pauta desde logo pela oportunidade, porque decorre no momento em que se está a debater na Assembleia da República, na especialidade, a Proposta de Lei n° 80/X, referente à Lei de Bases da Actividade Física e do Desporto.

Muitas das questões que serão objecto de discussão neste Congresso são igualmente abordadas nessa Proposta de Lei que, aliás, contém um conjunto de soluções que marcam uma ruptura com o sistema vigente.

A própria Proposta de Lei n° 80/X resulta, também, em larga medida, do debate produzido num outro fórum, *in casu*, o Congresso do Desporto. O XVII Governo, pela sua própria experiência, não pode deixar de apoiar as iniciativas presididas pelo mesmo espírito, como é o caso deste II Congresso de Direito do Desporto.

É certo que os resultados obtidos no I Congresso de Direito do Desporto colocaram a fasquia mais elevada, mas a experiência dos organizadores, a qualidade dos oradores convidados e a generosidade dos congressistas, por certo, não vão deixar os créditos em mão alheia.

A todos, em nome de S. E. o Secretário de Estado da Juventude e do Desporto, desejo um trabalho profícuo.

José Eduardo Fanha Vieira
Adjunto do Gabinete do Secretário de Estado
da Juventude e do Desporto

Em nome do Comité Olímpico de Portugal, saúdo o II Congresso do Direito do Desporto, felicitando os organizadores, reconhecendo a sua oportunidade e interesse e expressando naturais votos de continuidade em benefício da causa desportiva.

Pessoal e institucionalmente agradeço o convite formulado, dizendo do prazer que para nós constitui o facto de nos ser permitido associar o nome do Comité Olímpico de Portugal a este importante evento.

Permitam-me que comece por destacar a importância crescente do Direito associado ao fenómeno desportivo. Constituindo-se a actividade desportiva como uma incontornável realidade socio-económica, mobilizadora de politicas públicas de origem vária, impõe-se desde logo que nos obriguemos a definir e a desenhar um quadro normativo que permita os diferentes enquadramentos e interacções numa perspectiva propiciadora de um bom funcionamento das estruturas organizacionais e da eficácia dos procedimentos.

O actual quadro de desenvolvimento desportivo tem na legislação desportiva um instrumento fundamental para a consecução da necessária modernização, adequação e regulamentação.

Partindo do princípio constitucional de "direito fundamental" que matricia e orienta a prática e as políticas desportivas, deve o Direito Desportivo, como secção especializada ou não, assumir uma dinâmica que, entre outras coisas, harmonize o livre acesso, previsto na Constituição da República Portuguesa, e a sua universalidade com o denominado desporto para todos, o desporto na Escola e o desporto promovido e organizado no âmbito do Movimento Associativo.

O facto de termos vindo a assistir ao aparecimento de Leis orientadoras e programáticas, sob a configuração de Leis de Bases, permitiu dotar o desporto com um ordenamento jurídico e uma regulamentação, susceptíveis de nele induzir organização, jurisprudência e qualificação.

A Lei de Bases 1/90, de 13 de Janeiro, desencadeou uma produção legislativa com inegável impacto, do qual nos permitimos salientar os diplomas regulamentares sobre educação física e o desporto escolar, o regime de formação dos agentes desportivos, a corrupção no fenómeno desportivo, os contratos-programa de desenvolvimento desportivo e a dopagem, os quais constituíram, à altura, um avanço significativo na forma conceptual e organizacional do desporto.

A partir de 1993, no decurso de um significativo ciclo normativo, surgem os textos legais que visam a reforma da Administração Pública Desportiva, dos quais destacamos a Lei 114/93, que estabelece o regime jurídico das federações desportivas, este, um diploma fundamental para a definição das relações jurídicas entre o estado e as federações nacionais.

Em 2004, é implementada a Lei de Bases do Desporto que foi claramente marcada por algum irrealismo. De imediato e de forma sintomática se equacionou a sua alteração, tendo-se, então, operado algumas correcções de índole conceptual e organizacional. Disso resultou uma maior razoabilidade estrutural e operativa.

Com o Congresso do Desporto, considerado pelo Governo como desígnio nacional, desencadeou-se um processo de debate que, ao que se proclamou, consubstanciaria a futura Lei de Bases – a denominada Lei de Bases da Actividade Física e do Desporto.

Está esta Proposta de Lei, no momento presente, a ser alvo de discussão pública e de algumas críticas, o que, diga-se, se nos afigura como natural e decorrente do processo em curso. Que do processo e dos contributos dele gerados resulte uma Lei que sirva efectivamente os interesses e as expectativas do desporto nacional. As críticas emergentes do referido processo são basicamente as que consideram a Proposta como um conjunto pouco consistente de intenções, com pouca força transformadora e com laivos de estatizante.

Tendo em conta que o que a torna verdadeiramente importante será a eficácia da sua aplicação, e que esta depende essencialmente da regulamentação subsequente, esperemos que os intervenientes no processo cumpram competentemente as suas funções. Que a versão final da Lei contribua para a celeridade dos processos e para a ocorrência das desejadas mudanças.

Cabe aqui referir com acuidade a conveniência de se criar uma estrutura cujo objectivo e missão sejam o dirimir litígios jurídicos, emergentes no domínio do desporto, aquilo a que chamamos, Tribunal Arbitral Desportivo. Um tribunal que permita estabelecer uma relação entre os vários agentes da Justiça, sejam eles de índole administrativa, penal ou civil, e que agilize procedimentos, permitindo de uma forma célere o exercício dos direitos de cidadania dos referidos agentes, através de um mecanismo mais próximo e menos burocrático.

No Direito Desportivo afigura-se-nos, como caminho naturalmente a seguir para a diminuição de conflitos, a prática da mediação e da arbitragem. Um modelo análogo ao que hoje o Estado preconiza, com evidente sucesso, na resolução da conflitualidade social e consubstanciado nos denominados Julgados de Paz.

O Desporto, dentro da sua especificidade, encontrará no Tribunal Arbitral Desportivo uma via para demonstrar a sua vitalidade e capacidade intrínseca de resolução de conflitos, através de uma solução expedita e de proximidade, procurando "ab initio" encontrar a justiça material e não cair no vazio da justiça formal.

Estamos a falar da celeridade da justiça o que consideramos como fundamental tendo mesmo em conta a realidade expressa pela dinâmica social e do próprio desporto.

O Tribunal Arbitral Desportivo é, em nosso entender, o culminar da ideia e do reconhecimento da independência do desporto.

A criação do Tribunal Arbitral Desportivo tem contado e continuará a contar com o bom acolhimento e entusiasmo do Comité Olímpico de Portugal. Este posicionamento integra a concepção, a operacionalidade e mesmo a instalação física, a sede, do órgão arbitral do Desporto a criar. Parece-nos mesmo tratar-se de uma posição marcada por uma lógica e por uma estratégia absolutamente coerentes. Ao desenvolver-se o processo de criação de uma Comissão Instaladora deram-se sinais claros do nosso entendimento sobre a nossa tomada de consciência de que este é o caminho nesta área fundamental do Desporto. Digamos que o desporto só terá a ganhar adoptando a mediação e a arbitragem num contexto de aplicação e do desenvolvimento da Justiça.

Resta-me reiterar os agradecimentos pelo convite e desejar aos congressistas uma excelente jornada em torno de matéria tão fundamental para o desenvolvimento desportivo e sua adequação às dinâmicas sociais.

Muito Obrigado!

José Alípio de Oliveira
Vice-Presidente do Comité Olímpico de Portugal

CONFERÊNCIA DE ABERTURA

José Carlos Vieira de Andrade
Os Direitos Fundamentais e o Direito do Desporto

OS DIREITOS FUNDAMENTAIS
E O DIREITO DO DESPORTO

José Carlos Vieira de Andrade

Introdução

O tema que nos é proposto refere-se a uma relação que podemos dizer relativamente recente, na medida em que data da segunda metade do século XX, quando o Estado Social de Direito se afirma perante as concepções liberais que estiveram na origem da ideia moderna dos direitos fundamentais.

Até então, não se podia afirmar que os direitos fundamentais tivessem uma qualquer relação interessante com o desporto, por duas razões: por um lado, o desporto era uma actividade da esfera privada da sociedade, que era estranha ao Estado e indiferente ao Direito – não se podia falar sequer de um direito do desporto, como realidade autónoma, porque tudo o que era juridicamente relevante tinha a ver com os direitos dos cidadãos e a actividade desportiva não envolvia a esfera jurídica destes; por outro lado, os direitos fundamentais só valiam no contexto das relações públicas, entre o Estado e os particulares e limitavam-se à garantia da liberdade, segurança e propriedade, valores que não estavam em jogo no universo desportivo.

Acontece que as coisas mudaram radicalmente na sociedade que emergiu das guerras mundiais: o Estado passou a desempenhar um papel e a ter uma intervenção na área desportiva, maior ou menor, conforme os países, e, por seu lado, as normas relativas aos direitos fundamentais passaram a reger toda a vida social, designadamente quando estivessem implicadas relações sociais de poder, ainda que tais relações fossem relações jurídicas privadas.

Ao contrário do que acontecia antes, verificaram-se deste modo as condições necessárias e suficientes para o aparecimento de um *direito desportivo*, submetido, como toda a ordenação jurídica, à influência normativa dos preceitos constitucionais definidores do estatuto jurídico das pessoas na comunidade política.

1. O desporto como objecto de direitos fundamentais

A ligação entre o desporto e os direitos fundamentais não é, como vimos, das mais antigas e, por isso, não é também das mais evidentes.

Desde logo, não há a consagração de um "direito ao desporto" ou sequer referências ao desporto em nenhum dos documentos fundadores da "jusfundamentalidade" moderna: nem nas Declarações de Direitos, americanas e francesa, nem nos catálogos de direitos das primeiras constituições, que procuraram desenhar uma organização sistemática de toda a vida política – porque os direitos fundamentais dessa primeira geração eram direitos de liberdade e de defesa do homem e do cidadão perante o poder estadual, em que avultavam direitos como a liberdade contra a prisão sem culpa formada, os direitos e garantias no processo penal, a liberdade de expressão e de imprensa, as liberdades económicas e o direito de propriedade.

Só mais tarde se impôs a necessidade de intervenção do Estado em toda a esfera económica e social, perante as injustiças sociais decorrentes de uma compreensão formal da liberdade e por força de um novo entendimento das tarefas estaduais de protecção da dignidade das pessoas em situações de vulnerabilidade, designadamente no âmbito das relações laborais, na velhice, na doença, em situações de carência de habitação e de outras necessidades básicas.

Assim nasceu a ideia dos direitos sociais, enquanto direitos a prestações estaduais – direitos de 2.ª geração ou, quanto a nós, de 3.ª, se intercalarmos os direitos de participação política –, através dos quais se visa assegurar a todos os cidadãos uma existência condigna. E, nessa linha de desenvolvimento, não se estranha que o objectivo de criar as condições efectivas de realização da dignidade da pessoa humana venha a incluir prestações estaduais destinadas a garantir, em geral, o bem-estar e a qualidade de vida das pessoas.

Neste contexto, torna-se possível conceber como bens jurídicos susceptíveis de serem objecto de direitos fundamentais, o desenvolvimento integral da personalidade, a protecção da saúde – que, na definição da Organização Mundial da Saúde (OMS), não é apenas a ausência de doença – e a educação física e psíquica.

Ainda assim, no entanto, não encontramos formulado um direito fundamental ao desporto, enquanto direito subjectivo, no sistema internacional de protecção dos direitos humanos – nem nos Pactos das Nações Unidas, nem na Convenção Europeia para Salvaguarda dos Direitos do Homem, nem na Carta Social Europeia ou sequer na recente Carta Europeia dos Direitos Fundamentais, a incluir na projectada Constituição Europeia. A única definição do direito ao desporto como direito do homem parece ser a que consta da Carta Olímpica de 2004.

De igual modo, não há, na grande maioria das constituições (com destaque para a Lei Fundamental Alemã), nenhuma referência ao desporto – falta o que poderíamos designar como uma "constituição do desporto" –, apesar da sua relevância social, pública e privada. E, quando surge nos textos constitucionais, como acontece com a Constituição espanhola (artigo 43), o desporto é referido no título dos direitos e deveres dos cidadãos, mas configurado como objecto de uma tarefa estadual ("princípio rector da política social e económica"), expressamente associada ao direito à protecção da saúde, a par da educação sanitária e da educação física.

Assume, assim, um especial significado o facto de se afirmar solenemente no artigo 79.º da Constituição portuguesa de 1976 que "todos têm direito à educação física e ao desporto" – sendo esta a única referência constitucional ao desporto, ele aparece consagrado como justamente como um *direito fundamental das pessoas*.

Justifica-se, pois, também por isso, que centremos no direito português a nossa análise da relação entre o desporto e os direitos fundamentais.

E vamos encarar essa relação numa dupla perspectiva jurídica:

a) por um lado, veremos o desporto como *objecto* de um direito fundamental: o direito à cultura física e ao desporto, como *direito social à intervenção estadual*, isto é, como direito a prestações públicas;

II Congresso de Direito do Desporto

b) por outro lado, examinaremos o desporto como *área relevante da vida* social e económica privada sujeita a *vinculações de direitos fundamentais*, designadamente regulada pelos preceitos constitucionais relativos aos direitos, liberdades e garantias.

2. O direito ao desporto como direito fundamental social

No capítulo dos direitos e deveres *culturais*, o artigo 79.º da Constituição alberga o último direito do catálogo dos direitos fundamentais: o *"direito à cultura física e ao desporto"*.

De acordo com a técnica normativa da Constituição na árca dos direitos económicos, sociais e culturais, o preceito constitucional determina as tarefas estaduais relativas a esse direito, actualmente nos termos seguintes: *"Incumbe ao Estado, em colaboração com as escolas, associações e colectividades desportivas, promover, estimular, orientar e apoiar a prática e a difusão da cultura física e do desporto, bem como prevenir a violência no desporto"*.

Do texto e do seu enquadramento ressaltam imediatamente *três ideias-força*, que correspondem às características típicas deste direito, tal como é conformado pela Constituição:

a) a concepção do desporto como factor de valorização *humana*, associado à *cultura*, com vista à formação plena da pessoa e ao desenvolvimento da sociedade (ideia que já resultava da versão original);

b) a recusa da indiferença estadual ou da autonomia absoluta do sector, a implicar a *intervenção pública*, formulada em termos gerais – promover, estimular, orientar e apoiar –, incluindo tarefas específicas, como a prevenção da violência (referência introduzida na revisão constitucional de 1989);

c) a colaboração do Estado com escolas, associações e colectividades – a realização do direito ao desporto como uma tarefa não totalmente estatizada, mas *partilhada com a sociedade* (enunciada também a partir de 1989).

A configuração constitucional do direito ao desporto como direito fundamental cultural mostra que se pretende conferir relevância à prática do desporto como uma actividade dos *cidadãos em geral* –

a intervenção estadual no domínio desportivo há-de ter em vista a promoção, a protecção e a garantia da actividade física e do desporto como condição de aperfeiçoamento da personalidade e do desenvolvimento social, a evocar a máxima latina "mens sana in corpore sano".

Espera-se do Estado que defina uma política nesta área, e, pelos modos que entender mais adequados, regule, fomente e apoie a prática generalizada do desporto, desde, por exemplo, a feitura de normas até à construção ou ao financiamento de instalações desportivas e à concessão de incentivos a várias entidades, públicas e privadas.

Do preceito em referência decorre ainda, directamente, o imperativo de uma atenção particular ao *desporto escolar* e, em articulação com outros preceitos constitucionais, o da promoção especial do desporto de jovens e de cidadãos portadores de deficiência.

Verifica-se, assim, que as actividades desportivas envolvidas em primeira linha nesta perspectiva de direitos fundamentais sociais respeitam principalmente ao desporto de massas e ao desporto amador, que pode ser e é conveniente que seja praticado pela generalidade das pessoas, para obtenção de um desenvolvimento integral da população, embora tal não signifique que a Constituição ignore o desporto profissional, ao qual, aliás, se parece dirigir especialmente o imperativo de "prevenção da violência".

Tem-se sentido, no entanto, uma certa falta de referência normativa expressa da Constituição aos problemas que se vêm suscitando sobretudo no desporto profissional e de competição organizada, como resulta de várias sugestões de alteração do artigo 79.º apresentadas no âmbito dos vários procedimentos de revisão constitucional – seja quanto à necessidade de menções de combate à dopagem e à mercantilização da actividade, seja quanto à consagração positiva de princípios da ética e do espírito desportivo.

Deve salientar-se, em particular, a circunstância de a Constituição, diferentemente do que acontece em outras áreas sociais e económicas e apesar da tradição interventora do Estado nesse domínio, deixar ao legislador ordinário a regulação de praticamente toda a organização do sistema desportivo e da justiça desportiva.

Na realidade, é na Lei de Bases do Desporto que encontramos a regulação fundamental da matéria – aí se define o que se entende por desporto, tal como é aí que se estabelecem os princípios orientadores do sistema e se regulam as relações entre a organização pública e privada do desporto, sobretudo do desporto federado e profissional, curiosamente com a utilização, aparentemente fora de moda, de uma metalinguagem corporativa (por exemplo, quando se fala de "corpos sociais intermédios").

Diremos, pois, em síntese, que o direito ao desporto, a par com o direito à cultura física, tem uma consagração constitucional expressa, mas pouco desenvolvida, formal, mas meramente programática e sem grande densidade normativa, que deixa ao legislador uma liberdade quase total para definir as regras jurídicas aplicáveis à actividade desportiva e determinar os termos em que se processa a intervenção pública no universo do desporto para garantia da sua concretização – como veremos, porém, no caso português, essa intervenção pública sempre foi e continua a ser, por opção legislativa, relativamente intensa, em comparação com outros países, principalmente no que respeita ao desporto profissional.

3. O universo desportivo como área da vida social sujeita aos direitos, liberdades e garantias

Outra perspectiva da relação entre o desporto e os direitos fundamentais é a que se ocupa da influência normativa que os preceitos constitucionais respectivos, designadamente os relativos aos direitos, liberdades e garantias, exercem nas relações desportivas.

Esta perspectiva parte de um postulado: o de que, numa sociedade democrática avançada, os direitos fundamentais constituem um padrão constitucional e uma ideia ordenadora que rege toda a actividade social, seja pública, seja privada.

Os preceitos constitucionais relativos aos direitos, liberdades e garantias constituem direito directamente aplicável e não valem apenas na relação entre os cidadãos e o Estado, mas, sim, em todas as actividades socialmente relevantes – nos termos do artigo 18.º da Constituição, "vinculam entidades públicas e privadas" – principalmente sempre que existam relações de poder, na medida em que a dignidade humana das pessoas possa, pela sua situação de vulnerabilidade, estar em perigo.

Conferência de Abertura

É dizer que o respeito e a protecção dos direitos, liberdades e garantias das pessoas têm de ser assegurados pelos poderes públicos – pelo legislador, pela Administração, pelos tribunais – também nas relações entre privados que tenham relevância jurídica, em especial nas relações contratuais, civis e comerciais, designadamente de consumo, bem como no âmbito de organizações particulares, como famílias, condomínios, igrejas, sindicatos, partidos ou outras instituições privadas, incluindo naturalmente empresas, associações e clubes.

Claro que a força normativa dos direitos fundamentais e a consequente intervenção estadual varia consoante o tipo de organização social e a natureza, razão de ser e intensidade do poder privado exercido, e será tanto maior quanto mais intrusivo e efectivo for o eventual poder particular em causa, em comparação com a generalidade das situações e relações privadas, que são tipicamente igualitárias ou paritárias.

E esse grau de intensidade normativa e de intervenção estadual depende justamente de opções constitucionais e legais em cada sociedade – assim, por exemplo, naqueles países em que haja uma maior publicização da actividade desportiva, designadamente do desporto profissional (como acontece justamente em Portugal, em França e na Espanha, ao contrário da Alemanha e da Inglaterra), há-de ser mais exigente a garantia do respeito pelos direitos, liberdades e garantias das pessoas envolvidas.

3.1. *Direitos de desportistas, clubes, associações e federações*

No universo da actividade desportiva, a generalidade dos actores são entidades privadas, titulares de direitos, liberdades e garantias, por direito próprio, quanto aos indivíduos, ou, na medida em que a analogia o justifique, quanto às pessoas colectivas.

Para utilizar a linguagem legal – que, diga-se em aparte, não é especialmente ajustada a uma visão jusfundamental – há a considerar um conjunto vasto e variado de "recursos humanos *do* desporto" – praticantes, treinadores, árbitros – e "recursos humanos *relacionados com* o desporto" – dirigentes, médicos, empresários –, para além das entidades colectivas, designadamente no âmbito do desporto organizado em competições.

Todos os indivíduos referidos gozam da generalidade dos direitos, liberdades e garantias, em particular dos direitos fundamentais pessoais, que têm de scr assegurados em todas as relações e situações concretas em que participam, mas cada um deles ou cada tipo deles pode surgir nessas situações ou relações enquanto titular de direitos fundamentais específicos ou de deveres especiais.

Para dar um exemplo, os praticantes amadores são titulares de liberdades gerais de actuação, mas os praticantes e treinadores profissionais gozam de específicos direitos laborais ou contratuais em face dos clubes empregadores, enquanto os indivíduos que desempenham profissões relacionadas podem apresentar-se como titulares da liberdade de exercício da profissão.

No que se refere às pessoas colectivas, é a liberdade de iniciativa económica que está geralmente em causa na actividade das organizações não federadas – clubes de praticantes, entidades privadas prestadoras de serviços desportivos –, bem como das sociedades desportivas, onde há a considerar também os direitos individuais dos sócios. Por sua vez, no contexto do movimento associativo, releva a liberdade de associação dos clubes, bem como os direitos dos respectivos membros.

Quanto às federações, há também a considerar a sua liberdade de associação, mas, quando lhes seja conferido o estatuto de utilidade pública desportiva (em regime de unicidade), assumem, por delegação, *poderes públicos* de administração regulatória (regulação, fiscalização, disciplina) e surgem, por isso, ao mesmo tempo, do outro lado da relação jusfundamental, como sujeitos passivos, isto é, como entidades capazes de porem em causa os direitos fundamentais de praticantes e associações.

No mundo desportivo, há, pois, toda uma rede de relações humanas e sociais, em que se confrontam, em variadas composições concretas, diversos direitos fundamentais das pessoas e organizações, suscitando problemas aos quais a ordem jurídico-constitucional não pode ser alheia – e que, por isso mesmo, têm sido objecto da jurisprudência do Tribunal Constitucional (veja-se, a título de exemplo, o Acórdão do TC n.º 472/89).

3.2. A projecção normativa dos direitos, liberdades e garantias na regulação jurídica do universo desportivo

Os problemas de regulação desportiva em que se manifesta a relevância dos direitos fundamentais põem-se, em primeira linha, na edição de normas ao nível legislativo – em que, por um lado, se disciplinam as relações do desporto e, por outro, se concretizam os preceitos constitucionais relativos aos direitos –, mas também surgem na resolução pelos tribunais dos litígios suscitados nesta área, em grande medida por aplicação das normas legais, e até, em certa medida, no exercício das competências que a lei não deixa de atribuir aos órgãos da própria Administração Pública.

Por isso, percebe-se que o legislador introduza, em termos gerais e abstractos, limitações à liberdade de prática do desporto, que sejam (e têm de o ser) justificadas pela necessidade de assegurar valores constitucionais e circunscritas por essa justificação – sobretudo para protecção de terceiros, mas também para defesa de bens das pessoas contra elas próprias, ainda que com salvaguarda da legitimidade da autonomia individual para assunção consciente e informada de riscos que não prejudique terceiros.

É o que acontece com a proibição ou restrição de certos desportos ou actividades desportivas, por atentarem contra ou porem em perigo a vida e saúde das pessoas (lutas, desportos radicais, "streetracing") e, em especial, de menores (excessos na alta competição), por afectarem o ambiente (poluição por desportos motorizados), ou, em última análise, a própria dignidade humana (lembre-se o sugestivo caso da proibição do "desporto" de "lançamento de anões", embora aí se tenha tratado de uma proibição administrativa, em aplicação de uma cláusula geral da lei).

Por outro lado, há a considerar a complexidade da organização do universo desportivo, sobretudo relativamente ao desporto profissional e de alta competição ("desporto de alto rendimento"), que reveste em vários sectores um carácter empresarial – encontramos aí situações que correspondem ao que tradicionalmente se designa por *relações especiais de poder* (ou relações jurídicas especiais), com limitações das liberdades dos inerentes indivíduos às exigências próprias da instituição.

Assim sucede, por exemplo, pelo facto de os praticantes desportivos estarem, por via contratual, inseridos e sujeitos a especiais regras de disciplina na estrutura dos clubes, seja ou não empresarial; ou na medida em que as associações desportivas regulam a sua actividade interna ou se incluem em organizações mais amplas – concretamente, são pensáveis restrições específicas aos direitos fundamentais das pessoas e associações, com base na lei, mas determinadas por *contrato e por regulamento*.

No contexto e nos termos da doutrina jusfundamental, a ideia de "relações especiais de poder" resulta do entendimento de que as pessoas aí integradas não deixam de gozar dos direitos, liberdades e garantias, mas que estes podem (e devem) ser restringidos na estrita medida do necessário para o bom ou adequado funcionamento da actividade, da instituição ou do sistema – tal como acontece, com as especificidades de cada estatuto legal, com as pessoas que estão na situação de presas ou internadas, que desempenham funções militares ou policiais, ou que estão matriculadas numa instituição de ensino.

Essas limitações estão, nos termos gerais das restrições legislativas aos direitos, liberdades e garantias, sujeitas a um *princípio de proporcionalidade* – nas suas dimensões de *adequação*, *necessidade*, e *equilíbrio* ou proporção – com base no qual se deve aferir a legitimidade da restrição e se hão-de resolver os casos difíceis, designadamente utilizando o método da "ponderação" de valores e interesses, de modo a retirar dos preceitos constitucionais as respostas normativas adequadas.

Assim, no âmbito da actividade desportiva, estabelecem-se limitações aos direitos e liberdades dos praticantes, desde logo na medida do necessário para assegurar a eficácia da organização das competições e das regras de jogo – basta lembrar, por exemplo, a presunção legal do consentimento ou acordo quanto às ofensas à integridade física que derivem das competições que implicam contacto físico; ou as limitações ao direito de livre circulação dos futebolistas, enquanto trabalhadores, justificando-se a instauração de certas medidas (fixação de uma duração mínima e máxima dos contratos e a criação de um sistema de compensação das sanções), face a imperativos específicos de determinadas modalidades desportivas (necessidade de garantir a equidade das competições, a estabilidade das equipas, etc.).

Em geral, devem considerar-se legítimos os limites impostos aos direitos, liberdades e garantias dos agentes desportivos que sejam funcionalmente adequados à boa organização do sistema desportivo, quer tais limites resultem da lei, de regulamento ou contrato, ou decorram de princípios gerais de direito ou de valores associados ao desporto e reconhecidos pelo ordenamento jurídico – a essa luz se devem avaliar medidas em matérias tão diferentes como as de protecção dos praticantes menores e sua formação, da liberdade de expressão dos jogadores e treinadores, da duração de castigos por doping.

Não deve esquecer-se, porém, que, também na área desportiva valem princípios constitucionais – como o princípio da igualdade e proibição da discriminação, designadamente no que respeita às "categorias suspeitas" referidas no n.º 2 do artigo 13º da Constituição –, tal como há-de sempre respeitar-se o conteúdo essencial dos direitos e liberdades fundamentais, consubstanciado no respeito pela dignidade da pessoa humana em todas as relações desportivas, designadamente no caso dos jovens, que necessitam de especial protecção perante clubes, dirigentes, treinadores, familiares, etc. – uma preocupação que devia estender-se ao uso de uma linguagem apropriada, levando à abolição, por exemplo, de expressões como as de compra e venda de jogadores.

4. As implicações da autonomia desportiva

Estas restrições e condicionamentos dos direitos fundamentais, apesar da sua universalidade, assumem aspectos diferentes, consoante o peso da esfera pública e da esfera privada na regulação das relações desportivas, isto é, conforme o grau e a qualidade da intervenção estadual.

4.1. *Da auto-suficiência à autonomia*

A regulação das actividades desportivas, designadamente das competições, apareceu num contexto radicalmente privado, em que pontificavam as associações desportivas, reunidas em federações.

O ordenamento jurídico desportivo construiu-se, por isso, em toda a Europa, fora do âmbito do Estado – é dizer, numa realidade que não era regulada pelo legislador, não integrava tarefas consideradas de interesse público e, por isso, postas a cargo da Administração, nem estava sujeita ao poder judicial, porque detinha órgãos dotados de poderes de jurisdição desportiva.

Na prática, tratava-se de uma auto-suficiência que constituía, mais que uma autonomia privada, uma verdadeira "soberania" desportiva, paralela à soberania do Estado, reforçada pelos laços internacionais de organização da modalidade.

Contudo, a partir de certo momento – no caso português, a partir dos anos 40 do século XX – deu-se, por toda a parte, um processo de publicização, mais ou menos intensa, da regulação das actividades desportivas.

Não era possível manter a indiferença do ordenamento jurídico estadual perante o desporto, seja perante a afirmação crescente do *Estado Social*, sendo o desporto uma área relevante da vida social e económica, seja perante as necessidades de garantia do *Estado-de- -Direito*, havendo a necessidade de assegurar os direitos das pessoas, mesmo nas relações privadas.

Está hoje, por isso, totalmente ultrapassada a concepção originária de uma independência do desporto federado, fundada num ordenamento jurídico exterior ou estranho ao Estado, apesar de se continuar a aceitar uma autonomia normativa e até judicativa do sector.

4.2. *Autonomia administrativa e autonomia privada*

A autonomia desportiva evoluiu, no entanto, de forma diferente nos ordenamentos jurídicos europeus, em função do grau de ingerência estadual no desporto.

Em Portugal, como em alguns outros países – França, Itália, Espanha –, a evolução deu-se, ao nível legislativo, no sentido de uma forte publicização, entendendo-se que as federações desportivas, apesar de serem reconhecidas como associações privadas, desempenham as suas tarefas e os seus poderes de regulação desportiva por delegação estadual.

Entre nós, a regulação desportiva é expressamente definida por lei, a partir de 1990, como "missão de serviço público" e, apesar da afirmação do princípio da subsidiariedade da intervenção estadual, não há dúvidas de que, no nosso ordenamento jurídico desportivo, as federações exercem poderes públicos.

A construção legal da unicidade e do estatuto de utilidade pública desportiva das federações implica a sua publicização: são consideradas entidades privadas a quem cabe o exercício de *poderes delegados que pertencem ao Estado, porque integram as respectivas atribuições.*

Estamos, pois, face a uma situação de "auto-regulação pública por privados", que implica a sujeição das federações, no exercício de poderes públicos, aos princípios substanciais da actividade administrativa – imparcialidade, igualdade, proporcionalidade, boa fé, racionalidade –, bem como à jurisdição dos tribunais do contencioso administrativo (de acordo com a jurisprudência do STA desde 1990).

No entanto, mesmo nos sistemas que optaram por uma menor ingerência pública, reconhecendo a autonomia privada do sistema desportivo, como aconteceu com o sistema alemão, entende-se que *a autonomia do desporto é limitada pelo direito do Estado.*

A auto-regulação desportiva deve ser limitada quando ponha em causa outros valores ou interesses – aí se incluindo seguramente os direitos, liberdades e garantias e os princípios fundamentais do Estado de Direito.

Assim, por exemplo, uma sanção desportiva que afecte um direito de um membro pode ser sujeita ao escrutínio judicial, mesmo que tal esteja expressamente proibido no regulamento desportivo – salvo nos casos em que exista uma jurisdição arbitral reconhecida.

Entende-se é que o tribunal deve usar de *auto-contenção no juízo*, devendo respeitar a autonomia desportiva, em termos semelhantes àqueles em que respeita a discricionaridade administrativa ou a autonomia privada dos cidadãos – anula se for manifesta a violação do direito fundamental.

Por outro lado, em certas zonas, como no que respeita ao combate ao doping e à violência, desenvolve-se uma tendência fortemente intervencionista do Estado.

Podemos, assim, concluir que a autonomia que continua a ser reconhecida, em maior ou menor medida, ao sistema desportivo federado está actualmente dependente de uma delegação de autorida-

36   *II Congresso de Direito do Desporto*

de pública ou, pelo menos, de um reconhecimento jurídico estadual – e também comunitário, no âmbito da União Europeia –, em especial relativamente à protecção dos direitos, liberdades e garantias das pessoas envolvidas.

5. O direito de acesso aos tribunais como direito fundamental: o problema da autonomia da "justiça desportiva"

Neste contexto, suscita-se o problema do alcance da autonomia da chamada "justiça desportiva", tendo em conta a consagração do direito de acesso à justiça e aos tribunais no conjunto dos direitos, liberdades e garantias (artigo 20º), bem como, quando estejam em causa poderes estaduais delegados, o direito fundamental dos administrados a uma tutela judicial efectiva dos seus direitos e interesses legalmente protegidos (artigo 268º).

É certo que a Constituição portuguesa admite que a lei institucionalize "instrumentos e formas de composição não jurisdicional dos conflitos" (artigo 202º, n.º 4) – preceito em que se pode fundar uma "justiça desportiva".

Fica, no entanto, claro, que essa justiça desportiva não pode ser constitucionalmente concebida como um poder originário ou independente, mas como uma instituição legalmente criada.

E não é admissível uma lei que institua o desporto profissional como zona da vida social sujeita a um ordenamento próprio, multinacional e independente do Estado, com privilégios de extraterritorialidade – um tal entendimento ofenderia frontalmente a soberania nacional consagrada na Constituição, constituindo um retrocesso feudal face aos princípios fundamentais da civilização moderna e da cultura europeia.

Nem as associações e federações desportivas têm legitimidade ou poder para se eximirem à autoridade do Estado, nem as autoridades estaduais têm legitimidade ou fundamento constitucional para abdicarem da sua soberania na área desportiva.

Tal como é indiscutível que os chamados "tribunais desportivos" não são verdadeiros tribunais, não produzem sentenças, quando muito decisões administrativas, sujeitas a impugnação judicial, como já foi clarificado pelo Tribunal Constitucional (Acórdão n.º 391/2005).

Significa isto que as formas de justiça privada eventualmente reconhecidas têm limites constitucionais, seja na medida em que estejam em causa valores comunitários indisponíveis pelo legislador, como a dignidade da pessoa humana e o núcleo dos direitos, liberdades e garantias, seja na medida em que não podem precludir o recurso à via jurisdicional, quando estejam em causa direitos ou interesses legalmente protegidos.

De facto, não é admissível que um sector da actividade social e económica se subtraia em bloco ao Estado de Direito Democrático – ao seu catálogo de direitos fundamentais, às suas regras e princípios e aos seus procedimentos, designadamente ao princípio da protecção judicial efectiva.

Justifica-se a autonomia plena da justiça desportiva quanto às questões estritamente desportivas, isto é, que impliquem a aplicação das leis do jogo, dos regulamentos técnicos ou das regras de organização da competição.

E ainda poderá justificar-se constitucionalmente, se for essa a opção legislativa, a resolução "privada" ou "privativa" de outras questões relativas ao funcionamento do sistema – mas haverá sempre os referidos limites constitucionais, quando estejam envolvidos direitos fundamentais dos praticantes e das associações, ou quando a lei conceba a intervenção das instâncias desportivas como um exercício de poderes públicos delegados.

5.1. *O problema à luz da restrição normativa de direitos, liberdades e garantias*

A Lei de Bases do Desporto é clara na distinção que faz entre justiça desportiva e justiça comum: reserva à justiça desportiva apenas as questões estritamente desportivas, distinguindo-as com clareza das questões jurídico-administrativas e excluindo expressamente das primeiras as questões disciplinares relativas a infracções à ética desportivo no âmbito da dopagem, da violência e da corrupção.

Nos termos da lei, são *questões estritamente desportivas* "as que tenham por fundamento normas de natureza técnica ou de carácter disciplinar, enquanto questões emergentes da aplicação das leis do jogo, dos regulamentos e das regras de organização das respectivas competições".

Não parece que este preceito legal possa ser interpretado como uma restrição legislativa que implique uma reserva absoluta para os "tribunais desportivos", até porque determina expressamente a sujeição ao contencioso administrativo dos litígios de actos federativos ou associativos no âmbito do exercício de poderes públicos.

E podemos dizer que uma tal reserva absoluta, a ser assumida pela lei, não seria constitucionalmente válida, em face do princípio da proporcionalidade, nos termos do artigo 18º da Constituição, porque não há nenhum valor que justifique a restrição que daí resultaria para os direitos fundamentais dos cidadãos e dos administrados.

A urgência na decisão das questões desportivas não é um argumento válido para justificar a proibição de recurso aos tribunais estaduais, pois que o mesmo acontece com outras áreas da vida social e o sistema judicial dispõe, ou pode dispor, de processos urgentes, além de que se admite a arbitragem em 1.ª instância e já se salvaguarda o chamado "caso julgado" desportivo.

O argumento da internacionalização, fundado na comparação da FIFA à União Europeia, constitui um equívoco lamentável e perigoso, porque ignora a legitimidade democrática dos poderes estaduais e as bases de direito internacional em que assenta a limitação dos poderes soberanos do Estado no contexto da construção europeia – sem esquecer que foi necessária uma alteração constitucional para admitir que Portugal se sujeitasse à aplicação das regras da União Europeia, nos termos definidos pelo próprio direito comunitário e, apesar de tudo, com salvaguarda dos princípios fundamentais do Estado de Direito Democrático.

5.2. *O problema à luz da auto-limitação ou renúncia a direitos fundamentais*

Poderia ainda tentar fundamentar-se a proibição de recurso à jurisdição estadual (na gíria desportiva, aos "tribunais comuns") na sua aceitação por parte dos clubes, associações e demais entidades que operam no sistema desportivo ao nível internacional, que valeria como *renúncia* aos respectivos direitos fundamentais.

Conferência de Abertura 39

Não nos parece, porém, que essa construção possa configurar uma solução juridicamente consistente de auto-limitação de direitos, liberdades e garantias.

Desde logo, a renúncia a direitos fundamentais, enquanto direitos subjectivos, tem de ser individual e não poderia resultar em termos genéricos da vinculação regulamentar, como se de uma auto-vinculação colegial se tratasse.

Por sua vez, a adesão individual a uma regra constante dos regulamentos desportivos só poderia valer como renúncia em determinadas condições e com alguns limites.

Em primeiro lugar, teria de comprovar-se que o acordo ou consentimento era livre e esclarecido – uma condição que, sobretudo quanto à ausência de coacção, não parece estar garantida quando o quadro é de pura adesão a uma condição regulamentar heterónoma, ainda que auto-estabelecida pelos interessados num determinado momento e contexto.

Em segundo lugar, a renúncia a direitos fundamentais tem de ser revogável a todo o tempo, e as consequências daí decorrentes – inadmissibilidade de execução específica e responsabilidade só para indemnização de expectativas legítimas – não seriam adequadas à solidez do sistema de reserva absoluta de justiça desportiva.

Por fim, a renúncia a direitos fundamentais tem limites – além de não poder pôr em causa a dignidade da pessoa humana, não pode contrariar, sob pena de nulidade, princípios de ordem pública que constituam valores comunitários básicos, como é o da protecção judicial efectiva dos direitos e interesses legalmente protegidos dos cidadãos e trabalhadores, enquanto sub-princípio do Estado de Direito.

Tal como são proibidos os tribunais de honra nas administrações civis e nas organizações profissionais, deve considerar-se constitucionalmente ilegítima uma reserva de jurisdição privada dos órgãos das associações ou federações desportivas.

Admissível seria, sim, a previsão legal do recurso a tribunais arbitrais, mas com todas as implicações normativas próprias: teria de tratar-se de tribunais independentes, com garantias procedimentais, cujas decisões estariam, em princípio, sujeitas a recurso para os tribunais estaduais, designadamente quando estivessem em causa direitos indisponíveis das partes.

6. Conclusões

Da perspectiva jurídico-constitucional dos direitos fundamentais, podemos retirar algumas conclusões normativas para a relação entre o direito e o desporto.

1. A Constituição enfatiza o valor da promoção estadual da educação física e desporto como dimensão universal de desenvolvimento integral da personalidade e da sociedade – o desporto é concebido como *valorização humana e cultural dos indivíduos*, em contraposição com os paradigmas estatizantes da afirmação da raça ou do prestígio social do povo ou do regime político-ideológico dominante, que desvirtuaram a máxima *"mens sana in corpore sano"*.

2. Adopta-se ou pressupõe-se na ordem jurídica nacional uma concepção, próxima do modelo europeu (e da Unesco), em que o *desporto profissional* é visto como actividade *económica* e empresarial, mas num contexto de *solidariedade*, com funções sociais – desenvolvimento da personalidade, reforço da solidariedade, respeito pela ética e pelo espírito desportivo, contra a violência, a dopagem e a hipermercantilização.

3. Propõe-se um equilíbrio entre a dimensão privada e a dimensão pública da organização desportiva:
  a) por um lado, reafirma-se a importância básica da sociedade civil e do associativismo no desenvolvimento das actividades de educação física e do desporto, incluindo a autonomia e a auto-regulação primária do desporto profissional;
  b) por outro lado, estabelece-se o imperativo da intervenção pública no mundo do desporto, contra o modelo de mera subsidiariedade, para promoção e garantia dos valores comunitários da liberdade e da justiça e a realização das tarefas próprias do Estado.

4. Consagra-se a sujeição de todo universo desportivo aos princípios fundamentais do Estado de Direito e, concretamente, aos direitos, liberdades e garantias dos cidadãos, designadamente, na medida em que existam relações de poder susceptíveis de vulnerar os valores fundamentais associados à liberdade e à dignidade da pessoa humana – devendo o Estado assegurar em especial a protecção dos direitos perante os poderes privados, que representam hoje um dos maiores perigos para uma sociedade de pessoas livres e dignas.

PAINEL I. JUSTIÇA DESPORTIVA

J. J. Almeida Lopes
Litígio Desportivo e Recurso aos Tribunais

José Luís Pereira Seixas
Organização Jurisdicional do Desporto Profissional

Miguel Gorjão-Henriques
O Tribunal de Justiça como Instância de Resolução de Conflitos Desportivos: a propósito do *Caso Meca-Medina*

LITÍGIO DESPORTIVO
E RECURSO AOS TRIBUNAIS

José Joaquim Almeida Lopes *

1. Para uma teoria geral das jurisdições

Nos últimos anos, tem-se posto em causa a legitimidade da existência, nas Associações de futebol e na Federação Portuguesa de Futebol, de órgãos jurisdicionais privativos, incumbidos de arbitrar os conflitos próprios do contencioso desportivo. Para uns, deveria o Estado encarregar-se dessa tarefa e criar um tribunal desportivo estadual; para outros, deverão continuar a existir os actuais órgãos jurisdicionais privativos da ordem jurídica desportiva, mas deles se podendo recorrer para os tribunais estaduais; para outros, finalmente, tudo deveria ser como antigamente – organismos jurisdicionais privativos das Associações e Federações, mas sem recurso para os tribunais estaduais.

Vamos ver se, num Estado-de-Direito, esta última solução é possível, o que só se consegue teorizando o problema.

No Estado-de-Direito moderno, o Estado oferece aos seus cidadãos a prestação de um tipo de serviço muito especial. Trata-se do serviço encarregado de assegurar a dirimição autoritária dos litígios jurídicos através dos tribunais, garantindo a todos uma decisão justa e imparcial nessa actividade de dizer o direito em concreto. O Estado não pode demitir-se dessa tarefa e tem o dever de consagrar constitucionalmente aos cidadãos o direito de acesso aos tribunais para defesa dos direitos controvertidos ou contestados e dos seus interesses legítimos.

---

* Mestre em Direito. Juiz Conselheiro.

Ainda que, na prática, os tribunais não alcancem a decisão mais acertada, ainda que por vezes se pratiquem injustiças, quando não arbitrariedades, quer os cidadãos quer o Estado partem do princípio de que os órgãos do Estado encarregados de exercerem a função jurisdicional estão em condições técnicas, objectivas e subjectivas, de fornecerem a todos uma justiça isenta, uma justiça verdadeiramente justa. Podiam outros órgãos do Estado, que não os tribunais, estar em condições de fazer melhor justiça em certos casos, atentas as especificidades do caso concreto e atenta a sua preparação em certos domínios da ciência e da técnica, mas os cidadãos desconfiariam sempre dessa justiça, pois a mais ninguém, para além dos tribunais previstos na Constituição, reconhecem legitimidade para, de um modo independente, administrar justiça.

Estado que não conceda aos seus cidadãos este direito de se dirigirem a um órgão independente e imparcial, para verem resolvidas de um modo justo as suas contendas, não é um Estado-de-Direito. Não basta a este Estado criar direito justo pelo qual os cidadãos e a Administração pautem os seus comportamentos, nem basta que o Estado se subordine ao direito porque a sua actuação tenha de ser sempre na via de direito – este seria o Estado-de-Direito formal – mas é preciso que o Estado aceite a existência de um quadro de princípios jurídicos materiais que se lhe impõem, e que tenha por fim a criação e manutenção duma situação jurídica materialmente justa.

Ora, entre o quadro de valores assente no mundo de representações espirituais em que se desenvolveu a figura do Estado-de-Direito, conta-se o princípio da protecção jurisdicional efectiva, o qual cria para o Estado o dever de concretizar o direito justo – o direito que corresponde à ideia de direito – através de tribunais independentes e imparciais. Por isso se assiste ou se reclama a passagem de um Estado-de-Direito de legalidade para um Estado-de-Direito de justiça ou jurisdição, com a inserção de uma dimensão espiritual no sistema político, aquela dimensão espiritual ou axiológica exigida pelo sentido autêntico da democracia e que faz com que ela seja mais do que um jogo mecânico de interesses ou uma simples fórmula política para dar cobertura ao poder, seja um Estado democrático a culminar no Estado-de-Direito, tal como o princípio democrático a realizar-se plenamente no princípio do direito – «só o direito é útil ao povo».

Por isso se caracteriza o sistema político comum actual – correntemente chamado de Estado-de-Direito social – como Estado legislativo-jurisdicional com um sistema político *mixtum compositum* de legislação e jurisdição, e assim não centrado numa dessas funções, mas antes constituído por aqueles dois polos de poder, reciprocamente autónomos, intencionalmente diferentes e mesmo sistematicamente concorrentes, com duas dimensões indispensáveis e integrantes do sentido último e totalizante do sistema e enquanto sistema que pretende ser de conformadora dimensão política, mas submetido à validade de direito.

Este momento do princípio de Estado-de-Direito, que é o princípio da protecção jurisdicional efectiva, impõe ao Estado o dever de criar tribunais permanentes que assegurem a plenitude de funções que numa comunidade juridicamente organizada se esperam da *jurisdictio* e de os dotar de um regime de competência que garanta a qualquer cidadão que se sinta lesado ou ameaçado nos seus direitos e interesses legítimos a possibilidade de acesso a quem lhe diga qual é o direito do caso. Não pode haver litígios jurídicos públicos que escapem a este direito de acesso aos tribunais.

Porém, repare-se que esta garantia do Estado aos cidadãos é mesmo mais antiga do que o Estado-de-Direito. Muito antes de o Estado deter o monopólio da criação do direito por via legal, isto é, ainda no tempo em que o direito era fruto da criação doutrinal e jurisprudencial, já o Estado se interessava pela administração da justiça, reservando mesmo essa tarefa para os seus órgãos. O "rei-juiz" é anterior ao "rei-legislador".

A garantia dada pelo Estado aos cidadãos de estar disponível para lhes resolver as controvérsias de realização do direito não teve sempre a mesma consistência. Por ordem decrescente de grau de consistência da garantia duma solução estadual para os litígios jurídicos, o Estado ora vai criar uma «*reserva de juiz*», ora vai criar um «*recurso ao juiz*», ora vai enquadrar legalmente mecanismos instituídos pelos cidadãos, para, à margem das instâncias públicas, componham conflitos jurídicos de interesses, como é o caso dos «*tribunais arbitrais*» e das «*jurisdições privadas*».

Quando o Estado constitui uma «*reserva de juiz*» para a composição de certos litígios, os tribunais do Estado têm competência exclusiva para, relativamente ao litígio em causa, proferirem não só a última palavra, mas também a primeira. Nestes casos, a autoridade pública só pode praticar actos que tenham sido previamente aprovados por um juiz, pois este exerce um controlo preventivo da actuação dos outros poderes. Qualquer agente estadual que não seja juiz está impedido de tomar qualquer decisão sobre o caso concreto garantido por uma «*reserva de juiz*», sob pena de usurpação de poderes.

As leis fundamentais procedem à constituição de «*reservas de juiz*» relativamente aos valores mais significativos para a convivência em sociedade, valores que seriam sacrificados ou podiam sair prejudicados com a intervenção, ainda que somente em primeira-mão, de um agente que não fosse independente e não pertencesse ao poder judicial. É o que se passa com a defesa dos direitos, liberdades e garantias e com interesses indisponíveis.

Em face de valores que a Constituição não repute de essenciais, o Estado vai, num primeiro momento, dar aos cidadãos uma garantia mais ténue e com menor consistência, mas sem nunca lhes negar a garantia de acesso a um juiz. Estes são os casos de constituição do «*recurso ao juiz*», os quais impõem que para julgar uma determinada causa, especialmente para se alcançar uma determinada decisão estadual, basta que os tribunais intervenham numa qualquer fase.

Garantido só está aqui que o juiz, numa altura qualquer, na maior parte das vezes *a posteriori*, é chamado a ter uma parte activa, mas sem que a actuação de outros órgãos estaduais esteja dependente da sua prévia decisão. Dito de outro modo, o juiz exerce o controlo *a posteriori* de outro órgão do Estado que previamente tenha tomado a sua decisão.

Nestes casos de «*recurso ao juiz*», outras instâncias públicas podem compor um conflito jurídico de interesses, podem dirimir uma controvérsia de realização do direito ou um litígio em que os cidadãos sejam partes, mas tendo somente a primeira palavra e sem que as suas decisões tenham força de coisa julgada, pois a última palavra, a última decisão, a última solução para aquele conflito, para aquela controvérsia, há-de pertencer sempre a um juiz que preencha as características intensivas do conceito. Esta última palavra do judicial há-de abranger todos os aspectos da relação material controvertida, sejam eles de facto ou de direito. Assim, violaria a regra do «*recurso ao juiz*» uma restrição inadmissível dos poderes de cognição do caso com vista a uma decisão justa e imparcial.

Contudo, o Estado vai ainda mais longe: perante certos interesses disponíveis pode dispensar, em primeira-mão, quer a intervenção de um juiz quer a de um outro agente estadual, contentando-se e garantindo, de uma forma mais ténue ainda, que a resolução de um litígio jurídico fique nas mãos de uma instância privada. Nestes casos, o Estado abdica, renuncia ou abandona uma fracção da função jurisdicional que, em princípio, pertencia aos seus próprios tribunais. Trata-se da problemática das «*jurisdições privadas*», de que os chamados tribunais arbitrais são a parte mais significativa. Nestes casos, o Estado vai reconhecer as decisões proferidas pelas jurisdições privadas, emprestando-lhes a sua autoridade para efeitos de execução, no caso de elas não serem voluntariamente acatadas pela parte que decair. Mas, para isso, o Estado impõe condições e não aceita cegamente qualquer tipo de jurisdição privada, pois os interesses públicos da ordem, paz e tranquilidade impõe um conjunto mínimo de requisitos de verdade e de justiça e o afastamento de toda a espécie de arbítrio. O Estado presume que o tipo de justiça a dispensar por tais jurisdições privadas é de qualidade inferior, quer à justiça judicial quer à justiça dispensada por autoridades não judiciais, mas desde que os particulares estejam de acordo com a «*jurisdição privada*», que previamente aceitaram, e, implicitamente, dispensem a intervenção da justiça pública, o Estado nada tem a opor a que os litígios sejam subtraídos aos seus tribunais, pese embora reconhecer que estes têm uma independência garantida de um modo mais reforçado. Se os particulares condescendem com uma justiça de menor qualidade e que não dá garantias tão reforçadas de alcançar o direito justo, mas querem aproveitar as vantagens de celeridade processual e preferem uma justiça mais barata, o Estado aceita e reconhece a autonomia da vontade dos interesses. O primeiro e mais importante pressuposto para que o Estado aceite a jurisdição privada consiste no facto de os julgadores que irão dirimir o conflito jurídico serem livremente escolhidos no seio das colectividades respectivas e não nomeados pelo Estado.

Esta justiça privada pressupõe uma intervenção mais directa e decisiva da comunidade na tarefa de administração da justiça, tanto na superação dos conflitos, como na pacificação e reconciliação, como, ainda, no que concerne à readaptação social, poupando as partes a certos efeitos negativos e estigmatizantes da justiça formal, muito embora o Estado, que a reconhece e juridicamente lhe dá enquadramento, saiba que a mesma não oferece uma protecção jurisdicional efectiva óptima.

Ora, em face deste quadro de opções («*reserva de juiz*», «*recurso ao juiz*» e «*jurisdição privada*»), qual a opção tomada pelo Estado--de-Direito português no âmbito dos litígios desportivos?

Ela é clara.

Nos termos do artigo 46º da *Lei de Bases do Desporto*, aprovada pela Lei nº 30/2004, de 21 de Julho, existem "*entidades* que integram o associativismo desportivo" encarregadas de administrarem a "justiça desportiva" mediante decisões e deliberações "definitivas". De acordo com o artigo 47º, nº 1, "existem *instâncias competentes na ordem desportiva*" para tomar decisões e deliberações sobre questões estritamente desportivas. Diz o artigo 48º que a "última decisão da *instância competente na ordem desportiva*" faz caso julgado desportivo quanto aos efeitos desportivos validamente produzidos.

Por sua vez, o regime jurídico das federações desportivas, aprovado pelo Decreto-Lei nº 144/93, de 26 de Abril, prevê a existência de um "*conselho jurisdicional*" nos órgãos estatutários (artigo 23º, nº 1, al. f)), enquanto o artigo 31º estabelece a competência, composição e habilitações dos seus membros.

Deste modo, o Estado renunciou a estabelecer uma «*reserva de juiz*» e a entregar a justiça desportiva a um tribunal desportivo estadual. Também renunciou a estabelecer um «*recurso ao juiz*» mediante a entrega dessa tarefa a uma autoridade pública diferente da autoridade judicial, embora com recurso para esta. Pelo contrário, o Estado afirma-se claramente favorável a uma verdadeira «*jurisdição privada*» ou «conselho jurisdicional», pois este não é um tribunal estadual, mas um órgão de uma pessoa colectiva de direito privado, ainda que tenha utilidade pública desportiva. É como pessoa jurídica de direito privado, que inquestionavelmente é, que a Federação Portuguesa de Futebol, através do seu Conselho de Justiça, exerce a função de julgar. E isto porque, como se demonstrou, a função jurisdicional não tem de ser necessariamente uma função pública, podendo ser exercida pelos privados de acordo com o princípio da autodiceia ou autojurisdição: os cidadãos dizem o direito para si e entre si.

Painel I. Justiça Desportiva 51

2. A Constituição e a negação de recurso aos tribunais nos litígios deportivos

O tema do recurso aos tribunais estaduais nos litígios desportivos é uma das mais intrincadas questões dos direitos constitucional e desportivo dos tempos modernos. Tem-se a sensação de nos estarmos a mover num "terreno minado" onde as ideias estão feitas, onde os preconceitos democráticos mais se arreigaram, onde os erros mais se acentuaram e onde a confusão mais se alastrou. Como o "erro de direito é contagioso", parece existir um conformismo sobre situação mais do que duvidosa acerca do tema do recurso à justiça pública, como se esta fosse o remédio para todos os males.

Porém, não estamos em face de uma questão de ciência certa que nos obrigue à unidade. Pelo contrário, *in dubio libertas.* Para a resolução desta dúvida reclamamos liberdade de espírito, livre investigação, respeito escrupuloso pelos juízos de valor legais, a começar pela lei fundamental do País, e não submissão a correntes jurisprudenciais que ainda não ponderaram certos argumentos e que enveredaram pelo mero "mimetismo judicial", à maneira de que "em direito nada se cria e tudo se copia".

O artigo 8º da Declaração Universal dos Direitos do Homem reconhece, a toda a pessoa, o direito a recurso efectivo para as jurisdições nacionais competentes contra os *actos que violem os direitos fundamentais,* reconhecidos pela Constituição ou pela lei. Estão aqui protegidos, tão-somente, os direitos fundamentais, mas já não os direitos subjectivos, públicos ou privados, ou os interesses legalmente protegidos. Os direitos fundamentais serão sempre tutelados, efectivamente, pelas jurisdições dos Estados. Em caso algum a tutela respectiva pode ficar a cargo de jurisdições privativas de certas comunidades ou associações.

O artigo 13º da Convenção Europeia dos Direitos do Homem estatui que qualquer pessoa cujos *direitos e liberdades "reconhecidos na presente Convenção"* tiverem sido violados tem direito a recurso perante uma instância nacional, mesmo quando a violação tiver sido cometida por pessoas que actuem no exercício das suas funções oficiais. Já o artigo 6º reconhece a qualquer pessoa o direito a que a sua causa seja examinada por um tribunal independente e imparcial, estabelecido pela lei.

Na nossa ordem constitucional, o artigo 202°, n° 1, da Constituição da República determina que "os tribunais são os órgãos de soberania com competência para administrar a justiça em nome do povo".

Toda a doutrina e jurisprudência constitucionais vê em neste preceito a consagração do princípio da *"reserva de juiz"*, segundo o qual apenas os tribunais estaduais, referidos no artigo 209° da Constituição, exercem a jurisdição estadual, administrando a justiça pública, com exclusão de quaisquer outras autoridades que não preencham os requisitos constitucionais para poderem ser qualificadas como tribunais.

Vejamos como este preceito constitucional apareceu na nossa ordem jurídica, a fim de melhor apurarmos o seu sentido e alcance e a legitimidade das chamadas jurisdições privadas (v.g. a desportiva), mormente para vermos se os constituintes, logo em 1976, abriram a porta dos tribunais do Estado aos recursos das decisões da justiça desportiva.

Quando chegámos à Constituição de 1976, a ordem jurídica portuguesa não reconhecia o direito ao recurso aos tribunais estaduais contra as decisões das instâncias federativas.

Nos termos do artigo 7°, n° 9, do Decreto-Lei n° 32:241, de 5 de Setembro de 1942, competia à Direcção-Geral de Educação Física, Desportos e Saúde Escolar, conhecer, directamente ou em recurso, de todas as questões relativas à disciplina do desporto, ou elas surgissem entre desportistas, ou entre organizações desportivas, ou entre uns e outros. De acordo com os §§ 1° e 2° do mesmo preceito, os poderes disciplinares atribuídos à Direcção-Geral não eliminavam os que se exerciam dentro da própria organização desportiva, mas, uma vez que a Direcção-Geral tomasse qualquer decisão e a comunicasse, cessava toda a actividade disciplinar da organização desportiva. As decisões da Direcção-Geral em matéria de disciplina eram insusceptíveis de recurso aos tribunais.

Este diploma foi regulamentado pelo Decreto n° 32:946, de 3 de Agosto de 1943, em cujo artigo 82° se estabeleceu que das decisões que aplicassem penas de suspensão de actividade até dois anos, ou a irradiação ou dissolução, havia sempre recurso para o Ministro, com efeito devolutivo, e das decisões do Ministro não havia recurso para os tribunais.

Painel I. Justiça Desportiva 53

Logo, quando se chegou à Constituição de 1976, das instâncias jurisdicionais federativas recorria-se administrativamente para a Direcção-Geral, e desta levava-se recurso hierárquico para o Ministro, mas das decisões deste não cabia recurso para os tribunais (comuns ou administrativos).

O artigo 20°, n° 1, da Constituição de 1976, estabeleceu o direito fundamental de acesso aos tribunais para defesa dos direitos, mas foi o actual artigo 202°, n° 1, que definiu o âmbito das funções jurisdicionais reservadas aos tribunais "órgãos de soberania".

Como nasceu este último preceito constitucional?

Depois de cada partido com assento na Assembleia Constituinte apresentar o seu projecto de Constituição, foi constituída uma comissão (a 6ª) encarregada de propor um articulado único para a constituição do poder judicial. Essa comissão sugeriu a seguinte definição de tribunais no artigo 1°:

> "Os tribunais são os órgãos de Soberania com competência para administrar a justiça em nome do povo"[1].

O relatório da Comissão não esclareceu a questão de saber se esta formulação tinha em vista consagrar a "reserva de juiz" e o respectivo alcance, mas os debates que se seguiram foram bastante esclarecedores.

Antes de o texto proposto pela Comissão ser posto à discussão, um deputado comunista (FERNANDO PAIS) consignou que o seu partido via no preceito o princípio fundamental da *"eliminação da competência jurisdicional de entidades administrativas"*[2].

Posto à discussão, na generalidade, o deputado JORGE MIRANDA começou por fazer o historial dos antecedentes legislativos e constitucionais quanto ao texto proposto, congratulou-se pelo facto de o mesmo consagrar os princípios fundamentais do Estado de Direito democrático no tocante à organização judiciária, e, entre eles, o da "atribuição aos tribunais, *e só aos tribunais*, das funções materialmente jurisdicionais – da administração da justiça"[3]. Porém, na discussão na especialidade, propôs uma redacção que ressalvasse melhor

---

[1] Cfr. *Diário da Assembleia Constituinte*, página 3079.
[2] Cfr. *Diário da Assembleia Constituinte*, página 3055.
[3] Cfr. *Diário da Assembleia Constituinte*, página 3097.

o princípio da exclusividade do exercício de funções jurisdicionais pelos tribunais, pois a redacção dada pela Comissão poderia levar a que se entendesse que outros órgãos também tinham essa competência para administrar justiça, acrescentando: "parece-me que era importante que ficasse claramente decidido, de uma vez para sempre, que os tribunais são os órgãos de Soberania a quem compete, *e só a eles*, administrar justiça em nome do povo".

A esta sugestão de alteração da redacção respondeu um deputado socialista em sentido negativo, essencialmente por entender que o que Jorge Miranda pretendia já estava contido no texto da Comissão, pois quando este refere que os tribunais são *"os"* Órgãos de Soberania com competência para administrar justiça, não pretende dizer senão que são os únicos Órgãos de Soberania com essa competência"[4].

Perante este esclarecimento, Jorge Miranda retirou a sua proposta, congratulando-se pelo facto de a mesma ter explicitado o princípio da exclusividade da administração da justiça para os tribunais, "para que não mais haja dúvidas".

Em seguida, o deputado José Luis Nunes quis esclarecer que o texto da Comissão "não exclui a competência dos tribunais arbitrais, nem a de, por exemplo, estruturas também dirigidas por magistrados togados, como nas comissões arbitrais", pelo que o sentido lato da expressão "tribunais" deveria impedir uma futura ilegalização dessas estruturas.

Em resposta a essa intervenção, o deputado Barbosa de Melo disse o seguinte:

> "O texto, como fica, segundo o que vem projectado na Constituição, não resolve em rigor a questão de saber se os tribunais têm de ser necessariamente órgãos do Estado, se será de admitir a existência de outros órgãos, como as comissões arbitrais, constituídos pelas partes e para administrar justiça. O que, portanto, este preceito tem de significar é que, em suma, esses órgãos jurisdicionais que eventualmente venham a constituir-se têm de ser órgãos sujeitos, pelo menos, ao princípio da legalidade. Não é admissível que se dê a este artigo 1º uma interpretação com o alcance daquela que apresentou o Sr. Deputado José Luís Nunes, sem, pelo menos, dizer que essas comissões arbitrais, ou esses órgãos jurisdicionais não estaduais que surjam em nome do princípio da autodiquia, se quisermos – o

---

[4] Cfr. *Diário da Assembleia Constituinte*, página 3109.

Painel I. Justiça Desportiva 55

princípio de que os cidadãos se julgam a si mesmos -, que esses órgãos possam existir sem o princípio, sem que as condições do seu funcionamento sejam reguladas por lei, nos termos gerais desta Constituição. A interpretação, portanto, que apresentou o Sr. Deputado José Luís Nunes parece-me excessivamente ampla"[5].

Esta intervenção do deputado BARBOSA DE MELO mostra que, logo na versão originária da Constituição de 1976, o tema da autojurisdição ou da autodiceia não esteve ausente. A função jurisdicional pode ser exercida não somente pelos tribunais indicados na Constituição, mas também pelos órgãos próprios de comunidades que decidem em nome do princípio da autodiceia, desde que esses órgãos estejam legalmente criados e enquadrados. São órgãos jurisdicionais não estaduais que surgem em nome do princípio da autodiceia[6].

Dos debates parlamentares não ficou esclarecido se das decisões desses órgãos jurisdicionais privativos das comunidades respectivas cabia, ou não, recurso para os tribunais do Estado. Mas o conceito pré-constitucional desses órgãos inculca que os constituintes quiseram manter a situação que existia, sem recurso para os tribunais do Estado. De resto, foi assim que a jurisprudência entendeu até 13.11.1990, como se verá oportunamente.

Com o sentido dado pelo deputado BARBOSA DE MELO, o actual artigo 202º, nº 1, da Constituição da República foi aprovado por unanimidade[7]. Coincide com o disposto no artigo 18º, nº 1, da Lei (constitucional) nº 3/74, de 14 de Maio, segundo o qual "as funções jurisdicionais serão exercidas *exclusivamente* por tribunais integrados no Poder Judicial". Funções jurisdicionais estaduais, entenda-se...

Resulta do pensamento originário dos constituintes o seguinte:
• Administrar justiça é exercer a função jurisdicional;
• Os tribunais são os únicos órgãos do Estado a quem incumbe exercer essa função pública;
• Viola esta reserva de função aos tribunais uma lei que confie funções materialmente jurisdicionais a qualquer autoridade

---

[5] Cfr. *Diário da Assembleia Constituinte*, páginas 3109 e 3110.
[6] Esta expressão parece ter vindo do italiano "autodicrina", evoluindo em Portugal para "autodiquia" e, depois, para "autodiceia".
[7] Cfr. *Diário da Assembleia Constituinte*, página 3110.

pública diferente dos tribunais, mesmo que seja respeitada a garantia de recurso aos tribunais;

- Esta "reserva de juiz" tem a ver com a separação de funções entre os vários órgãos de soberania, pois as funções jurisdicionais não podem ser exercidas por qualquer órgão da Administração (directa, indirecta ou autónoma);
- Esta reserva somente trata da jurisdição enquanto função do Estado, pois é da jurisdição estadual que se cura;
- Trata-se de uma reserva de jurisdição estadual aos tribunais estaduais;
- Os tribunais em causa são apenas aqueles que estão previstos na Constituição como órgãos de soberania;
- Os tribunais do Estado exercem a função jurisdicional em nome do povo porque são órgãos de soberania popular e actuam um poder pertencente ao povo;
- Não ficou consagrado um monopólio estadual da função jurisdicional ou um sistema de exclusividade da justiça pública[8];
- A jurisdição não é apenas a função estadual reservada aos tribunais estaduais;
- A função de julgar pode não ser estadual, mas privada ou particular;
- A justiça pode ser administrada por jurisdições privadas cujas condições de funcionamento sejam reguladas por lei;
- A origem do poder de julgar destas jurisdições privadas está no princípio da autonomia privada dos cidadãos e exerce-se por meio de instrumentos e formas de heterocomposição de conflitos;
- Estas jurisdições privadas estão fora do Estado e dentro da sociedade;
- A admissão de justiças privadas no seio da sociedade não é um fenómeno de delegação ou de transferência de funções jurisdicionais pelo Estado aos particulares, mas uma voluntária e consciente abdicação, renúncia ou abandono de uma fracção da função jurisdicional que o Estado podia muito bem assumir como sua;

---

[8] Cfr. Acórdãos do Tribunal Constitucional 32/87 e 86/87.

Painel I. Justiça Desportiva 57

- Se as jurisdições privadas obedecerem ao princípio da legalidade, as suas decisões fazem caso julgado respeitado pelo Estado que as criou e legalmente enquadrou;
- A autojurisdição das comunidades e associações respectivas é independente do sistema jurisdicional do Estado, pelo que a composição dos conflitos que faz é definitiva e sem recurso para as justiças públicas;
- A autojurisdição das federações desportivas enquadra-se nas jurisdições privadas;
- À competência das jurisdições privadas escapam os conflitos que tenham a ver com os direitos, liberdades e garantias pessoais ou que versem sobre direitos indisponíveis[9].

Mas a dúvida sobre a ilegitimidade constitucional dos recursos das jurisdições privadas para os tribunais do Estado, que ainda poderia ter restado com a versão originária da Constituição de 1976, foi completamente dissipada com a Revisão Constitucional de 1989, como passamos a demonstrar.

Todos os partidos com assento na Assembleia da República apresentaram o seu projecto de revisão constitucional, mas o projecto do Partido Comunista tinha uma particularidade: consagrava, preto no branco, as jurisdições privadas com a designação de *"formas não jurisdicionais de composição de conflitos"*.

Com efeito, pretendendo "impulsionar a criação de formas não judiciais de solução de conflitos, *sem prejuízo de adequado recurso judicial*"[10], o Partido Comunista propôs o aditamento de um artigo à Constituição com a seguinte redacção:

Artigo 211º-A
Formas não jurisdicionais de composição de conflitos

Salvaguardando sempre o adequado recurso para os tribunais, a lei:
a) Definirá a admissibilidade, as formas e os efeitos da composição não jurisdicional de conflitos;

---

[9] Cfr. artigo 8º da Declaração Universal dos Direitos do Homem e artigo 13º da Convenção Europeia dos Direitos do Homem.

[10] Cfr. *Diário da Assembleia da República*, II Série, nº 21, de 13.11.1987, página 432-(7).

II Congresso de Direito do Desporto

b) Poderá tornar obrigatório o recurso à arbitragem;
c) Poderá prever a institucionalização de tribunais arbitrais permanentes.[11]

Note-se que o projecto salvaguardava "sempre" o adequado recurso aos tribunais do Estado.

Congruentemente com esta proposta, o PCP propôs a alteração da alínea p) do nº 1, do artigo 165º, da Constituição, sobre a reserva relativa de competência da Assembleia da República, de forma a ela abranger os tribunais arbitrais e *demais estruturas de composição de conflitos*[12].

Passando a apresentar a sua proposta, o deputado JOSÉ MAGALHÃES esclareceu que a previsão das formas não jurisdicionais de composição de conflitos visava "descongestionar os tribunais" e criar outras formas, para além dos próprios tribunais, para dirimir conflitos, cuja verificação é múltipla e pode situar-se nos mais diversos terrenos e ter os mais diversos protagonistas. Não se pretendeu definir, na Constituição, quais sejam essas formas não jurisdicionais de resolução de conflitos, mas remeter para o legislador a definição das condições ou das formas através das quais se deve efectivar e dos efeitos das estruturas e das modalidades de composição não jurisdicional de conflitos. Essas formas podem ser extremamente variadas. Tal preceito visava evitar uma visão judicializadora e obcecada pela judicialização da resolução de conflitos, sendo necessário um "desvio" ou "derivação" que têm grandes benefícios para o descongestionamento dos tribunais[13].

A respeito destas formas não jurisdicionais de composição de conflitos, o deputado MIGUEL GALVÃO TELES lembrou as comissões do futebol, considerando-as inconstitucionais. Por outro lado, também considerou que era inconstitucional a proibição de recurso aos tribunais comuns, pelo que qualquer dia começariam as partes a pôr em causa as decisões dessas comissões de 1ª instância e do Conselho de Justiça[14].

---

[11] Cfr. *Diário da Assembleia da República*, II Série, nº 21, de 13.11.1987, página 432-(20).

[12] Cfr. *Diário da Assembleia da República*, II Série, nº 43-RC, de 14.10.1988, pág. 1371.

[13] Cfr. *Diário da Assembleia da República*, II Série, nº 47-RC, páginas 1498, 1499, 1500 e 1501.

[14] Cfr. *Diário da Assembleia da República*, cit., páginas 1500 e 1502.

O Presidente concordou que o que se pretendia era "aliviar os tribunais de uma avalancha de processos que podem ser resolvidos por estas vias"[15].

Submetida à votação, a proposta do PCP não obteve a maioria de dois terços necessária[16].

Porém, o deputado ALMEIDA SANTOS procurou aproveitar parte da proposta do PCP e o seu partido (PS) aditou a seguinte nova proposta:

"Salvaguardando sempre o direito de recurso para os tribunais, a lei poderá institucionalizar instrumentos e formas de composição não jurisdicional de conflitos"[17].

Depois, o deputado ALMEIDA SANTOS justificou assim esta nova formulação para o preceito:

- As "formas não jurisdicionais de conflitos" são casos de menor importância, tais como os de conciliação, de arbitragem não jurisdicional, de pequenas dívidas, etc.;
- Sem essa norma ficam inconstitucionalizadas as formas existentes, pois existe uma regra segundo a qual os tribunais têm competência para dirimir todos os conflitos de interesses;
- "Ponho o máximo empenho na aprovação deste texto porque sobre esta matéria temos a porta fechada e, amanhã, poderá ser absolutamente necessário criar instrumentos de conciliação e até de decisão extrajudicial. Há tantas coisas que se podem resolver sem ir aos tribunais!...";
- Quanto à possibilidade de recurso aos tribunais, o deputado considerou que existe "a regra geral de que todos os conflitos são da competência dos tribunais", pelo que será possível inconstitucionalizar a criação destes instrumentos[18].

O Presidente da Comissão considerou que o princípio da autonomia da vontade, no campo do direito privado, já pode resolver o problema, mesmo sem esta norma, pois nada impede que se encontrem fórmulas que assentem na autonomia privada. É natural que, até

---

[15] Cfr. *Diário da Assembleia da República*, cit., página 1501.

[16] Cfr. *Diário da Assembleia da República*, II Série, n° 90-RC, de 24.4.1989, página 2651.

[17] Cfr. *Diário da Assembleia da República*, cit., página 2652.

[18] Cfr. *Diário da Assembleia da República*, cit., páginas 2651 e 2652.

em termos de direitos fundamentais do cidadão e da tutela que o ordenamento dá às formas de autonomia da vontade, se possa encontrar uma via para justificar essas formas de composição dos conflitos[19]. O deputado ALMEIDA SANTOS respondeu que não estava seguro de que todas as fórmulas possam ser cobertas pela ideia da autonomia privada, pelo que a norma proposta *non nocet*[20].

Submetida à votação, a proposta ficou assim redigida e aprovada pela maioria de dois terços:

"Formas não jurisdicionais de composição de conflitos

Salvaguardando sempre o direito de recurso para os tribunais, a lei poderá institucionalizar instrumentos e formas de composição não jurisdicional de conflitos".[21]

Terminados os trabalhos da Comissão Eventual de Revisão Constitucional foi constituída uma comissão especial de redacção das alterações à Constituição da República propostas ao Plenário da Assembleia da República, e, aí, algo de muito importante se passou. Com efeito, *foi suprimida a parte do preceito que salvaguardava sempre o direito de recurso aos tribunais*, ficando o mesmo com a seguinte redacção:

"Formas não jurisdicionais de composição de conflitos

A lei poderá institucionalizar instrumentos e formas de composição não jurisdicional de conflitos".[22]

A justificação para a eliminação da referência à salvaguarda do direito de recurso aos tribunais foi dada pelo deputado ALMEIDA SANTOS nestes termos:

"Em primeiro lugar, consagra-se que a lei poderá institucionalizar instrumentos e formas de composição não jurisdicional de conflitos. Atribuo uma grande importância a esta norma, que vem, aliás, de uma ideia do PCP, pela razão simples de que está aqui talvez encontrado um dos caminhos mais eficazes para *combater o excesso de trabalho e a morosidade de funcionamento dos nossos tribunais.*

---

[19] Cfr. *Diário da Assembleia da República*, cit., página 2652.
[20] Cfr. *Diário da Assembleia da República*, cit., página 2652.
[21] Cfr. *Diário da Assembleia da República*, cit., página 2652.
[22] Cfr. *Diário da Assembleia da República*, I Série, nº 89, de 31.5.1989, página 4406.

Assim, como já o ilícito de mera ordenação social significou a retirada aos tribunais criminais das chamadas bagatelas criminais, *destina-se esta norma a retirar à jurisdição dos tribunais comuns as bagatelas civis*. Não se compreende que um tribunal, com toda a sua pompa, com todo o seu formalismo, com toda a sua burocracia e os seus custos, seja chamado a pronunciar-se sobre uma dívida de pequeno montante ou sobre *uma questão de pequeno realce*, em que há, de facto, um conflito de interesses, mas que é uma *conflitualidade que pode ser resolvida em sede não jurisdicional*.

Penso, portanto, que esta norma poderá abrir o caminho a um princípio de *solução do "engasgamento" em que se encontram os nossos tribunais"*.[23]

Resumindo o pensamento legislativo constituinte que esteve na base da *supressão da expressão "salvaguardando sempre o direito de recurso para os tribunais"*, temos que essa supressão teve em vista as seguintes finalidades:

- *Combater o excesso de trabalho e a morosidade de funcionamento dos nossos tribunais;*
- *Destinar-se esta norma a retirar à jurisdição dos tribunais comuns as bagatelas civis;*
- *Tratar fora dos tribunais as questões de pequeno realce*, em que há, de facto, um conflito de interesses, mas que é uma *conflitualidade que pode ser resolvida em sede não jurisdicional;*
- *Abrir o caminho a um princípio de solução do "engasgamento" em que se encontram os nossos tribunais.*

E não se diga que os constituintes eliminaram a referência ao "direito de recurso para os tribunais" pelo facto de a mesma ser inútil, por já estar prevista no artigo 20°, n° 1, da Constituição. É que não foi este o motivo apontado pelo deputado ALMEIDA SANTOS; não era claro que a Constituição, na versão originária, garantisse recurso para os tribunais do Estado das decisões das jurisdições privadas desportivas; não era normal que, depois de esgotada a ordem jurisdicional desportiva, se quisesse abrir a porta das ordens jurisdicionais estaduais; nunca se quis garantir em Portugal um quíntuplo ou

---

[23] Cfr. *Diário da Assembleia da República*, I Série, n° 85, de 23.5.1989, páginas 4133 e 4134.

sêxtuplo grau de jurisdição; não se quis alterar a legislação anterior que vedava o recurso aos tribunais do Estado, pretendendo-se manter o "*status quo ante*"; já se tinha enveredado, em Portugal, pela desjudiciarização, pela resolução alternativa dos litígios e pela resolução extrajudicial dos conflitos, etc.

Com este sentido de que não cabe recurso para os tribunais das decisões tomadas pelas instâncias e pelas formas não jurisdicionais de composição de conflitos, o actual artigo 202º, nº 4, da Constituição da República foi aprovado, por unanimidade, pelos deputados da Assembleia da República[24], ficando com a seguinte redacção na Lei Constitucional nº 1/89, de 8 de Julho, para entrar em vigor no dia 7 de Agosto de 1989:

"A LEI PODERÁ INSTITUCIONALIZAR INSTRUMENTOS E FORMAS DE COMPOSIÇÃO NÃO JURISDICIONAL DE CONFLITOS".

Note-se que esta norma se aplica, expressamente, às jurisdições do futebol, como se disse na Comissão de Revisão Constitucional[25].

Comentando esta norma, os Profs. GOMES CANOTILHO e VITAL MOREIRA escreveram: "todavia, estas formas de "autojustiça", de "justiça privada" (ex.: "justiça profissional", "*justiça desportiva*") tem limites constitucionais, pois, por um lado, a autodeterminação judicial deve terminar onde estejam em causa bens indisponíveis ou direitos, liberdades e garantias, e, por outro lado, o recurso a estruturas extrajudiciais não pode precludir ou prejudicar o recurso à via jurisdicional"[26]. Ressalvada esta última parte, que não tomou em consideração os trabalhos preparatórios ou materiais legislativos constituintes, acentua-se que a chamada *justiça desportiva* é uma forma de autojustiça, de justiça privada ou de jurisdição privativa das comunidades e associações desportivas, com criação e enquadramento legal, respeitando, portanto, o princípio da legalidade.

Qual o valor desses trabalhos preparatórios ou materiais legislativos constituintes?

---

[24] Cfr. *Diário da Assembleia da República*, I Série, nº 89, de 31.5.1989, página 4406.

[25] Cfr. intervenções do Deputado MIGUEL GALVÃO TELES e do Presidente da Comissão in *Diário da Assembleia da República*, II Série, nº 47-RC, de 20.10.1988, páginas 1500 e 1502.

[26] Cfr. *Constituição da República Portuguesa Anotada*, 3ª edição, página 793.

Não há dúvida de que eles elucidam directamente sobre a "vontade afectiva do legislador concreto". Como ensinou o grande Prof. MANUEL DE ANDRADE, "não existindo documentos históricos que nos possam esclarecer, como que directamente, sobre qual tenha sido a vontade efectiva do órgão legiferante, é natural imaginar-se que ele entendeu a lei como a teria entendido um *bom legislador*"[27].

Ora, para as jurisdições desportivas, nós já sabemos, pela história acima narrada, que há documentos que nos esclarecem directamente sobre a vontade efectiva do poder constituinte derivado. Do mesmo modo tinha sido a vontade do poder constituinte originário, após a intervenção do deputado BARBOSA DE MELO na Assembleia Constituinte[28].

A todas as razões históricas apontadas, e que, só por si, bastam para nos elucidar sobre o pensamento constituinte, outras razões podemos alinhar para sustentar a tese de que a Constituição da República vedou os recursos das decisões das instâncias desportivas para os tribunais estaduais ou justiças públicas, a saber:

- Se há uma norma constitucional que assegura a todos o acesso aos tribunais para defesa dos seus direitos e interesses legalmente protegidos (artigo 20°, n° 1), há outra norma constitucional que intencionalmente vedou o recurso aos tribunais do Estado contra as decisões das jurisdições privadas (artigo 202°, n° 4), e esta última norma funciona como excepcional em relação àquela nos casos em que não se esteja perante direitos indisponíveis ou direitos, liberdades e garantias;
- As normas excepcionais afastam a aplicação das normas gerais e não comportam aplicação analógica;
- Já no Antigo Regime as jurisdições privadas eram soberanas dentro da sua própria ordem, sendo insusceptíveis de contestação junto da jurisdição da coroa[29];
- De nada valia as jurisdições privadas julgarem em primeira instância se os tribunais do Estado pudessem ser sempre chamados a julgar em segunda ou ulterior instância, pois deixava-se

---

[27] Cfr. *Sentido e Valor da Jurisprudência*, in *Boletim da Faculdade de Direito* (Coimbra), vol. XLVIII, página 273.

[28] Cfr. *Diário da Assembleia Constituinte* n° 96, de 17.12.1975, páginas 3109 e 3110.

[29] Cfr. Prof. VITAL MOREIRA, *Administração Autónoma e Associações Públicas*, 2003, página 196.

sair pela janela o que não se quis deixar entrar pela porta, não se evitando os recursos em massa aos tribunais do Estado, contra o pensamento constituinte que quis combater o excesso de trabalho e a morosidade de funcionamento dos nossos tribunais, quis tirar as bagatelas dos tribunais e quis solucionar o "engasgamento" em que se encontram os nossos tribunais;

- Se os instrumentos e formas de *composição* não jurisdicional de conflitos fossem susceptíveis de recurso para os tribunais do Estado deixariam de ser de *"composição"* definitiva desses conflitos, para passarem a ser meros recursos hierárquicos necessários para se chegar aos tribunais do Estado. O instrumento de composição é para compor e não para se transmudar em mero meio burocrático no seio das justiças desportivas;

- Se restassem dúvidas sobre a revogação da antiga legislação, de 1942 e 1943, que proibia o recurso das instâncias desportivas para os tribunais do Estado, então essas dúvidas resolviam-se pela manutenção do direito anterior e sua conciliação com o direito posterior (*in dubio revocatio legis praeexsistentis non praesumitur, sed leges posteriores ad priores trahendae sunt et his, quantum fieri potest, conciliandae*);

- "Na dúvida, parte-se do princípio de que a lei se quis ater ao direito pré-vigente; pois um legislador razoável, quando pretende introduzir inovações, costuma deixá-las bem vincadas na própria letra dos textos – nem se decide a inovar senão em dados pontos, sob pressão de exigências bastante apreciáveis[30]. Esta regra aplica-se à lei constitucional;

- Nas novas modalidades de auto-regulação voluntária privada voltam a surgir os sistemas integrados de auto-regulamentação e autojurisdição privativa, "independentes do sistema jurisdicional estadual"[31];

- Se os conselhos jurisdicionais das federações desportivas fossem de considerar titulares de poderes públicos, então perten-

---

[30] Cfr. Prof. MANUEL DE ANDRADE, ob. cit., página 275.
[31] Cfr. Prof. VITAL MOREIRA, ob. cit., página 198.

Painel I. Justiça Desportiva 65

ciam à administração autónoma do Estado[32] e, como tal, estavam impedidos pela Constituição de exercer a função jurisdicional, o que é contrário à norma constitucional (artigo 202°, n° 4) que prevê as jurisdições desportivas privadas;

- Sempre, em Portugal, houve imunidade do direito desportivo em relação à intervenção da jurisdição estadual e só recentemente é que pegou "a moda" do recurso aos tribunais do Estado, à margem dos textos constitucionais;
- Não está provado que os juízes do Estado tenham mais competência técnica que os juízes das jurisdições desportivas no respectivo ramo da ordem jurídica desportiva;
- Ainda que os juízes das jurisdições desportivas tenham uma menor independência "designante" que os juízes do Estado, eles também são independentes e imparciais e dão garantias suficientes de objectividade, isenção e imparcialidade, como sempre aconteceu ao longo das décadas. Muitos juízes das jurisdições desportivas eram e são, simultaneamente, magistrados civis, "juízes da Nação" e, por vezes, exercendo as mais altas funções jurisdicionais nas justiças públicas;
- Nos países, como Alemanha e Inglaterra, em que não há recurso aos tribunais do Estado, a justiça desportiva não é de inferior qualidade;
- Tendo em conta a situação actual da justiça pública portuguesa, entupida de processos por todos os lados, não é oportuno nem conveniente, para uma eficaz tutela jurisdicional efectiva, que os recursos em matéria desportiva se arrastem pelos pretórios do Estado;
- O desporto exige soluções imediatas, pois as provas não podem parar. Ora, uma actividade efervescente, como é o desporto, exige uma justiça própria que não se compadece com recursos às justiças públicas;
- Os ritmos das jurisdições desportivas não são compatíveis com os ritmos das jurisdições estaduais (judicial ou administrativa e fiscal);

---

[32] Cfr. Prof. VITAL MOREIRA, ob. cit., página 567.

- A regulamentação desportiva das várias federações já é de grande volume e extensão, pelo que não é conveniente sujeitar os juízes da Nação ao estudo e conhecimento dessa regulamentação para decidirem as causas do direito desportivo com o acerto que um Estado-de-Direito exige;
- Os juízes da Nação, na hora de decidirem litígios desportivos, podem não dispor da sensibilidade e vocação para o fenómeno desportivo, o que pode prejudicar o acerto das decisões, sobretudo em termos de matéria de facto;
- A justiça estadual é cara e muitos clubes e atletas não estão dispostos a arcar com as despesas de uma demanda;
- As leis têm de salvaguardar o caso julgado desportivo, pelo que o recurso aos tribunais do Estado pode já não interessar nem dar a tutela efectiva que as pessoas pretendem;
- Neste momento existe, por parte de certa advocacia, uma propensão para o esgotamento ou exaustão de todas as instâncias de recurso, pelo que é necessário colocar uma barreira intransponível que evite a litigância temerária.

Contudo, o que é preciso, acima de tudo, é que se respeite a Constituição da República, que não quis salvaguardar o direito de recurso para os tribunais do Estado contra as decisões das jurisdições desportivas. Em face da lei fundamental, e da sua intenção, a tese que tem de ser seguida é esta e apenas esta: *O JUIZ DO CONTENCIOSO DESPORTIVO É O JUIZ DESPORTIVO E NÃO O JUIZ COMUM.*

3. As leis de bases do desporto, inconstitucionalmente, admitiriam o recurso aos tribunais em certos litígios desportivos

Foi a Lei de Bases do Sistema Desportivo, aprovada pela Lei nº 1/90, de 13 de Janeiro, que, pela primeira vez em Portugal, veio permitir os recursos aos tribunais do Estado das decisões das instâncias federativas desportivas nos litígios desportivos, cerca de cinco meses após a entrada em vigor do artigo 202º, nº 4, da Constituição da República, que não quis houvesse recurso para os tribunais contra as decisões das jurisdições privadas.

Painel I. Justiça Desportiva

Mas o terreno para o ambiente jurídico propício à admissão desses recursos foi preparado, sub-repticiamente, a propósito da qualificação jurídica das federações desportivas de utilidade pública. Este foi, de facto, o pretexto para atirar com os litígios desportivos para os tribunais do Estado, em especial para os tribunais administrativos, como se os tribunais judiciais não tivessem a mesma lógica tutelar dos direitos e interesses legalmente protegidos dos portugueses.

Tudo começou quando, numa interpretação menos correcta do artigo 79º, nº 2, da Constituição da República, se viu nele um modelo de desporto como serviço público, da responsabilidade originária do Estado, e não um modelo de cooperação ou colaboração entre público e privado (este assente nas associações e colectividades desportivas). O que está nesse artigo 79º, nº 2, nem é o modelo francês de desporto (como serviço público e da responsabilidade originária do Estado) nem o modelo alemão do desporto (de intervenção subsidiária do Estado se os objectivos prosseguidos pelas associações e colectividades desportivas não forem suficientemente realizados e possam ser melhor prosseguidos a nível estadual), mas um *tertium genus,* muito português, que é o modelo de cooperação entre Estado e associações e colectividades desportivas.

Quem intuiu a interpretação correcta dessa norma constitucional foi o legislador ordinário, no artigo 2º do Decreto-Lei nº 164/85, de 15 de Maio, que consagrou o *princípio da cooperação* entre o Estado e as colectividades e associações desportivas, afastando-se de um cadavérico *princípio de subordinação* do privado ao público. Logo no artigo 3º reconheceu a autonomia de que legitimamente têm de gozar as pessoas colectivas privadas que actuam na área do desporto.

Mas alguns, partindo, porventura, de certos postulados ideológicos na distinção entre público e privado, e vendo o Estado como o "grande pai", enveredaram pelo sistema francês, que importaram acriticamente, e constituíram o desporto como serviço público e o Estado como o "orientador" – qual treinador – de todo o desporto.

No entanto, não é isso que está na Constituição, tal como esta não prevê o recurso para os tribunais do Estado contra as decisões das instâncias desportivas.

68 II Congresso de Direito do Desporto

A porta da estatização e jurisdicionalização do desporto foi aberta pelo Parecer n° 114/85, do Conselho Consultivo da Procuradoria Geral da República[33], no qual forem defendidas as seguintes teses:

- Os actos unilaterais praticados pelas federações desportivas no cumprimento de uma missão de serviço público e no exercício de prerrogativas de autoridade pública assumem a natureza de actos administrativos, sendo contenciosamente impugnáveis junto dos tribunais administrativos;
- O artigo 86° do Regulamento Disciplinar da FPF, ao sancionar com a exclusão os clubes, jogadores, dirigentes e elementos da arbitragem que, sem consentimento da Federação, submetam aos tribunais a apreciação de questões previstas na regulamentação desportiva, infringe o princípio da tutela jurisdicional dos direitos através da via judiciária, consagrado no artigo 20° da Constituição, sendo, assim, materialmente inconstitucional;
- Sempre que as decisões federativas revistam a natureza de actos administrativos, a respectiva impugnação contenciosa junto dos tribunais competentes só deverá ter lugar depois de esgotadas as vias de recurso interno, mediante o percurso fixado no Estatuto da FPF, ou seja, após a apreciação da matéria pelo órgão federativo competente para dela conhecer e decidir em última instância;
- O Governo tem poderes para exercer tutela sobre as federações desportivas, sem que essa tutela viole o direito de associação.

Posteriormente, o mesmo corpo consultivo deu o Parecer n° 101/88[34], no qual defendeu as mesmas teses e atirou as federações desportivas de utilidade pública para a área da administração autónoma.

Uns dias antes de a Revisão Constitucional de 1989 entrar em vigor, o Tribunal Constitucional proferiu o acórdão n° 472/89[35], no qual já teve em conta a proposta da futura Lei de Bases do Sistema

---

[33] Publicado na *II Série do Diário da República* de 30.7.1986.

[34] Publicado na *II Série do Diário da República* de 8.6.1989 e no *Boletim do Ministério da Justiça* n° 384.

[35] Publicado na *II Série do Diário da República* de 22.9.1989.

Desportivo. Nesse acórdão, o TC admite que o Estado pode devolver poderes públicos às federações desportivas de utilidade pública e admite que o Estado possa exercer alguma tutela sobre o desporto. Mas recusa às normas emanadas do poder regulamentar federativo a natureza de normas públicas. Sobre o recurso aos tribunais, o TC não se pronunciou.

Foi neste ambiente de publicização do desporto que foi feita e aprovada a primeira Lei de Bases do Sistema Desportivo, a qual entrou em vigor no dia 18.1.1990 – quando o artigo 202º, nº 4, da Constituição da República tinha entrado em vigor no dia 7.8.1989 –, criando o estatuto de utilidade pública desportiva para as federações, mediante o qual elas adquiriam "poderes regulamentares, disciplinares e outros de natureza pública" (artigo 22º, nº 1), garantindo independência e competência técnica aos seus órgãos jurisdicionais próprios (artigo 22º, nº 2, al. c)).

Esta Lei contém um preceito (artigo 25º) dedicado à justiça desportiva, nos termos do qual, em regra, das decisões e deliberações definitivas das entidades desportivas cabia impugnação (judicial, claro), nos termos gerais de direito. Excepcionalmente, não havia recurso para os tribunais quando se tratasse de decisões e deliberações sobre *questões estritamente desportivas* que tivessem por fundamento a violação de *normas de natureza técnica ou de carácter disciplinar*. Estas questões estritamente desportivas ficavam reservadas para o julgamento das instâncias competentes na ordem desportiva. Nos casos em que, não sendo questões estritamente desportivas, houvesse recurso para os tribunais administrativos, ficam ressalvados os efeitos desportivos entretanto validamente produzidos na sequência da última decisão da instância competente na ordem desportiva.

Este artigo 25º, na parte em que admitiu recurso para os tribunais do Estado das decisões e deliberações do conselho jurisdicional das federações desportivas, como jurisdições privadas que eram desde a legislação de 1942 e 1943, era materialmente inconstitucional, por violação do artigo 202º, nº 4, da Constituição da República, que não quis que houvesse recurso para os tribunais estaduais das decisões das jurisdições privadas.

70   *II Congresso de Direito do Desporto*

De qualquer modo, esse artigo 25° foi além do que constava do artigo 24°, n° 2, da respectiva Proposta de Lei n° 82/V[36], pois esta exigia que a violação das normas tivesse lugar *"na prática directa das diversas modalidades desportivas"*. Deste modo, podia haver questões estritamente desportivas mesmo fora da prática da modalidade.

Depois, veio o regime jurídico das federações desportivas, aprovado pelo Decreto-Lei n° 144/93, de 26 de Abril, em cujo artigo 8°, n° 2, se estabeleceu que dos actos praticados pelos órgãos das federações dotadas de utilidade pública desportiva, no exercício de poderes públicos, cabe recurso contencioso para os tribunais administrativos[37].

Como a Lei de Bases do Sistema Desportivo dizia que cabia impugnação judicial nos termos gerais, se as decisões não fossem tomadas no exercício de poderes públicos essa impugnação teria de ser apresentada aos tribunais judiciais que fossem competentes, e não aos tribunais administrativos. Assim, as federações desportivas podiam praticar actos administrativos ou actos sujeitos ao direito comum, conforme dispusessem, ou não, de poderes públicos conferidos pelo estatuto de utilidade pública desportiva. Nos termos do artigo 31°, aos conselhos jurisdicionais compete conhecer dos recursos interpostos das decisões disciplinares em matéria desportiva e de outras matérias que lhes sejam cometidas pelos estatutos.

A Lei de Bases do Desporto foi aprovada pela Lei n° 30/2004, de 21 de Julho. O seu artigo 22° trata do estatuto de utilidade pública desportiva e confere às federações com esse estatuto competência para o exercício de poderes regulamentares, disciplinares e outros de natureza pública.

Porém, a matéria da justiça desportiva foi distribuída por três artigos diferentes, quando, na lei anterior, constava apenas de um. Isto mostra que houve preocupação com esta matéria e as alterações introduzidas podem levar a um diferente entendimento do âmbito da justiça desportiva e dos casos de irrecorribilidade para as justiças públicas.

---

[36] Publicada no *Diário da Assembleia da República*, II Série-A, n° 14, de 13 de Janeiro de 1989, páginas 472 e 473.

[37] Hoje, ao antigo recurso contencioso chama-se acção administrativa especial, por força do disposto no artigo 191° do Código de Processo nos Tribunais Administrativos.

Painel I. Justiça Desportiva 71

A regra geral de impugnabilidade das decisões e deliberações definitivas das entidades que integram o associativismo desportivo consta do artigo 46º, em termos em nada diferentes da lei anterior.

As excepções à regra da impugnabilidade judicial constam do artigo 47º. São as *questões estritamente desportivas.*

A lei anterior dizia quais eram as matérias que não eram *"impugnáveis"* nem susceptíveis de *"recurso"* fora das instâncias competentes na ordem desportiva. Estas expressões pareciam pressupor que nuns casos se impugnavam as decisões junto dos tribunais judiciais e noutros casos se recorria (com recurso contencioso) para os tribunais administrativos. A lei posterior (artigo 47º, nº 1) alude apenas ao *recurso* e deixou de falar na impugnação. Sendo certo que em 2004 já tinha acabado a designação de "recurso contencioso" no nosso contencioso administrativo, é de pressupor que a expressão "recurso", utilizada no artigo 47º, nº 1, tanto abarca o recurso aos tribunais administrativos como o recurso aos tribunais judiciais. Tudo depende de ter sido ou não praticado um acto materialmente administrativo, um acto de aplicação, ou não, de normas de direito administrativo.

Como se disse, a Lei de Bases do Desporto manteve a regra geral de recorribilidade para os tribunais estaduais contra as decisões e deliberações definitivas das entidades que integram o associativismo desportivo. O sentido de decisões ou deliberações *"definitivas"* só pode ser o de "últimas decisões da instância competente na ordem desportiva" (artigo 48º) ou de "esgotamento dos meios jurisdicionais federativos" (artigo 49º, nº 3). As últimas decisões da instância competente na ordem desportiva são as decisões dos conselhos jurisdicionais das associações e federações desportivas, na medida em que esses conselhos são as únicas instâncias jurisdicionais que existem, por contraposição às instâncias disciplinares. Dos conselhos de disciplina recorre-se para os conselhos jurisdicionais desportivos (artigo 31º do Decreto-Lei nº 144/93, de 26 de Abril). As últimas decisões são as que esgotaram os meios jurisdicionais federativos e não os meios graciosos. Ainda que, por vezes, se faça alusão às "jurisdições disciplinares", estas jurisdições são órgãos disciplinares e não jurisdições privadas. Esta última categoria está reservada para os conselhos jurisdicionais, pois são estes que dizem o direito desportivo imparcial e objectivamente nos litígios desportivos, resolvendo-os definitivamente dentro da ordem desportiva.

Esta questão nada tem a ver com a natureza jurídica dos actos dos conselhos jurisdicionais. Para o direito desportivo, estas decisões têm a natureza de actos jurisdicionais. São actos de administração da justiça dentro das colectividades desportivas. Mas para o direito estadual, essas decisões dos conselhos jurisdicionais são actos administrativos ou meros actos de direito privado. Para o Tribunal Constitucional, os conselhos jurisdicionais não são verdadeiros tribunais e as suas decisões não são decisões jurisdicionais[38]. Na realidade, os conselhos jurisdicionais são verdadeiros tribunais privativos das associações e federações desportivas, pois o conceito de tribunal não está reservado em parte alguma aos tribunais estaduais previstos na Constituição. Esta questão nada tem a ver com a controvérsia sobre a criação de um tribunal desportivo, pois este pretende-se que pertença às ordens jurisdicionais do Estado e não à ordem desportiva. Falar em jurisdição privada é o mesmo que aludir a tribunal privativo[39].

Assim, entendo por decisão definitiva, na ordem desportiva, aquela que já não é susceptível de recurso dentro dessa ordem por não haver outro órgão superior ao conselho jurisdicional respectivo para onde recorrer. Só as decisões desses conselhos jurisdicionais fazem caso julgado desportivo, nos termos da epígrafe do artigo 48º da Lei de Bases do Desporto. Não fazia sentido a lei aludir a "caso julgado" se as respectivas decisões não fossem jurisdicionais, mesmo que privativas. O conceito de caso julgado está indissociavelmente ligado ao exercício da função jurisdicional.

Porém, pelas razões que vimos *supra*, entendo que a faculdade de recurso aos tribunais do Estado, nos termos gerais de direito, é materialmente inconstitucional.

Não o têm entendido assim os nossos tribunais que, *nemine discrepante*, admitem o recurso para os tribunais do Estado desde 13.11.1990.

Vejamos.

---

[38] Cfr. acórdão nº 391/2005.
[39] Cfr. Prof. VITAL MOREIRA, ob. cit., nota 279, página 197.

Painel I. Justiça Desportiva 73

Até à Constituição da República de 1976, os diplomas legais de 1942 e 1943 negavam expressamente o recurso aos tribunais contra as decisões da Direcção-Geral de Educação Física, Desporto e Saúde Escolar ou do Ministro, que decidissem em recurso administrativo.

Depois da Constituição, ainda foram proferidas decisões que ou diziam que não havia recurso para os tribunais do Estado ou diziam que os tribunais administrativos não eram competentes para esses recursos. Assim, o Supremo Tribunal Administrativo negou competência aos tribunais administrativos nos acórdãos de 31.1.1989 (recurso nº 26 670), de 28.9.1989 (recurso nº 27 317) e de 18.1.1990 (recurso nº 25 853).

Por manifesta influência da doutrina emanada pelo Conselho Consultivo da Procuradoria-Geral da República, o Supremo Tribunal Administrativo alterou a sua jurisprudência pelo acórdão de 13.11.1990[40], já depois da entrada em vigor da Lei de Bases do Sistema Desportivo, embora o caso fosse anterior. Entendeu que uma pena disciplinar de um ano de suspensão aplicada a um praticante era um acto administrativo emanado de um poder de autoridade.

O Supremo Tribunal de Justiça, por acórdão de 18.4.1991[41], reconheceu o direito de acesso aos tribunais, ou direito à via judiciária, como direito fundamental, pelo que o interessado podia impugnar uma deliberação da assembleia-geral federativa para os tribunais judiciais, mesmo sem esgotar as vias de recurso interno na ordem desportiva.

Finalmente, e para só citar um exemplar de cada uma das mais altas jurisdições do Estado, o Tribunal Constitucional, pelo seu acórdão nº 473/98[42], decidiu que das decisões federativas cabe recurso para os tribunais uma vez esgotados os meios de recurso dentro da ordem desportiva.

Em face destes arestos, temos que é jurisprudência uniforme caber recurso para os tribunais estaduais das decisões e deliberações definitivas das instâncias desportivas, sem que alguma vez qualquer tribunal tenha levantado a questão da inconstitucionalidade das normas jurídicas que abrem essas vias de recurso às justiças públicas.

---

[40] Publicado no *Boletim do Ministério da Justiça* nº 401, páginas 278 e seguintes.
[41] Publicado no *Boletim do Ministério da Justiça* nº 406, páginas 586 e seguintes.
[42] Publicado na *II Série do Diário da República* de 23.11.1999.

74 *II Congresso de Direito do Desporto*

Na verdade, também vez alguma os litigantes discutiram a inconstitucionalidade dessas normas.

Vejamos os absurdos a que esta corrente jurisprudencial conduz.

Desde a revolução francesa que se reclama o princípio do duplo grau de jurisdição, no sentido de que uma causa deve poder ser julgada por dois tribunais, um de primeira e outro de segunda instância. É uma garantia dos cidadãos contra erros de julgamento praticados pelos juízes.

Pois bem, com a jurisprudência que se firmou em matéria de recurso das jurisdições desportivas, temos um quíntuplo ou sêxtuplo grau de jurisdição nos seguintes termos, tratando-se de litígios de direito público:

1. Julgamento feito pela jurisdição disciplinar (Conselho de Disciplina – artigo 32º do Decreto-Lei nº 144/93, de 26 de Abril);
2. Julgamento feito pelo Conselho Jurisdicional (artigo 31º do mesmo diploma);
3. Julgamento feito pelo tribunal Administrativo e Fiscal (artigo 44º do Estatuto dos Tribunais Administrativos e Fiscais, aprovado pela Lei nº 13/2002, de 19 de Fevereiro);
4. Julgamento feito pelo Tribunal Central Administrativo (artigo 37º do Estatuto dos Tribunais Administrativos e Fiscais);
5. Julgamento feito pelo Supremo Tribunal Administrativo (artigo 150º do Código de Processo nos Tribunais Administrativos);
6. Recurso de constitucionalidade para o Tribunal Constitucional (artigo 70º, nº 1, al. b), da Lei nº 28/82, de 15 de Novembro).

Tratando-se de litígios de direito privado, temos os seguintes graus de jurisdição:

1. Julgamento feito pela jurisdição disciplinar (Conselho de Disciplina – artigo 32º do Decreto-Lei nº 144/93, de 26 de Abril);
2. Julgamento feito pelo Conselho Jurisdicional (artigo 31º do mesmo diploma);
3. Julgamento feito pelo tribunal de comarca (de competência genérica, do trabalho, varas cíveis ou juízos cíveis), nos termos dos artigos 62º, 77º, 85º, 97º e 99º da Lei de Organização e

Painel I. Justiça Desportiva 75

Funcionamento dos Tribunais Judiciais, aprovada pela Lei nº 3/99, de 13 de Janeiro;

4. Julgamento feito pelo Tribunal da Relação (artigo 56º da LOFTJ e artigo 678º do Código de Processo Civil);
5. Julgamento feito pelo Supremo Tribunal de Justiça (artigo 36º da LOFTJ e artigo 721º do Código de Processo Civil);
6. Recurso de constitucionalidade para o Tribunal Constitucional (artigo 70º, nº 1, al. b), da Lei nº 28/82, de 15 de Novembro).

Em qualquer destas jurisdições, pode ainda ser feito um pedido de decisão a título prejudicial (reenvio prejudicial) para o Tribunal de Justiça das Comunidades Europeias, nos termos do artigo 234º do Tratado que instituiu a Comunidade Europeia (Tratado de Roma), o qual fará demorar a resolução do caso em cerca de dois anos. Se a questão de direito comunitário for suscitada em tribunal do qual já não caiba recurso, este reenvio prejudicial pode ser obrigatório.

Finalmente, podem os interessados, após haverem esgotado as vias de recurso internas, apresentar ao Tribunal Europeu dos Direitos do Homem uma petição individual, queixando-se da violação da Convenção pelos tribunais nacionais (artigo 34º da Convenção Europeia dos Direitos do Homem).

Não podemos esquecer que resta sempre o "apelo aos céus".

Em face deste panorama recursivo, poderá sustentar-se que das decisões das instâncias jurisdicionais desportivas cabe recurso para os tribunais do Estado!

Não é notória tamanha desorganização judiciária!

Será justo que um Estado-de-Direito admita o quíntuplo ou sêxtuplo grau de jurisdição em matéria de litígios desportivos, e logo em assunto que exige extrema rapidez de decisão!

Não repugna ao sentimento jurídico do homem médio, suposto pela ordem jurídica, que uma causa seja julgada cinco ou seis vezes !

Não sabemos, todos nós, que os tribunais do Estado estão, em regra, "entupidos" de processos!

Não é verdade que a justiça portuguesa passa por uma grave crise!

Reclamar que as questões desportivas sejam decididas, exclusivamente, pelas jurisdições desportivas, sem recurso para os tribunais do Estado, não é um acto de defesa de posições corporativas no desporto, mas um acto de bom senso e de realismo jurídico. Afinal ... até nem estão em causa direitos, liberdades e garantias pessoais, mas meros interesses disponíveis...

Para quê tanta litigância!!!

Porém, conhecendo a realidade que nos cerca, em face da corrente esmagadora da jurisprudência, não é provável que se possa dar uma inversão.

Fizemos uma investigação livre do tema. Abrimos um caminho novo ainda não trilhado por ninguém. Demos o nosso contributo para o bem do desporto em Portugal e para que as instituições do Estado não dificultem o regular funcionamento das actividades desportivas. Assim, também para nós o assunto passa a "caso julgado".

4. Uma reserva absoluta de jurisdição desportiva: as questões estritamente desportivas

Vimos que no artigo 25º da Lei de Bases do Sistema Desportivo de 1990 já se tinha estabelecido uma reserva absoluta de jurisdição desportiva a favor das instâncias competentes na ordem desportiva, a respeito das questões estritamente desportivas, ou seja, das questões que tivessem por fundamento a violação de normas de natureza técnica ou de carácter disciplinar. Vimos que essas questões não tinham de ocorrer durante a *"prática directa"* da modalidade desportiva, como tinha sido proposto, pelo que podiam ocorrer fora dessa prática directa do desporto.

Mas esta norma era muito avara para as jurisdições privadas desportivas, pois muitos litígios desportivos seriam submetidos ao escrutínio dos tribunais estaduais, com todos os inconvenientes que isso acarreta para o regular desenvolvimento das provas desportivas e a insegurança e incerteza que lhe estavam subjacentes.

Ora, o legislador da Lei de Bases do Desporto, de 2004, foi muito mais prudente e sensato, pois alargou muito a reserva absoluta de jurisdição dos conselhos jurisdicionais associativos e federativos. O alargamento da reserva foi de tal modo justo e certeiro que praticamente resolveu as nossas dúvidas de inconstitucionalidade do recurso às justiças públicas. Pese embora algumas batalhas de retaguarda travadas por quem possa ter interesse no aumento da litigiosidade, até por razões profissionais, o certo é que o legislador ordinário fez uma interpretação do direito conforme à Constituição. Pretendendo evitar os recursos aos tribunais estaduais, que são sempre uma praga nas justiças públicas pela ressonância social que lhes está normalmente associada, a ponto de, algumas vezes, poder influenciar a independência nas decisões, a Lei de Bases do Desporto, depois de começar por dizer que, em regra, há recurso para os tribunais, abre uma excepção tão ampla que, na maior parte dos casos, vai inviabilizar a regra geral. Com efeito, a nova definição de questões estritamente desportivas é tão ampla que, em regra, não vai haver recurso para os tribunais do Estado, salvo se se implantar qualquer interpretação estratégica do novo nº 2 do artigo 47º, como já se tem visto esboçar.

Em face do texto, podemos dizer que, em regra, não haverá recurso para os tribunais estaduais. Excepcionalmente pode haver.

O texto reza o seguinte:

> "São questões estritamente desportivas aquelas que tenham por fundamento normas de natureza técnica ou de carácter disciplinar, nomeadamente as infracções disciplinares cometidas no decurso da competição, enquanto questões de facto e de direito emergentes da aplicação das leis do jogo, dos regulamentos e das regras de organização das respectivas provas".

Uma frase está entre vírgulas, pelo que não passa de um aposto ou continuado daquilo que está imediatamente antes. Referimo-nos à frase *"nomeadamente as infracções disciplinares cometidas no decurso da competição"*. Trata-se de um mero exemplo de questões relativas a normas de natureza técnica ou de carácter disciplinar. Não há dúvida de que as questões que surgirem a propósito das violações de disciplina "cometidas no decurso da competição" são questões estritamente desportivas. Mas isso não quer dizer que se as infracções disciplinares forem cometidas *fora do decurso da competição* não sejam de considerar, também, como questões estritamente desportivas. Com efeito, como vimos, na proposta de Lei de Bases do Sistema Desportivo de 1990 pretendeu-se que as questões estritamente desportivas fossem, apenas, aquelas que resultassem da "prática directa" da modalidade desportiva. Mas o legislador eliminou essa referência à "prática directa" da modalidade com o propósito manifesto de abranger questões que viessem a ocorrer fora da prática directa da modalidade, ou antes ou depois dessa prática. Ora, tendo a Lei de Bases do Desporto pretendido alargar o conceito de questões estritamente desportivas, não é crível que restringisse esse conceito nesta parte das infracções cometidas fora da competição. Sabendo nós da consabida falibilidade do argumento a *contrario senso*, não podemos considerar que se a lei fala em infracções cometidas no decurso da competição é porque quis excluir as infracções cometidas fora do decurso dessa mesma competição. O que será normal pensarmos será que o legislador quis dar o exemplo mais comum, que é o de as infracções serem cometidas no decurso da competição. O legislador é coerente e soube exprimir o seu pensamento em termos adequados: ele quis alargar e não restringir o conceito de questões estritamente desportivas. De qualquer modo, o artigo 18°, n° 2, da futura Lei de Bases (Proposta de Lei n° 80/X) deixará de referir esse exemplo de questão estritamente desportiva[43].

Na realidade, o que o legislador de 2004 fez, a mais do que tinha feito o legislador de 1990, foi explicar o conceito de *"normas de natureza técnica ou de carácter disciplinar"*. Excluído o aposto ou continuado – "nomeadamente as infracções disciplinares cometidas no decurso da competição" – o artigo 47°, n° 2, explicou que as normas de natureza técnica ou de carácter disciplinar o são enquanto questões de facto e de direito emergentes:

- Da aplicação das leis do jogo;
- Dos regulamentos;
- Das regras de organização das respectivas provas.

É nítido que o conceito de questões estritamente desportivas tem expresso um conceito normativo, pois usa estas expressões:

- Normas;
- Leis do jogo;
- Regulamentos;
- Regras.

---

[43] Passou a constituir o artigo 18°, n° 3, da Lei de Bases da Actividade Física e do Desporto, aprovada pela Lei n° 5/2007, de 16 de Janeiro, o qual eliminou o inciso *"nomeadamente as infracções disciplinares cometidas no decurso da competição"*, pelo que a discussão "no decurso" ou "fora do decurso" da competição deixou de ter sentido.

Bem podia o legislador usar um conceito mais simples de "questões estritamente desportivas", bastando que dissesse que são as "questões contidas na regulamentação desportiva", pois com esta frase já abrangia todas as normas de natureza técnica ou de carácter disciplinar, desde as leis do jogo, aos regulamentos e às regras de organização das provas.

Mas foi essa a verdadeira intenção da lei. As jurisdições privadas desportivas têm reserva de jurisdição para a apreciação e julgamento da matéria de facto e para a indagação, interpretação e aplicação da correspondente regulamentação desportiva, sem intervenção dos tribunais do Estado em sede de recurso.

No fundo, há uma clara divisão de tarefas jurisdicionais: para os tribunais do Estado vão as leis e regulamentos que constituem o bloco de legalidade ou normação pública e para as jurisdições privadas desportivas vão os regulamentos desportivos, de fonte privada, feitos no exercício da autonomia privada e no uso do direito fundamental de associação, ainda que por um mero artifício jurídico se diga que resultam do poder normativo público.

Com esta interpretação, aproxima-se a legislação do Estado da regulamentação associativa e federativa, evitando-se os conflitos de normas, pois as regras jurídicas devem antes concordar-se do que incompatibilizar-se. É a *concordia discordatium canonum* (concordância dos cânones discordantes).

Com efeito, nos termos do artigo 63º do Regulamento Disciplinar da Liga Portuguesa do Futebol Profissional:

> "Os Clubes que, salvo nos casos directa, expressa e legalmente previstos, submetam aos tribunais a apreciação de *questões contidas na regulamentação desportiva* serão punidos com pena de baixa de divisão".[43a]

Essa regulamentação desportiva é aquela que for aprovada por decisões e deliberações dos órgãos sociais e restantes comissões federativas, nos termos do artigo 60º, nº 1, dos Estatutos da Federação Portuguesa de Futebol.

[43a] Depois de finalizado este texto e entregue para publicação, o artigo 63º foi alterado na assembleia geral da Liga Portuguesa de Futebol Profissional de 29 de Junho de 2007. Reza actualmente assim: "O Clube que submeta aos tribunais comuns a apreciação de decisões ou deliberações de órgãos da estrutura desportiva sobre questões estritamente desportivas será punido com pena de baixa de divisão".

80 *II Congresso de Direito do Desporto*

Nos termos do artigo 61º, nº 3, dos Estatutos da FIFA, as associações devem incluir nos seus estatutos uma disposição segundo a qual os seus clubes e os seus membros não podem intentar um *litígio* perante os tribunais ordinários, mas devem submeter todos os eventuais diferendos aos órgãos jurisdicionais da associação, da confederação ou da FIFA.

No cumprimento deste dever, as autoridades federativas disseram que "litígio", para este efeito, é aquele em que se suscitam questões de regulamentação desportiva, isto é, em que se apreciem factos ou se discutam normas pertencentes ao bloco de regulamentação desportiva.

A regulamentação desportiva não pode incidir sobre matéria de lei, a qual está reservada aos órgãos de soberania com poderes legislativos. Não podem ser contrários à Constituição ou à lei. Não podem tratar de direitos, liberdades e garantias pessoais. Não podem versar sobre direitos indisponíveis. Têm de se cingir aos objectivos estatutários, segundo o princípio da especialidade. O poder regulamentar federativo permite fazer regulamentos sobre funcionamento e articulação de órgãos e serviços, organização de provas, participação nas selecções nacionais, participação de praticantes estrangeiros nas provas, disciplina, arbitragem, juízes, medidas de defesa da ética desportiva, designadamente nos domínios da prevenção e da punição da violência associada ao desporto, da dopagem, da corrupção no fenómeno desportivo e da atribuição do estatuto de alta competição e respectivos critérios[44]. O facto de os regulamentos serem feitos com poderes públicos de auto-regulação e de terem, eventualmente, a natureza de regulamentos autónomos[45], não altera os dados do problema: são regulamentos desportivos.

Vejamos, agora, os vários conceitos utilizados no artigo 47º, nº 2, da Lei de Bases do Desporto.

O preceito começa por aludir às normas de natureza técnica.

Para o Prof. JOSÉ MANUEL MEIRIM, normas de natureza técnica são aquelas que regulam imediatamente a competição desportiva em

---

[44] Lista de matérias feita pelo Prof. PEDRO GONÇALVES, *Entidades Privadas com Poderes Públicos*, 2005, página 859.

[45] Neste sentido *vide* Parecer da Procuradoria-Geral da República nº 7/2001, publicado na *II Série do Diário da República* de 18.6.2001.

concreto[46]. O Dr. José Luis Pereira Seixas entende que as normas técnicas são as leis do jogo e aplicadas no decurso do jogo[47]. A Dr.ª Maria Raquel Rei e outros, citando Karaquillo, aludem à área de densidade desportiva máxima, formada pelas regras respeitantes ao recontro desportivo propriamente dito, e que tradicionalmente se denominam Leis do Jogo[48]. Segundo o Prof. Pedro Gonçalves, os regulamentos que definem as regras do jogo (v.g. as "leis do futebol") não constituem regulamentos administrativos e nem sequer contêm normas jurídicas, pelo que a imposição da observância do que nelas se dispõe não pode ser objecto de um processo jurisdicional num tribunal do Estado[49].

Depois, o artigo 47º, nº 2, alude a normas de carácter disciplinar. Trata-se do conjunto de regras jurídicas que estabelecem os deveres dos agentes desportivos e as sanções disciplinares pelo seu incumprimento. Normalmente, constam de um regulamento disciplinar, mas podem estar dispersas por regulamentação avulsa. Os deveres dos agentes desportivos também podem constar das leis do jogo, as leis que estabelecem as regras como o jogo deve ser jogado.

São questões de facto[50] as dúvidas surgidas a propósito das ocorrências, dos eventos, dos acontecimentos, da verdade dos factos ou realidades, das circunstâncias de modo, tempo e lugar em que os comportamentos humanos ocorreram. Estas questões estão sujeitas à livre apreciação de quem as julgar. Têm a ver com a resposta à

---

[46] Cfr. *Enfoque*, in *Desporto & Direito*, nº 5, página 151.

[47] Cfr. *Justiça Desportiva e a Nova Lei de Bases do Desporto*, in *Desporto & Direito*, nº 5, páginas 160 e 161.

[48] Cfr. *Estudos de Direito Desportivo*, 2002, página 54.

[49] Cfr. ob. cit., página 860. Aí se cita um autor que diz que essas regras técnicas não integram o grupo de normas públicas que compõem o ordenamento federativo, devendo a sua observância ser assegurada pelos árbitros (órgãos de justiça técnica).

[50] Enquanto o artigo 47º, nº 2, da Lei nº 30/2004, de 21 de Julho, aludia às infracções disciplinares cometidas no decurso da competição "**enquanto questões de facto e de direito emergentes da aplicação das leis do jogo**", o artigo 18º, nº 3, da Lei de Bases da Actividade Física e do Desporto (Lei nº 5/2007, de 16 de Janeiro) deixou de fazer referência às questões de facto e de direito. Isso não quer dizer que as infracções disciplinares desportivas não constituam questões de facto e de direito emergentes da aplicação das leis do jogo. A eliminação da referência às questões de facto e de direito deveu-se à circunstância de essa expressão ser redundante, na medida em que uma infracção desportiva é sempre um facto declarado punível pelo direito desportivo.

dúvida de "provado" ou "não provado". As questões de facto são questões probatórias sujeitas à prova livre de quem aprecia o caso. Se os factos só puderem ser provados por meio de documentos ou se estiverem plenamente provados por documentos, então trata-se da questão de direito da sua força probatória legal e de saber se, quem apreciou o caso, conferiu às provas a força que a lei lhes atribui.

Assim, a questão de facto tem a ver com a verdade do que aconteceu no terreno do jogo ou no local onde o comportamento humano teve lugar. Se a bola entrou ou não, se foi dentro ou fora da grande área, se a mão foi à bola ou a bola à mão, se a bola saiu ou não, se houve ou não uma rasteira dentro da grande área, etc.

Por questão de direito entende-se tudo o que não for questão de facto sujeita à livre apreciação de quem aprecia ou julga. São dúvidas sobre a indagação, interpretação, aplicação ou integração de regras jurídicas, de normas de comportamento ou de critérios de decisão. Como escreveu o Prof. ALBERTO DOS REIS[51] é questão de direito determinar o que quer a lei, ou seja lei substantiva ou seja lei de processo, e é questão de facto determinar o que aconteceu, apurar quaisquer ocorrências da vida real, quaisquer eventos materiais e concretos e quaisquer mudanças operadas no mundo exterior. É questão de direito tudo o que respeita à interpretação e aplicação da lei.

Leis do jogo são as regras, normalmente estabelecidas pelos organismos internacionais competentes (v.g. FIFA), que estabelecem quais os comportamentos devidos por parte dos agentes desportivos dentro de cada modalidade desportiva.

Regulamentos desportivos são todas as regras de conduta estabelecidas por decisões e deliberações dos órgãos sociais competentes e restantes comissões das associações e federações desportivas. São as "leis" próprias das associações e federações desportivas, estabelecidas com base no princípio da autonomia da vontade ou autonomia privada, como sempre aconteceu desde que o desporto nasceu e em todas as partes do mundo em que o desporto se pratica, independentemente do tipo de sistema desportivo adoptado na Constituição ou nas leis de cada País.

---

[51] Cfr. *Código de Processo Civil Anotado*, volume III, páginas 206 e 207.

Regras de organização das provas[52] desportivas são as normas que estabelecem a orgânica de cada modalidade desportiva, respectivos órgãos ou elementos necessários para a realização das provas, ordenados estavelmente e com as respectivas competências. Quem se pode ou não inscrever, em que casos as inscrições podem ser canceladas, em que casos uma inscrição pode ser recusada, quem pode participar nas provas, quem dá ordens nas provas, quem tem de obedecer e a quem, onde vai decorrer a prova, quanto tempo vai durar, quanto tem de se pagar para entrar na prova, que idade é necessária, até quando se podem fazer transferências, a quem se pode dar ou recusar uma licença desportiva, enfim, tudo o que constar dos regulamentos de provas. Como exemplo de regras de organização de provas temos as seguintes no Regulamento das Provas Oficiais da Federação Portuguesa de Futebol: organização técnica (classificações e desempates, jogos, jogadores, publicidade, equipamento, sorteios, vistoria das instalações, bolas) e organização financeira (competências, encargos com deslocação, receita, bilhetes, dias do clube, sócios dos clubes e prémios).

Finalmente, o n° 3 do artigo 47° estabelece as excepções às excepções de recurso aos tribunais. Com efeito, essa norma diz que não são questões estritamente desportivas – pelo que sempre se pode recorrer para os tribunais do Estado – as decisões e deliberações disciplinares relativas a:

- Infracções à ética desportiva;
- Infracções no âmbito da dopagem;
- Infracções no âmbito da violência;
- Infracções no âmbito da corrupção[53].

---

[52] O artigo 18°, n° 3, da Lei n° 5/2007, de 16 de Janeiro, substituiu a expressão "regras de organização das respectivas **provas**" pela expressão "regras de organização das respectivas competições". Isto é, a lei substituiu a palavra provas pela palavra competições. Mas o sentido é o mesmo.

[53] A estas quatro excepções às excepções, o n° 4 do artigo 18° da Lei de Bases da Actividade Física e do Desporto, aprovada pela Lei n° 5/2007, de 16 de Janeiro, acrescentou as decisões e deliberações disciplinares relativas a infracções à ética desportiva no âmbito do "racismo" e da "xenofobia". Também aqui a razão foi a mesma: trata-se de infracções previstas e punidas, originariamente, pelas leis do Estado, e, derivadamente, pelos regulamentos privados das federações desportivas. A Lei n° 134/99, de 28 de Agosto, contém mecanismos jurídicos de fiscalização e de sancionamento para a prevenção e punição dos

Porquê estas excepções à reserva de jurisdição dos conselhos jurisdicionais associativos e federativos? Porque é que aqui há sempre recurso para os tribunais?

Pela mesma lógica descrita acima: é que, aqui, não estamos, originariamente, em face de infracções estabelecidas pelos regulamentos federativos, mas em leis do Estado Português. Se foi o Estado que aprovou as normas jurídicas pelos seus órgãos legislativos, então terão de ser os juízes do Estado a controlar a legalidade dos actos de aplicação dessas normas. Com efeito, o poder judicial dos juízes do Estado decorre do poder legislativo desse mesmo Estado. Se é o Estado que faz as regras, serão os juízes do Estado os guardiães dessas mesmas regras. Há aqui uma congruência estrutural do Estado, que é uno e gerido por órgãos de soberania diferentes, cada um exercendo a sua função, mas todos para o bem comum.

As infracções sobre a corrupção desportiva constam do Decreto-Lei nº 390/91, de 10 de Outubro.

O regime das infracções sobre manifestações de violência associadas ao desporto consta da Lei nº 16/2004, de 11 de Maio.

As infracções no âmbito da dopagem constam do Decreto-Lei nº 183/97, de 26 de Julho.

É verdade que o Estado pode delegar poderes públicos nas entidades privadas, como são as federações desportivas, mas não o pode fazer unilateralmente, antes em cooperação com as associações e colectividades desportivas, como o exige o artigo 79º, nº 2, da Constituição da República. De contrário, sai violado o direito fundamental de associação, com a interferência das autoridades públicas (artigo 46º da Constituição da República). A Lei Fundamental não permite que o Estado imponha unilateralmente às associações desportivas o exercício de poderes regulamentares, disciplinares e outros de natureza pública. Como ensinou o Prof. VITAL MOREIRA, a atribuição de funções administrativas a entidades privadas só é um poder livre do legislador "desde que não se trate de uma imposição unilateral"[54].

---

actos discriminatórios, tendo criado a Comissão para a Igualdade e contra a Discriminação Racial, a qual foi desenvolvida pelo Decreto-Lei nº 111/2000, de 4 de Julho. O Decreto-Lei nº 251/2002, de 22 de Novembro, criou o Alto-Comissariado para a Imigração e Minorias Étnicas. Finalmente, a Lei nº 18/2004, de 11 de Maio, estabeleceu um quadro jurídico para o combate à discriminação baseada em motivos de origem racial ou étnica.

[54] Cfr. ob. cit., página 565.

5. As questões estritamente desportivas na jurisprudência

De um modo geral, podemos dizer que, para os tribunais portugueses, vale um conceito apriorístico de questões estritamente desportivas: são as infracções que ocorrem na "prática directa" das modalidades desportivas. O critério normativo que decorre da lei ao definir questões estritamente desportivas (normas, leis do jogo, regulamentos e regras) não parece ter tido guarida na nossa jurisprudência. A fonte do poder normativo (pública ou privada) tem sido desvalorizada. O empirismo do advérbio de modo "estritamente", para qualificar as questões desportivas, de cujas decisões e deliberações não cabe recurso para os tribunais do Estado, tem prejudicado a implantação do normativismo formalizado na lei. Com efeito, a lei não se limita a dizer que não cabe recurso nas questões estritamente desportivas, mas vai mais longe e diz o que são questões estritamente desportivas. Bom ou mau ... é o critério da lei ou o juízo de valor legal ao qual qualquer intérprete tem de se submeter.

Vejamos alguns arestos dos nossos tribunais supremos.

ACÓRDÃO N° 472/89, DO TRIBUNAL CONSTITUCIONAL[55]

Neste acórdão, não se discutiu qualquer questão estritamente desportiva, mas o Tribunal Constitucional decidiu que os Estatutos da Federação Portuguesa de Futebol e o Regulamento Disciplinar da FPF não provêm de qualquer poder normativo público, antes sendo normas provenientes da autonomia privada.

ACÓRDÃO DO SUPREMO TRIBUNAL ADMINISTRATIVO DE 13.11.1990[56]

Estava em causa o acórdão do conselho jurisdicional de uma federação desportiva que confirmou a aplicação de uma pena disciplinar de um ano de suspensão. Neste aresto, o STA entendeu que a decisão de aplicação de uma pena disciplinar é um acto administrativo sempre que uma federação desportiva estiver investida de poderes de autoridade e no cumprimento de uma missão de serviço público de organização e gestão do desporto federado. Para o STA, esse

---

[55] Publicado na *II Série do Diário da República* de 22.9.1989.
[56] Publicado no *Boletim do Ministério da Justiça* n° 401, páginas 278 a 295.

poder disciplinar dimana de uma fonte normativa pública, salvo quando se tratar da infracção das regras técnicas do desporto. Entendeu-se que "se tem como inquestionável que a disciplina desportiva (e não apenas violações das regras próprias do jogo) é um instrumento necessário da organização e gestão do desporto e a estas directamente ligado". Deste modo, por não estar em causa as "regras próprias do jogo", mas violações da ética desportiva, entendeu-se caber recurso para os tribunais administrativos.

Sucede que o aresto não indicou quais os factos integrantes da infracção disciplinar que foi punida pelo órgão jurisdicional da federação desportiva em causa. Limitou-se a dizer que a conduta punida violou uma norma do Estatuto da federação desportiva, o qual foi aprovado por despacho da autoridade pública competente. Mas isto não podia bastar para considerar a decisão punitiva como um acto do poder público ou um acto dimanado de um poder normativo público. Disse-se que a infracção disciplinar violou a ética desportiva, mas não se disse em que consistiu a conduta punida nem qual a censura ética que a mesma merecia. Uma infracção disciplinar desportiva pode estar prevista e punida pelos estatutos de uma federação desportiva e, contudo, ter a ver com a violação das leis do jogo ou com outras questões estritamente desportivas. Em regra, uma infracção disciplinar desportiva dá origem a uma questão estritamente desportiva, da qual não cabe recurso para os tribunais administrativos. Só assim não será se os órgãos federativos tiverem aplicado uma norma emanada de um acto do poder normativo público. Se a norma aplicada tiver emanado dos órgãos deliberativos da federação desportiva, a lei não admite recurso aos tribunais administrativos para que estes controlem a interpretação e aplicação de norma privada. Os órgãos disciplinares e jurisdicionais das federações desportivas somente exercem um poder público quando uma norma pública neles tiver delegado esse poder, como é o caso das leis do Estado sobre ética desportiva, violência, dopagem, corrupção, racismo e xenofobia.

Tem-se como inquestionável que não cabe recurso para os tribunais, administrativos ou judiciais, contra actos de aplicação de "normas de natureza privada", de "normas provenientes da autonomia privada", de "actos normativos privados" ou de "regulamentos e regras colectivas de carácter privado", independentemente de a fede-

Painel I. Justiça Desportiva 87

ração desportiva em causa estar no exercício de uma função pública ou de uma função privada. Com efeito, as federações desportivas são pessoas colectivas de direito privado sob a forma de associação sem fins lucrativos (artigo 20° da Lei n° 30/2004, de 21 de Julho[57]).

ACÓRDÃO DO SUPREMO TRIBUNAL DE JUSTIÇA DE 18.4.1991[58]

Neste aresto, estava em causa uma deliberação da assembleia geral de uma federação desportiva que aprovou as contas de gerência da mesma, tendo-se pedido no tribunal judicial a anulação dessa deliberação social. O STJ entendeu que as federações desportivas são pessoas colectivas de direito privado e de utilidade pública; que os particulares gozam do direito fundamental de acesso aos tribunais contra todos os actos lesivos do poder público ou dos particulares; que se os actos das federações desportivas forem praticados fora da missão de serviço público e do exercício de prerrogativas de autoridade pública não apresentam a natureza de actos administrativos, sendo contenciosamente impugnáveis nos tribunais da jurisdição ordinária; mas que há relações de carácter desportivo que, pela sua natureza, escapam à tutela da ordem jurídica.

O STJ fez uma análise normativa dos problemas, distinguindo a regulamentação desportiva, da legislação estadual, sendo aquela composta por normas provenientes da autonomia privada e esta por normas públicas editadas por um poder normativo público. Decidiu--se não caber recurso para os tribunais relativamente a "questões desportivas" que "frequentemente se levantam em certas faixas de comportamentos e situações que se têm vindo a manter à margem de toda a intervenção estatal, não havendo uma intervenção normativa do Estado impondo coactivamente regras de conduta nesses campos". Dá como exemplos dessas áreas a das "leis do jogo" e a dos regulamentos e da organização das provas. Ora, não é o caso da deliberação de aprovação das contas de gerência, pois nesta hipótese a federação desportiva aplica as mesmas normas que qualquer asso-

---

[57] Infelizmente, o artigo 14° da Lei n° 5/2007, de 16 de Janeiro, limita-se a dizer que as federações desportivas são pessoas colectivas constituídas sob a forma de associação sem fins lucrativos, parecendo ter medo de dizer que são "pessoas colectivas de direito privado".

[58] Publicado no *Boletim do Ministério da Justiça* n° 406, páginas 586 a 594.

88   *II Congresso de Direito do Desporto*

ciação de direito privado ou sociedade comercial, cabendo recurso para os tribunais judiciais[59].

Concordamos inteiramente com esta jurisprudência do STJ e com o critério normativo que lhe preside.

ACÓRDÃO DO TRIBUNAL CONSTITUCIONAL N° 730/95[60]

Neste acórdão, o Tribunal Constitucional apreciou a questão de inconstitucionalidade de um preceito do regulamento disciplinar de uma federação desportiva sobre violência ou distúrbios praticados em recinto desportivo.

O TC entendeu que esse preceito, apesar de inserido num regulamento de natureza privada, por ter feito regulamentação da disciplina da violência no desporto, constante de um Decreto-Lei, poderia considerar-se como traduzindo o exercício de um poder "público", tivesse ou não essa origem face à legislação anterior. Esse Decreto-Lei foi um acto do poder público que operou directa e iniludivelmente uma devolução de competência normativa pública à federação desportiva em causa, traduzindo-se o regulamento disciplinar no exercício de um poder normativo público por novação do título habilitante (do Regulamento Disciplinar da FPF).

Como a matéria de violência no desporto foi publicizada pelo Estado, estamos de acordo com a decisão do TC. De qualquer decisão federativa no âmbito da violência cabe recurso para os tribunais administrativos, por não se tratar de questão estritamente desportiva.

ACÓRDÃO DO TRIBUNAL CONSTITUCIONAL N° 473/98[61]

Foi instaurado processo disciplinar contra vários árbitros, nele tendo sido proferido despacho a ordenar que os mesmos depositassem certa quantia a título de preparo para despesas com a audição de testemunhas por si arroladas. Deste despacho, os árbitros recorreram

---

[59] O artigo 18°, n° 1, da Lei n° 5/2007, de 16 de Janeiro, remete para o contencioso administrativo apenas os actos praticados no "exercício de poderes públicos". Logo, se uma federação desportiva estiver no exercício de poderes privados os tribunais judiciais são os competentes.

[60] Publicado na *II Série do Diário da República* de 6.2.1996 e no *Boletim do Ministério da Justiça* n° 452, páginas 148 e seguintes.

[61] Publicado na *II Série do Diário da República* de 23.11.1999.

Painel I. Justiça Desportiva

para o conselho jurisdicional da federação desportiva, mas não obtiveram ganho de causa. De seguida, recorreram para o TC, mas o recurso não foi admitido. Da decisão de não admissão, os recorrentes reclamaram para o TC, mas este indeferiu-lhes a reclamação com o fundamento de que do acórdão do conselho jurisdicional que negou provimento ao recurso cabia recurso para os tribunais, pois não tinham sido esgotados os meios de recurso nos termos gerais de direito.

O que importa reter deste acórdão é que ele considerou que um despacho que mandou depositar preparos para despesas com a inquirição de testemunhas não é uma questão estritamente desportiva, "pois nem visa sancionar qualquer violação de norma de natureza técnica nem de carácter disciplinar, uma vez que não se assume como "sanção" para o arguido".

Estamos de acordo. Não era uma questão estritamente desportiva. Mas também não foi a decisão definitiva do órgão jurisdicional federativo. Não foi a última decisão da instância competente na ordem desportiva, nos termos do artigo 25º, nº 3, da Lei nº 1/90, de 13 de Janeiro, então em vigor[62].

ACÓRDÃO DO PLENO DO SUPREMO TRIBUNAL ADMINISTRATIVO DE 30.4.1997[63]

Foi aplicada a um desportista uma pena disciplinar de suspensão por um ano por uma federação desportiva, sem se esclarecer, neste acórdão, qual a factualidade em que se baseou a pena disciplinar. Houve recurso da punição para o tribunal administrativo, mas este declarou-se incompetente em razão da matéria. Após recurso, o STA proferiu o acórdão de 13.11.1990, já referido supra, que declarou competentes os tribunais administrativos. Neste aresto, o Pleno do STA, com base na legislação desportiva do Estado Novo, entendeu que nessa altura o Estado devolveu às federações desportivas o poder disciplinar sobre os desportistas, clubes, juízes, árbitros e fiscais. Entendeu-se que os Estatutos dessa altura tinham sido aprovados não no quadro da autonomia privada, mas com base em preceito dimanado de um poder normativo público. Daí que se tivesse entendido

---

[62] A que corresponde o actual artigo 18º, nº 1, da Lei nº 5/2007, de 16 de Janeiro.
[63] Publicado no *Apêndice ao Diário da República* de 18.4.2000, páginas 965 a 983.

que a sanção disciplinar aplicada era um acto materialmente administrativo, do qual cabia recurso para os tribunais administrativos. Para este aresto, o poder disciplinar desportivo começou por ser um poder privado, mas passou a poder público mediante a novação ocasionada com a publicização do desporto pela legislação do Estado Novo.

Num douto voto de vencido, o Conselheiro AZEVEDO MOREIRA discordou por, em seu entender, ser sempre necessário identificar uma norma específica que conferisse poderes de autoridade. Ora essa norma não existia.

A razão estava do lado do voto de vencido, pois o critério normativo é o único que a lei admite. Sem uma lei que confira poderes públicos, os particulares não praticam actos materialmente administrativos. Além disso, há condutas disciplinares que integram o conceito de questões estritamente desportivas, as quais nunca podem ser apreciadas fora das instâncias desportivas competentes. É o que está na lei...

ACÓRDÃO DO PLENO DO SUPREMO TRIBUNAL ADMINISTRATIVO DE 4.6.1997[64]

Este acórdão é em tudo semelhante ao anterior. Foi aplicada a uma desportista uma pena disciplinar de um mês de suspensão, sem se indicar quais os factos integrantes da infracção. O STA repetiu as teses de delegação de poderes públicos à federação desportiva, de norma (estatutária) emitida no exercício de um poder normativo público e de violação da ética desportiva (sem se saber em que consistiu).

O Conselheiro AZEVEDO MOREIRA voltou a votar vencido com a mesma declaração de voto.

Mais uma vez, estamos com o vencido.

ACÓRDÃO DO SUPREMO TRIBUNAL ADMINISTRATIVO DE 20.12.2000[65]

Uma pessoa colectiva de direito privado intentou no tribunal administrativo uma acção de reconhecimento de direito ou interesse legalmente protegido contra uma federação desportiva, pedindo para

---

[64] Publicado no *Apêndice ao Diário da República* de 18.4.2000, páginas 1235 a 1255.
[65] Publicado no *Apêndice ao Diário da República* de 2.12.2003, páginas 9344 a 9346.

ser reconhecida como sócio ordinário e de pleno direito da mesma federação.

Neste acórdão, o STA entendeu que a federação desportiva é uma pessoa colectiva de direito privado. Porém, só os actos unilaterais das federações desportivas praticados no âmbito dos seus poderes regulamentares e disciplinares estão sujeitos à jurisdição administrativa. Nas demais questões, são competentes os tribunais judiciais.

Estamos de acordo com este aresto, pois o tribunal administrativo e fiscal só é competente quando estiver em causa um litígio emergente de acto ou omissão dos órgãos da federação desportiva no âmbito do exercício dos poderes públicos. Como a recorrente não impugnou qualquer acto ou omissão da federação desportiva, mas se limitou a pedir o reconhecimento de um direito a uma pessoa de direito privado, o tribunal administrativo e fiscal carecia de competência[66]. Porém, não se trata de qualquer questão estritamente desportiva, mas da questão de direito civil de saber quem pode ser sócio de uma associação de direito privado. Não estavam em causa normas privadas, mas normas públicas.

ACÓRDÃO DO SUPREMO TRIBUNAL DE JUSTIÇA DE 8.10.2002
(Caso N'Dinga)

Neste aresto, estava em causa uma acção de indemnização por responsabilidade civil derivada de um acto ilícito praticado por uma federação desportiva na inscrição de um jogador. A inscrição ocorreu no decorrer da época desportiva de 1986/1987. O STJ entendeu que nessa altura a federação desportiva em causa tinha a natureza de pessoa colectiva de direito privado e de utilidade pública (ainda não existia o instituto de utilidade pública desportiva). Porém, o STJ disse que, nessa altura, os actos de inscrição de jogadores com vista à sua participação nas competições futebolísticas nacionais eram actos administrativos.

---

[66] É o que hoje resulta do disposto no artigo 18º, nº 1, da Lei nº 5/2007, de 16 de Janeiro. Nos termos do artigo 10º, nº 7, do Código de Processo nos Tribunais Administrativos, os particulares só podem ser demandados num tribunal administrativo "no âmbito de relações jurídico-administrativas que os envolvam com entidades públicas ou com outros particulares".

O que tem de característico um acto administrativo é ser um acto de aplicação de normas de Direito Administrativo[67]. Ora, a inscrição de jogadores numa federação desportiva é um acto regido pelas normas privadas resultantes da autonomia da vontade da mesma federação. A norma de inscrição dos jogadores é um acto de auto-regulação que não regulamenta qualquer lei estadual ou norma pública. O que normalmente acontece é que os requisitos de inscrição dos jogadores constam dos regulamentos de provas oficiais aprovados em assembleia-geral. E foi por isso que o artigo 47º, nº 2, da Lei nº 30/ /2004, de 21 de Julho, considerou questão estritamente desportiva a resultante dos regulamentos e das regras de organização das respectivas provas[68].

Logo, não se estava em face de um acto administrativo da federação desportiva. Mas era caso de acção de responsabilidade civil derivada de acto ilícito, podendo e devendo o tribunal interpretar e aplicar as normas privadas para verificar se as mesmas foram ou não violadas.

ACÓRDÃO DO PLENO DO SUPREMO TRIBUNAL ADMINISTRATIVO DE 23.1.2003[69]

Um atleta faleceu em consequência de um acidente de viação. Por despacho ministerial, foi mandado instaurar inquérito à respectiva federação desportiva para apurar a responsabilidade pelo acidente de viação. Desse despacho foi interposto recurso contencioso. Neste acórdão, o STA entendeu que o despacho era nulo por falta de atribuições do Ministro. Com efeito, a tutela governamental é restrita aos poderes de natureza pública das federações desportivas exercidos no âmbito da regulamentação e disciplina das competições despor-

---

[67] Com efeito, escreveu o Prof. ROGÉRIO SOARES no artigo *A propósito dum projecto legislativo: o chamado Código de Processo Administrativo Gracioso*, in *Revista de Legislação e de Jurisprudência*, Ano 117º, página 67:

"Toda a questão está aí: se o órgão da Administração se move na área que é abrangida pelo recurso contencioso, isto é, se comove a aplicação do direito administrativo (não aplicação de direito privado nem de outras disciplinas de direito público), então, todas as vezes que venha a produzir alterações no ordenamento jurídico externo, está a criar qualquer coisa que dá abertura a um recurso contencioso e, por isso, está a praticar um acto que se chamará acto administrativo".

[68] Como consta, hoje, do artigo 18º, nº 3, da Lei nº 5/2007, de 16 de Janeiro.

[69] Publicado no *Apêndice ao Diário da República* de 12.5.2004, páginas 54 a 61.

tivas, que sejam conferidos pela lei para a realização obrigatória de finalidades compreendidas nas atribuições do Estado e que envolvam, perante terceiros, o desempenho de prerrogativas de autoridade ou a prestação de apoios ou serviços legalmente determinados. Como o inquérito foi mandado efectuar em matéria estranha aos poderes tutelares do Estado, o acto que o ordenou era nulo por usurpação de poderes.

Este acórdão mostra que os poderes tutelares do Estado sobre as federações desportivas são excepcionais. Só há tutela onde a lei a estabelece[70].

ACÓRDÃO DO TRIBUNAL DE CONFLITOS DE 17.6.2003[71]

Estalou um conflito de jurisdição entre um tribunal judicial e um tribunal administrativo sobre a questão de saber a qual dos tribunais cabia julgar uma providência cautelar não especificada em que se pedia a interdição de realização de prova de tiro aos pombos em voo com armas de fogo, organizada por um clube de caça sob a coordenação de uma federação desportiva.

O Tribunal de Conflitos decidiu que a jurisdição para conhecer e decidir essa providência cautelar cabia ao tribunal administrativo, com base no facto de a federação desportiva em causa ter poderes administrativos transferidos pelo Estado, nos quais cabia, de forma necessária, a organização das provas oficiais, que são tipicamente actos de gestão pública. Essa federação desportiva agia como entidade administrativa no exercício de uma actividade de gestão pública. Nos poderes públicos da federação cabe a organização de provas oficiais, pelo facto de as mesmas serem essenciais à regulação e à disciplina da modalidade e pelo facto de esse poder implicar o de classificação, o qual é indissociável dos poderes regulador e disciplinar.

O acórdão em causa é de 17.6.2003, pelo que o Tribunal de Conflitos não podia aplicar a doutrina que veio a ser consagrada no

---

[70] Nos termos do artigo 19°, n° 2, da Lei n° 5/2007, de 16 de Janeiro, "têm natureza pública os poderes das federações desportivas exercidos no âmbito da regulamentação e disciplina da respectiva modalidade que, para tanto, lhe sejam conferidos por lei". Assim, tem de ser a lei a conferir os poderes públicos. Não é uma atitude correcta, do ponto de vista do direito, ver poderes públicos por todos os cantos...

[71] Publicado no *Apêndice ao Diário da República* de 5.5.2004.

94 *II Congresso de Direito do Desporto*

disposto no artigo 47° n° 2, da Lei n° 30/2004, de 21 de Julho, segundo o qual é questão estritamente desportiva, sem recurso para qualquer tribunal, a questão emergente da aplicação dos regulamentos e das regras de organização das provas. A organização das provas oficiais decorre de acordo com a normação privativa das federações desportivas, pelo que não cabe aos tribunais impedir a realização de uma prova ou de um jogo de uma prova, na medida em que não está em causa a aplicação de regras oriundas do poder normativo público. A organização das provas e dos jogos está reservada, absolutamente, às federações desportivas. Não é imaginável uma providência cautelar para impedir a realização de um jogo de futebol entre o Futebol Clube do Porto e o Sport Lisboa e Benfica. Trata-se de questão estritamente desportiva.

ACÓRDÃO DO SUPREMO TRIBUNAL ADMINISTRATIVO DE 15.12.2004[72]

Não tendo sido possível dois clubes chegarem a acordo sobre o montante de uma indemnização a pagar por um ao outro pela formação ministrada a um jogador, a comissão de arbitragem de uma federação desportiva, chamada a resolver o litígio, arbitrou essa indemnização. Um dos clubes não se conformou com o acórdão arbitral e dele recorreu para o tribunal administrativo. Este tribunal declarou-se incompetente para conhecer do litígio e declarou competentes os tribunais judiciais. Após recurso, o STA, por este aresto, confirmou o julgado. Para assim decidir, o STA considerou que essa comissão arbitral da federação desportiva não passava de um tribunal arbitral, pelo que eram competentes os tribunais judiciais nos termos gerais da lei da arbitragem voluntária.

A indemnização em causa foi fixada ao abrigo de um regulamento de transferências de jogadores profissionais aprovado em assembleia-geral da federação desportiva. Este regulamento não foi emitido em cumprimento de qualquer acto oriundo do poder normativo público[73], mas resultou da autonomia da vontade da fede-

---

[72] Publicado no *Apêndice ao Diário da República* de 29.6.2005, páginas 8597 a 8604.

[73] Ainda que o artigo 18°, n° 2, da Lei n° 28/98, de 26 de Junho, aluda à justa indemnização a título de promoção ou valorização do praticante desportivo. Se esse preceito não existisse, nada impedia os particulares de estipular tal tipo de indemnização.

ração desportiva. A ponderação da indemnização resulta da aplicação de regras de carácter técnico sobre formação de jogadores. A extensão do poder de julgar dos tribunais decorre da extensão do poder legislativo do Estado. Ora, nos termos do artigo 47º, nº 2, da Lei nº 30/2004, de 21 de Julho, são questões estritamente desportivas aquelas que tenham por fundamento normas de natureza técnica. As normas de arbitramento de uma indemnização pela formação de um jogador são, assim o cremos, normas de natureza técnica. Deste modo, não caberia recurso para os tribunais, administrativos ou judiciais.

Por outro lado, a comissão de arbitragem da federação desportiva não é configurável como um tribunal arbitral ao abrigo da lei de arbitragem voluntária. A ser um tribunal, ele seria arbitral necessário, pois a comissão de arbitragem tem natureza permanente e foi criada por um regulamento federativo. Porém, os tribunais arbitrais necessários somente podem ser criados por lei especial do poder normativo público, o que não foi o caso.

Assim, entendemos que o *quantum* da indemnização não podia ser discutido fora das instâncias federativas, compulsórias ou arbitrais.

ACÓRDÃO DO TRIBUNAL CONSTITUCIONAL Nº 391/2005

Um atleta foi punido com a pena disciplinar de suspensão por três jogos e multa pela comissão disciplinar de uma liga desportiva. Recorreu da pena para o conselho jurisdicional da federação desportiva respectiva, o qual reduziu a pena de suspensão. Nesse conselho, foi arguida uma nulidade processual pelo facto de se ter fixado o prazo de 5 dias para a comissão disciplinar contestar. A arguição de nulidade foi desatendida pelo conselho jurisdicional. Da decisão da nulidade foi interposto recurso de constitucionalidade da norma do respectivo regimento que fixava o prazo para a contestação. O recurso de constitucionalidade não foi admitido, pelo que houve lugar a reclamação para o TC contra o despacho de não admissão do recurso. Neste acórdão, o TC indeferiu a reclamação pelo facto de o recorrente, por renúncia, não ter esgotado os recursos ordinários que ao caso cabiam. Ponderou o TC que a decisão recorrida era recorrível por não se tratar de uma norma que verse sobre uma questão estritamente desportiva, mas de uma norma estritamente processual, relativa ao prazo para responder ao recurso interposto.

Não concordamos com esta decisão. Num processo disciplinar, a par da questão disciplinar de fundo ou de mérito, e sobre a qual não há recurso para os tribunais, pode suscitar-se uma questão meramente processual. Ora, admitir recurso de uma questão processual e acessória e não admitir recurso da questão principal ou de mérito parece um absurdo. Se estiver em causa uma questão estritamente desportiva, nunca há recurso para os tribunais, ainda que alguém suscite uma questão processual. De contrário, se se admitisse recurso num caso destes, o interessado poderia sempre suscitar questões processuais, ainda que dolosamente, para abrir a via do recurso aos tribunais. A fraude à lei que impede o recurso aos tribunais nas questões estritamente desportivas poderia tornar-se de uso corrente, quanto mais não fosse para servir de expediente dilatório. Se o processo disciplinar versar uma questão estritamente desportiva, a irrecorribilidade aos tribunais estende-se às questões processuais ou incidentais (*acessorium principal sequitur*).

Aliás, o conselho jurisdicional não tinha admitido o recurso, entre outras razões, por não serem susceptíveis de recurso fora das instâncias competentes na ordem desportiva as decisões e deliberações emergentes da aplicação dos regulamentos desportivos. É o que consta do artigo 47°, n° 2, da Lei n° 30/2004, que diz serem questões estritamente desportivas as questões de facto e de direito emergentes da aplicação dos regulamentos (desportivos).

ACÓRDÃO DO TRIBUNAL CENTRAL ADMINISTRATIVO SUL DE 26.1.2006

Um atleta requereu no tribunal administrativo e fiscal uma providência cautelar de suspensão de eficácia do acto de uma federação desportiva que lhe cancelou a licença desportiva e o suspendeu preventivamente da prática desportiva.

Tendo o tribunal administrativo julgado improcedente a providência, houve recurso para o TCA, o qual, por este acórdão, deferiu o pedido de suspensão da eficácia. Nele, considerou que o acto da federação desportiva que cancelou a licença desportiva e suspendeu o atleta é um acto administrativo, praticado ao abrigo de normas de direito público administrativo.

Porém, o TCA não disse quais as normas de direito público administrativo que terão sido violadas pela federação desportiva.

Não é pelo facto de uma federação desportiva ter utilidade pública desportiva que todas as normas que emana e que aplica são normas públicas. A maioria esmagadora são normas provenientes da autonomia privada. O acórdão esclarece que foram violadas "ordens e instruções emanadas dos órgãos competentes no exercício das suas funções". Ora, chamar de normas de direito público administrativo a estas ordens ou instruções parece excessivo no domínio da publicização do desporto.

O TCA ensaiou uma interpretação do conceito de questões estritamente desportivas, tendo concluído que se trata de "infracções disciplinares cometidas no decurso da competição". Já vimos que esta tese não está certa. Com efeito, no artigo 24º, nº 2, da proposta de lei que deu origem à Lei de Bases do Sistema Desportivo[74], dizia-se que as questões estritamente desportivas eram as que tinham lugar "na prática directa das diversas modalidades desportivas", mas esta restrição do conceito não passou para o artigo 25º, nº 2, da Lei de Bases do Sistema Desportivo (1990) nem para as leis de bases posteriores[75]. E, de facto, há mais desporto para além do praticado dentro das quatro linhas ... pois há jogos que também se ganham "na secretaria".

No caso, estava em causa um jovem com 12 anos que queria participar numa prova na qual o regulamento de provas exigia o mínimo de 13 anos. Ora, as questões de facto e de direito emergentes da aplicação dos regulamentos e das regras de organização das provas são questões estritamente desportivas das quais não cabe recurso para os tribunais.

Em conclusão: o TCA deveria não conhecer do mérito da causa por não haver recurso aos tribunais nas questões estritamente desportivas. O que falhou neste aresto terá sido a não consideração do critério normativo.

---

[74] Cfr. *Diário da Assembleia da República*, II Série-A, nº 14, de 13.1.1989, página 473.
[75] Hoje, artigo 18º, nº 3, da Lei nº 5/2007, de 16 de Janeiro.

ACÓRDÃO DO SUPREMO TRIBUNAL ADMINISTRATIVO DE 7.6.2006

O caso antecedente subiu em recurso ao STA, tendo este Alto Tribunal confirmado o julgado na consideração não do conceito legal de questões estritamente desportivas, mas no conceito doutrinal francês de infracções cometidas "no decurso da competição desportiva". Com efeito, um tratadista francês escreveu que questões estritamente desportivas são o conjunto de regras que, relativamente a cada disciplina desportiva, "têm por função definir os termos da confrontação desportiva". Como a questão em causa foi cometida em momento anterior à realização da competição e era alheia às leis do jogo, o STA considerou que não era uma questão estritamente desportiva.

O conceito de questão estritamente desportiva é perigosíssimo, por implicar uma racionalidade expressiva que fura qualquer blindagem legal. Inculca a ideia de que diz respeito, apenas, à prática directa do desporto. Porém, o conceito está descrito tipologicamente na lei, não sendo lícito ao intérprete substituir o seu conceito pessoal ao conceito legal. Trata-se de um juízo de valor legal que não pode descambar na jurisprudência sentimental, assaz frequente nos tribunais.

O Conselheiro SANTOS BOTELHO lavrou um douto voto de vencido. Entendeu o ilustre administrativista que não era caso de relação jurídica administrativa; que competentes eram os tribunais judiciais; que a federação desportiva não actuou no exercício de poderes atribuídos pela Administração; que não foram aplicadas normas de Direito Administrativo; que não se estava em face de atribuições exclusivas do Estado; e que a Constituição da República impõe um modelo colaborativo do Estado com as federações desportivas, sem que isso seja exercício de um poder público. O Conselheiro SANTOS BOTELHO tinha carradas de razões, mas remou contra a maré.

6. O caso julgado desportivo

As leis do Estado Novo, com muito realismo, não permitiam o recurso aos tribunais contra as decisões das instâncias desportivas competentes. Havia uma reserva absoluta de jurisdição desportiva.

Quando, pela primeira vez no Direito Português, se veio admitir a impugnação, nos termos gerais de direito, das decisões e deliberações definitivas das entidades que integram o associativismo desportivo (artigo 25°, n° 1, da Lei n° 1/90), o legislador tomou consciência da gravidade da admissão irrestrita do acesso aos tribunais para o regular desenvolvimento das provas desportivas. Com efeito, é de todos os tempos e faz parte da experiência comum que os tribunais têm de respeitar as formalidades processuais, os prazos legais, as várias fases dos processos, os incidentes e expedientes dilatórios das partes, a grande acumulação do serviço judicial, etc. A demora dos processos judiciais é inevitável. O juiz deve ser como um bom condutor: nem andar muito devagar de modo a embaraçar o trânsito nem andar depressa demais para não se esbarrar. Daí que a causa deva ser tramitada e decidida em prazo razoável (artigo 20°, n° 4, da Constituição da República).

Porém, o prazo razoável para o ritmo da justiça pública não tem nada a ver com o prazo razoável para o ritmo das provas desportivas. Há um choque de ritmos e um conflito de interesses que exigem soluções prudentes. Não se pode esperar vinte anos para se saber quem ganhou o campeonato, quem venceu a volta a Portugal, qual a equipa que subiu ou desceu de divisão, etc.

É princípio geral de direito processual que a inevitável demora do processo, ou ainda a necessidade de recorrer a ele, não deve ocasionar dano à parte que tem razão[76]. Ainda que o processo demore muitos anos, "a sentença deve julgar como se o processo tivesse sido decidido logo que foi instaurado. Deve, consequentemente, pôr a parte vencedora na situação em que estaria se não tivesse sido necessário servir-se dos meios judiciais para obter o que lhe é devido. Tudo isto, porém, só valerá até onde for preciso para evitar um dano injusto ao pleiteante que tenha razão no começo do litígio" (MANUEL DE ANDRADE). Com efeito, "a necessidade de se servir do processo para obter razão não deve resultar em dano de quem tem razão" e "a administração da justiça faltaria à sua missão e a própria seriedade desta função estadual seria comprometida, se o mecanismo instituído para actuar a lei devesse agir com prejuízo de quem tem razão" (CHIOVENDA).

---

[76] Este princípio foi enunciado, pela primeira vez, pelo Prof. CHIOVENDA e importado em Portugal pelo Prof. MANUEL DE ANDRADE, que o descreveu nas suas *Noções Elementares de Processo Civil*, edição de 1976, páginas 388 a 391.

100 II Congresso de Direito do Desporto

Resulta deste princípio que ao clube que tivesse razão logo no início do processo deveria ser-lhe dada razão ainda que passados muitos anos. O clube que devesse ser considerado campeão no princípio do processo deveria ser campeão no fim do mesmo.

Porém, a aplicação deste critério de justiça estrita tem de ceder perante o alto valor da segurança jurídica e da certeza do direito. Outros valores mais altos que a justiça se levantam na vida desportiva. A aplicação do direito estrito, passados muitos anos ou até mesmo alguns meses, poderia degenerar em injustiça, pairando sempre na comunidade desportiva a incerteza sobre o verdadeiro vencedor da prova. A litigância aumentaria e tudo iria para tribunal tentar a sua sorte. Nas mãos dos juízes da nação ficaria o poder de criar campeões, de dar campeonatos, de retirar campeonatos que já todos consideravam como ganhos, de subir ou descer de divisão, de ser vencedor ou vencido no terreno do jogo, de ser ou não desportista, etc.

Como *"summum jus summa injuria"*, o legislador foi cauteloso e criou a figura do caso julgado desportivo, nos termos do qual, havendo recurso aos tribunais, ficam sempre salvaguardados os efeitos desportivos entretanto validamente produzidos na sequência da última decisão da instância competente na ordem desportiva (artigo 48º da Lei de Bases do Desporto[77]).

A última decisão da instância competente na ordem desportiva é a do conselho jurisdicional respectivo, e é por isso, por ser uma jurisdição, que a lei lhe chama de "caso julgado desportivo". Não faz sentido chamar de "caso julgado" se não fosse um tribunal privativo ou uma jurisdição privada. Por muito que custe a quem está imbuído de judicialismo, as jurisdições desportivas são tribunais e não órgãos administrativos. Administram justiça em nome das colectividades desportivas respectivas e não fazem administração. Chamam-se de conselhos de justiça e não de conselhos disciplinares. Não se pode confundir justiça com disciplina. É certo que a Constituição da República diz quais são os tribunais, mas refere-se, exclusivamente, aos tribunais do Estado ou às justiças públicas. O princípio da autodiceia justifica as jurisdições privadas (artigo 202º, nº 4, da CRP).

---

[77] Que agora consta do artigo 18º, nº 1, da Lei nº 5/2007, de 16 de Janeiro.

Painel I. Justiça Desportiva 101

Deste modo, por razões de segurança jurídica, e quanto aos efeitos desportivos, a última decisão da instância competente na ordem desportiva é irrecorrível. Tratando-se de uma questão estritamente desportiva nunca há recurso para os tribunais, administrativos ou judiciais. Tratando-se de uma questão que não seja estritamente desportiva há sempre recurso, nos termos gerais de direito. Mas este recurso é limitado às questões principais ou incidentais da causa, sem abranger, em caso algum, os efeitos desportivos entretanto validamente produzidos na sequência da última decisão da instância competente na ordem desportiva. Quanto aos efeitos desportivos, funciona o princípio da eventualidade ou da preclusão, nos termos do qual essa questão dos efeitos ficou decidida definitivamente pela instância desportiva. O caso julgado desportivo sobre os efeitos desportivos goza de intangibilidade e os tribunais não podem tratar desses efeitos ou atribuindo-os ou recusando-os, pois essa questão escapa aos seus poderes de jurisdição e de cognição. Se um tribunal, aproveitando-se do facto de decidir um processo, tratasse dos efeitos desportivos, estaria a incorrer em usurpação de poderes e a sua decisão seria nula de pleno direito por falta de jurisdição. Por outro lado, se um caso julgado dos tribunais sobre os efeitos desportivos estivesse em contradição com o caso julgado desportivo da instância desportiva, valeria o caso julgado formado em primeiro lugar (artigo 675º do Código de Processo Civil).

A atribuição da força de caso julgado à decisão da instância desportiva visa evitar que, no que diz respeito aos efeitos desportivos, se repita nos tribunais do Estado a causa que já foi decidida pelas jurisdições desportivas. A lei resolveu atribuir força e autoridade às decisões das instâncias desportivas do mesmo modo que atribui força e autoridade às sentenças dos tribunais. A lei quis impedir que os efeitos desportivos sejam novamente apreciados nos tribunais. A lei quis dar exequibilidade às decisões das instâncias desportivas, conferindo-lhes força igual à de um título executivo.

Se uma das partes recorrer aos tribunais para obter efeitos desportivos com a sentença, a outra parte pode invocar o caso julgado desportivo como excepção dilatória que obsta a que o tribunal conheça do mérito da causa quanto a esses efeitos. A excepção de caso julgado deve ser julgada procedente pelo tribunal e o réu deve ser absolvido da instância correspondente. Se o tribunal não absolver da instância e proferir decisão sobre os efeitos desportivos, a parte interessada pode suscitar a questão dos casos julgados contraditórios. Se esta questão for julgada desfavoravelmente ao caso julgado desportivo, a parte interessada poderá propor nova acção na qual invoque o caso julgado desportivo como causa de pedir.

Se houver caso julgado desportivo, os efeitos desportivos produzidos são irrevogáveis. A revogação do caso julgado desportivo ponha em causa o prestígio da jurisdição desportiva, que a lei quis atribuir a essa forma de administrar justiça.

Para além destes meios de defesa contra a violação de um caso julgado desportivo, a lei faz apelo à autocontenção dos juízes e tribunais. A lei faz uso de conceitos delicados, como é o caso de "questões estritamente desportivas", "caso julgado desportivo" e "efeitos desportivos". Para se atingir o sentido e alcance destes conceitos é preciso saber de direito desportivo, conhecer a organização desportiva e ter sensibilidade para o fenómeno do desporto. As implicações sociais e a ressonância de uma decisão nesta matéria podem ultrapassar todos os limites imagináveis. Num litígio destes parece haver um "litisconsórcio necessário de milhões" ou uma "coligação gigantesca". Milhões de pessoas esperam pela sentença do juiz. Em todos os cantos do País se fala no caso. Está em causa o trabalho e a vida de muita gente. A comunicação social não desarma e está sempre em cima do tema. Um campeonato nacional está parado. É grande o sofrimento de muita gente. Em tais circunstâncias, o que se pede ao juiz é bom senso e autocontenção, para além do respeito escrupuloso pelos juízos de valor legais. O despacho liminar nas providências cautelares é de suma importância e não pode ser proferido sem um estudo consciencioso do requerimento, quer quanto aos factos, quer quanto ao direito. Um simples "cite" pode comprometer a imagem pública da justiça, parando toda uma prova que iria começar no dia seguinte. Numa emergência destas, o juiz não pode ter clube, restando-lhe ser a *viva vox legis*. Tendo consciência das graves dificuldades da justiça desportiva nos tribunais, o Antigo Regime não permitia que estas questões fossem levadas aos juízes da Nação, concedendo uma reserva absoluta de juiz desportivo. A Democracia concede aos cidadãos o direito de acesso aos tribunais nos litígios desportivos, mas toma cautelas, não permitindo que os efeitos desportivos possam ser discutidos nas justiças públicas e não permitindo recurso aos

Painel I. Justiça Desportiva 103

tribunais nas questões estritamente desportivas, estas definidas na lei com grande abrangência.

Feitas as contas, entre a negação do direito de acesso aos tribunais do antigamente e a concessão desse direito, em 1990, em termos tão limitados, os dois regimes aproximam-se. Se se interpretar correctamente a lei, poucos serão os casos em que o direito autoriza o acesso aos tribunais para se discutir questões desportivas. O que se vê com alguma frequência são desvios aos bons princípios dos direitos processual e desportivo, a par de alguma insensibilidade para o fenómeno desportivo. Basta recordar que já houve um caso desportivo que foi decidido, com trânsito em julgado, após mais de 16 anos sobre a ocorrência dos factos. Como é fácil de ver, coisas destas não podem acontecer com a actividade desportiva, a qual tem ritmos completamente diferentes do curso geral da vida. Nos poucos casos em que há acesso aos tribunais, a justiça tem de ter, necessariamente, "duas velocidades", uma para a justiça comum e outra para a justiça desportiva.

Mas se o caso julgado desportivo goza de intangibilidade, qual o efeito útil do recurso aos tribunais, nos casos raros em que a lei o permite?

Só vislumbramos os seguintes efeitos: uma compensação moral e a obtenção de um título executivo para uma indemnização pelas perdas e danos sofridos.

Para terminar, resta considerar o que são "efeitos desportivos", sobre os quais se forma caso julgado desportivo. Parece que a lei emprega o conceito de efeitos desportivos por contraposição a efeitos civis. Efeitos desportivos serão todos os que resultam das normas da regulamentação desportiva, isto é, das normas não emanadas do poder normativo público. São os efeitos previstos nas normas de natureza privada, nas normas provenientes da autonomia privada, nos actos normativos privados ou nos regulamentos e regras colectivas de carácter privado. Em caso algum esses efeitos desportivos podem ser contrários aos direitos fundamentais, pois estes vinculam todas as entidades públicas e privadas (artigo 18°, n° 1, da CRP). Podemos dar os seguintes exemplos de efeitos desportivos:

1. subir ou descer de divisão;
2. subir ou descer de categoria;
3. progredir na carreira desportiva;
4. interdição de recinto desportivo;
5. atribuição de vitória ou de derrota;
6. inscrição ou não inscrição nas federações ou associações desportivas;
7. suspensão da actividade desportiva;
8. suspensões preventivas;
9. impedimentos por dívidas;
10. advertências;
11. repreensões;
12. multas;
13. suspensões;
14. impedimentos;
15. jogos à porta fechada;
16. desclassificações;
17. desqualificações;
18. todos os efeitos derivados da aplicação de sanções disciplinares;
19. todos os efeitos derivados do incumprimento de deveres.

A fim de se garantir o efeito útil do caso julgado desportivo, na dúvida sobre a natureza e qualificação dos efeitos, devem estes ser considerados como desportivos.

***

A todos os dirigentes e agentes desportivos vai o meu incitamento: lutem pelos vossos direitos, defendam-se das injustiças, não se conformem com iniquidades, pois "quem sempre andou de rastos como um verme não pode queixar-se se algum dia for calcado aos pés". Mas defendam-se e lutem dentro da organização desportiva e com as armas que a regulamentação desportiva põe à disposição dos injustiçados. Lembrem-se da velha máxima do Direito Desportivo: "roupa suja lava-se em família".

ORGANIZAÇÃO JURISDICIONAL
DO DESPORTO PROFISSIONAL

JOSÉ LUÍS PEREIRA SEIXAS

I. Introdução

Há cinco meses recebi o honroso convite para participar neste II Congresso de Direito do Desporto. Aceitei, com muito gosto, porventura apossado daquela ponta de vaidade que obnubila o discernimento. De então para cá os factos vieram conferir à matéria que é suposto apresentar uma acuidade e evidência perturbadoras. De tema de especialidade passou a escaldante e perigoso tema de actualidade.

Por isso, a tarefa que me é incumbida é complexa e arriscada. Tudo o que disser será passível de qualificação à luz de um maniqueísmo inexorável que desponta em todas as crises como uma espada de um só gume. O pessimismo e a generalização – as duas grandes marcas idiossincráticas portuguesas que sempre justificaram a nossa inércia e desresponsabilização - empurram-nos para o discurso lúgubre, lamuriento e de desesperança. A hecatombe mais absoluta e radical está aí a abater-se sobre o desporto e restará esperar que a Fénix renasça, de preferência de outra matéria que não as suas conspurcadas cinzas.

Acresce que, indo ao concreto, Portugal vive um momento curioso no que concerne à legislação desportiva. A Lei de Bases do Sistema Desportivo[1] de 1990 morreu, sendo, no entanto, supérstite a vi-

---

[1] Lei n.º 1/90, de 13 de Janeiro, com as alterações introduzidas pela Lei n.º 19/96, de 25 de Junho.

gência dos seus diplomas regulamentares. A emergente Lei de Bases do Desporto[2], de 2004, nasceu já na iminência da morte imediata. O seu decesso verificar-se-á, pois, a todo o instante sem regulamentação, abandonada e enjeitada por todos, até pelos seus pais naturais. Expectantes, aguardamos o advento de uma nova Lei de Bases, desta feita da Actividade Física e do Desporto, como o soberano espera que a consorte dê à luz o primogénito. Em conclusão, regemo-nos pela regulamentação de uma lei revogada por outra que, aquando da revogação, se achava já "revoganda".

A equação parece simples: cada Governo sua reforma. E vai daí reforma-se o que existia e reforma-se a própria reforma. Poderia, tão só, aprimorar-se o texto, reverem-se alguns institutos, dar tempo e estabilidade à primeira reforma. Assim, em dois anos teremos duas Lei de Bases no Desporto, subsistindo o sistema desportivo originário da lei de bases que a primeira reforma pretendeu reformar (perdoe-se o pleonasmo).

Com todo o respeito que me merecem os Secretários de Estado do Desporto deste e do anterior Governos, não resisto à tentação de me socorrer da mordacidade de Eça De Queiroz:

> *"Mas para quê? Todas estas reformas trazidas triunfalmente a grande ruído de retórica, – (...) durarão,(...) o espaço de uma manhã! Que necessidade há em encaixilhar na bordadura da nossa prosa – uma folha que vai secar? Para quê fazer comentários – ao fumo efémero de um cachimbo? Para quê fazer uma estátua – de neve que se derrete? Para quê argumentar sobre leis – que se evaporam?"*[3]

Peço desculpa aos ilustres organizadores e aos distintos coordenadores científicos por este meu destempero inicial. Mas, como dizia um velho lavrador da minha terra, um homem quando se aproxima dos cinquenta ganha barriga e perde a compostura.

***

Feito o exórdio, quero deixar um aviso prévio. Não me referirei a processos em curso. Porém, não posso ignorar a polémica pública

---

[2] Lei n.º 30/2004, de 21 de Julho.
[3] "As Farpas", edição coordenada por Maria Filomena Mónica, Principia, 2004, pág. 355.

que alguns suscitaram. Por isso mesmo, seguro que para tanto me autorizará a Coordenação Científica, alargarei um pouco o espartilho do tema que me foi proposto discorrendo sobre a organização da justiça desportiva numa tripla perspectiva: a organização jurisdicional do desporto; o objecto da justiça desportiva e a sua sindicabilidade; e, finalmente, a definição tentativa de um novo modelo orgânico. Muito do que direi certamente foi já reflectido nas intervenções precedentes. Esta matéria, na verdade, não admite estanquecidades nem compartimentações. Não se pode detalhar quem julga ignorando-se o objecto do julgamento.

II. **Modelo desportivo português: autonomia privada *vs* tutela estadual**

O modelo desportivo português compreende fortes tensões intrínsecas: por um lado sacraliza o princípio da autonomia privada do movimento associativo; por outro, a lei ordinária espartilha, constrange e condiciona as suas auto-organização e auto-governo. Por um lado, a liberdade de associação impede o exercício de formas de tutela públicas que abranjam a aprovação dos estatutos, homologação de órgãos ou designação de comissões administrativas; por outro, o exercício de poderes públicos impõe a sujeição das federações desportivas dotadas de utilidade pública desportiva à fiscalização administrativa, traduzida num mero controlo de legalidade que poderá conduzir à suspensão ou cancelamento daquele estatuto, com as consequências decorrentes.[4]

É certo que a matriz deste sistema é partilhada por outros países europeus. Mas também é certo que alguns países a desenvolveram com eficácia e coerência. Em Espanha, por exemplo, os estatutos das federações com utilidade pública são aprovados pela Administração e publicados como decreto no Boletim Oficial do Estado. Aliás, certamente por isso, os estatutos da Real Federação Espanhola de Futebol (onde se acha acolhida a regulamentação disciplinar) não receberam o princípio da exclusão do controlo jurisdicional imposto pela FIFA e

---

[4] Ver, entre outros, Alexandra Pessanha, "As Federações Desportivas", Coimbra Editora, 2001, pág. 126 e segs.

que tanto brado deu recentemente em Portugal. E também em Espanha os poderes disciplinares exercidos pelas federações são sindicados administrativamente pelo Estado.

Ora, esta confusão entre poderes privados e poderes públicos, entre autonomia privada e subordinação à tutela estadual repercute-se de forma dramática na denominada justiça desportiva. Em causa está o papel do Estado no desporto. Mas num desporto que é industria, que é actividade económica, que é mercado e que, por tudo isso, carece de formas credíveis de regulação.

É, pois, aqui que radica a dicotomia entre justiça pública e justiça privada que marca desde há alguns anos todas as grandes discussões sobre sistemas de resolução de conflitos e de justiça desportivos.

III. Organização jurisdicional do futebol

Detenhamo-nos agora sobre a organização do sistema jurisdicional, focalizando o caso do futebol. Como afirmei em outras ocasiões[5] (e nada disto é novo) Portugal usufrui de um modelo bicéfalo, complexo e incoerente.

Federação e Liga possuem instâncias disciplinares próprias e regulamentos disciplinares distintos.

No vértice desta pirâmide, o Conselho de Justiça da Federação aprecia os recursos à luz dos sistemas disciplinares particulares referidos, consoante provenham de deliberações da Comissão Disciplinar da Liga ou do Conselho de Disciplina da Federação, estando, consequentemente, sujeito a qualificar e punir dissemelhantemente factos semelhantes.

Os órgãos jurisdicionais são obrigatoriamente integrados por juristas, sendo até há bem pouco a CD da Liga e o CJ apenas por magistrados (os Estatutos da LPFP ainda acolhem a expressão "*preferencialmente magistrados*"[6]), eleitos em listas plurinominais e individualmente indicados ou propostos pelas Associações ou pelos Clubes no âmbito de um processo eleitoral fulanizado nos candidatos às lideranças das respectivas instituições.

---

[5] Boletim da Ordem dos Advogados, Outubro de 2002.
[6] Art.º 58º, n.º 1.

Painel I. Justiça Desportiva

Recordo quanto escrevi em Outubro de 2002 no Boletim da Ordem dos Advogados a este respeito:

"Este modelo não é o melhor, nem é universal.

Não é o melhor, porquanto, a conotação dos juizes candidatos com clubes, interesses ou personalidades decorrente do processo de indigitação e de apresentação a sufrágio, independentemente da honorabilidade e dedicação de todos, prejudica a imagem, indispensável, de isenção e independência.

Não é universal, porquanto em parte dos países europeus, os órgãos jurisdicionais são constituídos por designações de colégios profissionais, das Administrações Centrais, Regionais ou locais, pelas direcções federativas, etc.. A título de exemplo, dos 16 árbitros do CNOSF francês, um terço são advogados, outro terço magistrados e, finalmente, outro terço professores de Direito.

Da mesma forma, no Brasil, o Tribunal de Justiça Desportiva, criado pela Lei Pélé, funcionando no âmbito da confederação desportiva mas com independência das Ligas e da Administração e integrando 1ª e 2ª instâncias disciplinares, é constituído por três auditores designados pela Ordem dos Advogados, um pela Administração, outro pelos Clubes, outro ainda pelos árbitros e finalmente outro pelos jogadores.

Acresce que o nosso sistema desportivo não tem, ao invés do que acontece em outros países, um órgão jurisdicional integrado na Administração Pública Desportiva que constitua instância última de recurso na via administrativa das deliberações federativas e consubstancie um garante da independência e um resguardo de isenção, à semelhança do que acontece com o Comité Espanhol de Disciplina Desportiva que opera no âmbito do Conselho Superior dos Desportos, abrangendo todas as federações e ligas profissionais."

Dois apontamentos ainda sobre a bicefalia orgânica e dualidade regulamentar entre a Federação Portuguesa de Futebol e a Liga Portuguesa de Futebol Profissional.

O primeiro para relevar a profunda decepção que a versão final da Lei de Bases do Desporto comportou a este respeito. O art.º 23º, n.º 6, da então Proposta de Lei estabelecia que à liga ou entidade análoga se aplicaria o regulamento disciplinar da federação. Ou seja, parecia, finalmente, que se iria consagrar a unidade regulamentar. Debalde, porém. O art.º 24º, n.º 6, da LBD veio manter o *status quo*, submetendo, no entanto, o regulamento disciplinar da liga a ratificação da assembleia geral da federação.

110 *II Congresso de Direito do Desporto*

O segundo para esclarecer que a afirmação sobre a diferenciação entre ambos os regulamentos não é meramente retórica. As distinções não se situam ao nível dos princípios ou das tipologias infraccionais (ambos subordinados, aliás, ao regime disciplinar das federações desportivas). Mas transparecem, por exemplo, no que respeita à tramitação processual, ao sistema de recursos, ao exercício do direito de defesa, etc.

Entreolhando a proposta de lei em discussão no Parlamento, pelo menos na versão que pude obter, a denunciada dualidade regulamentar mantém-se exactamente nos mesmos termos (o n.º 2 do art.º 24º reproduz integralmente a norma em vigor). Organicamente, porém, o art.º 25º aponta para a existência de um único órgão disciplinar funcionando em secções especializadas. Parece nascer uma ténue luz de esperança para quem, como eu, vem pugnando pela eliminação desta bicefalia espúria.

Uma nota ainda sobre o exercício do poder regulamentar. Os regulamentos disciplinares de federações e ligas estão sujeitos, necessariamente, ao controlo de legalidade. São actos normativos praticados ao abrigo de delegação de poderes públicos e, portanto, não podem fugir à fiscalização pública. A lei assim o prevê aliás, quer genericamente no art.º 10º do Regime Jurídico das Federações Desportivas[7], quer mais especificamente no domínio disciplinar no n.º 4 do art.º 1º do Regime Disciplinar das Federações Desportivas[8]. Esta fiscalização é de natureza administrativa e acha-se cometida à Administração Pública desportiva.

Acima desta fiscalização administrativa uma outra existe que respeita à respectiva constitucionalidade, competência especial do Ministério Público, conforme estatui a alínea j) do n.º 1 do art.º 3º do seu Estatuto[9].

Permitam-me que, a talhe de foice, observe a propalada iniciativa legislativa[10] no sentido de impedir que magistrados integrem órgãos jurisdicionais desportivos.

---

[7] Decreto-Lei n.º 144/93, de 26 de Abril.

[8] Lei n.º 112/99, de 3 de Agosto.

[9] Aprovado pela Lei nº 47/86, de 15 de Outubro, com as alterações introduzidas pelas Leis n.ºs 2/90, de 20 de Janeiro, 23/92, de 20 de Agosto, 10/94, de 5 de Maio, e 60/98, de 27 de Agosto.

[10] Iniciativa anunciada à data do II Congresso do Direito do Desporto por deputados do PSD.

O problema não está na composição dos órgãos jurisdicionais do desporto profissional. O problema está sim, como atrás referimos, na sua natureza.

Aliás, o que era totalmente injustificado e absurdo era a imposição constante em alguns estatutos de que os órgãos disciplinares fossem integralmente compostos por magistrados, estabelecendo uma insustentável *capitis diminutio* a todas as demais profissões jurídicas.

Ora, a urgência não é inabilitar magistrados, advogados ou docentes universitários para o exercício jurisdicional no desporto. A urgência é modificar a natureza electiva destes órgãos, assegurando isenção e independência relativamente aos poderes constituídos no universo federativo. Este o caminho eficaz para a credibilização, como adiante exporemos.

IV. Controlo do exercício do poder disciplinar

Posto isto, mantendo-nos no âmbito da justiça disciplinar desportiva, importa reflectir sobre os meios e as formas de controlo do exercício deste poder disciplinar.

Arredando toda a muita poeira que se levantou na opinião pública a propósito de recente processo mediático, importa esclarecer que todas estas matérias sobre as autonomias estatutária, regulamentar, disciplinar e jurisdicional conferidas às federações desportivas se acham aclaradas no nosso ordenamento jurídico desde, pelo menos, a Lei de Bases do Sistema Desportivo de 1990; encontram-se decantadas pelo Regime Jurídico das Federações Desportivas e pelo Regime Disciplinar das Federações Desportivas; são objecto de uma relevante convergência jurisprudencial e doutrinária no sentido de não serem absolutas e de estarem submetidas aos limites constitucionais estritos e aos princípios básicos e intangíveis do Estado de Direito.

Recorde-se a margem de consenso alcançada pela LBSD de 1990[11] sobre a convivência entre as impropriamente designadas jurisdição comum e jurisdição desportiva. Assentava numa <u>regra</u>,

---

[11] Art.º 25º.

numa limitação e numa excepção. A regra – as decisões e deliberações definitivas dos órgãos do associativismo desportivo são impugnáveis nos termos gerais de direito; a limitação – os efeitos desportivos produzidos pela decisão proferida pela instância desportiva competente não podem ser prejudicados pela impugnação judicial; finalmente, a excepção – acha-se vedado o acesso aos tribunais comuns às impugnações das decisões sobre questões de natureza estritamente desportiva ou que tenham por fundamento a violação de normas de natureza técnica ou disciplinar. Nem todas, porém. O julgamento disciplinar dos órgãos federativos quando dotados de poderes de autoridade decorrentes da delegação de poderes públicos configuram actos administrativos e, como tal, são impugnáveis. É o caso das infracções à ética desportiva, relativas à dopagem, à violência e à corrupção.

Suscitaram-nos já fundadas apreensões e contundentes críticas as alterações introduzidas a este entendimento pela Lei de Bases do Desporto, no seu art.º 47º, que determina o núcleo de questões inapeláveis judicialmente.[12]

A inovação pareceu-nos tão extravagante que colocamos em causa se o legislador efectivamente pretendeu alargar substancialmente o âmbito da reserva absoluta de jurisdição da justiça desportiva e jugular ainda mais a possibilidade de acesso aos tribunais em matéria desportiva, hipótese em que a letra do artigo traduziria com fidelidade o propósito, ou se outra era a intenção legislativa e tudo não passaria de um erro de formulação que faria sucumbir a *mens legislatoris* perante o efectivo conteúdo da norma.

Como vimos já, havia e há um adquirido importante na Doutrina e na Jurisprudência portuguesas a este respeito, no sentido de que apenas as infracções disciplinares fundadas na violação de normas técnicas (leis do jogo) ou estritamente desportivas (praticadas no limitado âmbito do efectivo decurso do jogo) conformam o núcleo restrito da exclusividade jurisdicional associativa.

Ora, na redacção do preceito pode-se descobrir significativa mudança de azimute. Definem-se as questões estritamente desportivas

---

[12] "Justiça Desportiva e a Nova Lei de Bases do Desporto – Algumas Observações", in Desporto & Direito, Ano II, Janeiro / Abril de 2005, págs. 155 e segs.

Painel I. Justiça Desportiva 113

como as que têm por fundamento normas de natureza técnica ou de carácter disciplinar, <u>nomeadamente</u> as infracções disciplinares cometidas no decurso da competição, enquanto questões de facto e de direito emergentes das leis do jogo, <u>dos regulamentos e das regras de organização da respectivas provas.</u>

Recebi, confesso, a nova proposta de lei da actividade física e do desporto[13] com enorme curiosidade sobre este ponto. Recordando que o actual partido do Governo havia votado contra o n.º 2 do art.º 47º da actual lei, supus que seria inflectida a direcção adoptada e o legislador se reencontraria com a jurisprudência e a doutrina.

Novo desencanto. A proposta de lei, no seu art.º 18º, é ainda menos feliz do que a vigente. Desde logo porque deixa cair o princípio geral da impugnabilidade das decisões e deliberações dos órgãos do associativismo desportivo. Poder-se-á contestar, aduzindo que decorre dos princípios gerais, sendo, como tal, despicienda a sua enunciação. Trata-se de uma resposta sibilina em matéria sensível que, como os factos recentes esclarecem, demanda extrema clareza e o mínimo de controvérsia. E estes princípios, numa lei de bases, nunca estão a mais. Elucidam, marcam o campo, definem o rumo.

Depois, o único artigo – o referido artigo 18º – que se refere à justiça desportiva começa precisamente pela negação e não pela afirmação. Diz que são insusceptíveis de recurso fora das instâncias competentes na ordem desportiva as questões estritamente desportivas. Ou seja, acolhe a excepção e não enuncia o princípio geral.

Define, em seguida, as questões estritamente desportivas em total similitude – apesar de uma redacção porventura mais depurada – com a actual lei de bases, enquanto emergentes da aplicação das leis do jogo, dos regulamentos e das regras de organização das respectivas competições.

Ora, o legislador, ao incluir na previsão legal as questões emergentes dos regulamentos (sem se saber a quais se pretende referir) e das regras de organização das provas ou competições, está a escancarar as portas à fuga aos tribunais e a aumentar de forma escandalosa a denominada *"reserva de jurisdição desportiva"*.[14]

---

[13] Proposta de Lei 80/X.
[14] Ver José Manuel Meirim, "Lei de Bases do Desporto Anotada", Coimbra Editora, 2005, pág. 102.

Exactamente o contrário do que se poderia esperar, que seria a fixação desta exclusividade nas questões de natureza técnica ou disciplinar emergentes das leis do jogo. Ponto final. A clareza era total e saber-se-ia sem dúvidas nem polémicas que esta excepção se restringia ao decurso do jogo, sem outros alçapões, aliás de duvidosa constitucionalidade.

Tenho esperança de que a recente polémica permita ao legislador apurar o sentido da lei, não cedendo às pressões autonomistas de alguns protagonistas do movimento associativo e submetendo, sem baias, o desporto ao império da lei ordinária como é próprio de um Estado de Direito.

V. A "Justiça Comum" no Desporto

Não se pense, porém, que esta polémica é uma idiossincrasia nacional.

É evidente que a crescente intromissão da "justiça comum" nas questões do desporto não agrada às estruturas associativas e é vista com a maior apreensão pelos seus dirigentes. Fere, como recorda pertinentemente Gerard Simon, o velho adágio de que *"a roupa suja se lava em família"*[15] e perverte o princípio da suficiência e da exclusividade jurisdicional das federações nacionais e confederações internacionais do desporto, as quais dispõem de sistemas próprios de resolução de litígios decorrentes da sua auto-regulação, exercidos por comissões federativas ou arbitrais. Recordam o princípio da autonomia do movimento associativo e a consequente impossibilidade de intromissão dos poderes do Estados nesta sua vasta *"reserva natural"*.

Como eloquentemente referem GROS e VERKINDT, *"o movimento desportivo mostra uma tendência a assimilar do Direito apenas o que lhe convém (interesse geral, serviço público e prerrogativas inerentes), rechaçando simultaneamente o que o pode constranger (respeito das regras internacionais, princípios geral de Direito e regras de procedimento)."*[16]

---

[15] "Justice, Droit et Sport", in Les Cahiers de L'INSEP, n.º 11, 1996, pág. 13. A expressão francesa utilizada pelo autor é: "le linge sale ne se lave qu'en famille".

[16] Citados por Eduardo Gamero Casado, "Las Sanciones Deportivas", Bosch, 2003, pág. 454.

Painel I. Justiça Desportiva 115

O certo é que a preservação desta jurisdição própria e exclusiva – defendida por disposições regulamentares que interditam o recurso aos tribunais comuns e estatuem severas penalidades aos que ousarem prevaricar – tem contribuído para a generalização da ideia de que o desporto em geral e o futebol em particular constituem um mundo à parte das ordens jurídicas e judiciárias nacionais e internacionais.

E não se duvide que o movimento associativo concebe a justiça desportiva como distinta do ordenamento jurídico estatal, fundamentando esta cindibilidade no princípio da liberdade de associação constitucionalmente consagrado.

Como recorda BERMEJO VERA, a própria Carta Olímpica defende uma suposta autoridade suprema e inapelável das instâncias desportivas, com base *"na errónea convicção da tremenda peculiaridade do mundo do desporto, sempre intolerante a qualquer interferência exógena, inclusive as que podem qualificar-se como legítimas por procederem de autoridades plenamente democráticas."*[17]

Eduardo Gamero Casado afirma, sem cerimónia, que *"a similitude deste veto (de recurso aos tribunais comuns) ao que vitimou os desportistas espanhóis durante o franquismo demonstra que não é forçado de modo algum qualificá-lo como próprio de um regime anacrónico e totalitário."*[18]

Recorde-se aqui o histórico "acórdão Bosman". Deixou claro que o princípio da subsidiariedade, segundo o qual a intervenção das autoridades públicas em matérias deste âmbito se deve limitar ao "estritamente necessário", *"não pode ter por efeito que a autonomia de que dispõem as associações privadas para adoptarem regulamentações desportivas <u>limite o exercício dos direitos conferidos pelo Tratado aos particulares</u>."*[19]

Também o Conselho de Estado francês veio inequivocamente considerar que *"a autonomia do direito desportivo, que é uma realidade inegável no campo das regras técnicas e deontológicas, deve deter-se onde começa a aplicação dos princípios gerais de Direito, aos que não se pode subtrair nenhuma actividade socialmente orga-*

---

[17] Ibidem, pág. 455.
[18] Ibidem, pág. 456.
[19] Manuel do Nascimento Batista, "O Caso «Bosman»", Rei dos Livros, 1998, pág. 390.

nizada, por maioria de razão quando comporta o exercício de prerrogativas de poder público."[20]

Neste mesmo sentido e concludentemente se pronunciaram já os tribunais portugueses, nomeadamente o Tribunal Constitucional e o Supremo Tribunal Administrativo, como poderão os mais interessados constatar na excelente colectânea de jurisprudência compilada e publicada pelo Doutor José Manuel Meirim em 2001, sob a égide do Instituto do Desporto.[21]

O Conselho da Europa, num estudo sobre as legislações nacionais relativas ao desporto na Europa, datado de 1999, vai ainda mais longe, concluindo (em tradução livre) que *"a experiência demonstrou entretanto que uma justiça desportiva pouco onerosa e rápida não é, porventura, a melhor."* E acrescenta, de forma impressiva: *"Os desportistas que são antes do mais cidadãos devem poder recorrer a um sistema judiciário susceptível de responder às suas necessidades e preocupações. Entretanto, à medida que os direitos fundamentais da defesa sejam melhor respeitados, as instâncias disciplinares desportivas verão diminuídas as possibilidades de contestação das suas decisões."*[22]

De tudo o predito queda clara uma ideia, traduzida por BERMEJO VERA: existe *"uma tendência detectada no direito europeu a favor da intervenção justificada dos poderes públicos no desporto e, consequentemente, o controlo jurisdicional das actuações daqueles neste âmbito sectorial."*[23]

É este movimento que levou Gerard Simon a considerar que *"judiciarização"* é um dos factos marcantes no domínio do desporto da última década[24]. E que, mais cedo ou mais tarde, condicionará as próprias confederações internacionais e as submeterá ao império da lei, perdendo esse quase estatuto de párias na ordem jurídica internacional.

---

[20] Eduardo Gamero Casado, ob. cit., pág. 457.

[21] José Manuel Meirim, "O Desporto nos Tribunais", Centro de Estudos e Formação Desportiva, 2001.

[22] "Étude des Legislation Nationales Relatives au Sport en Europe", Édition du Conseil de l'Europe, 1999, pág.102.

[23] Cit. por Eduardo Gamero Casado, ob. cit., pág. 457.

[24] Ob. cit., pág. 18.

Painel I. Justiça Desportiva 117

VI. Organização jurisdicional – contributo para um novo modelo

A gravidade de acontecimentos recentes que todos conhecemos impôs um vasto consenso nacional sobre a necessidade de alteração do modelo de justiça desportiva. Percebe-se hoje que a credibilização do desporto terá de assentar na fidedignidade do seu sistema disciplinar e na idoneidade do seu sistema de composição de litígios. É ingente que o consumidor deste produto – falo em particular do futebol – saiba que há justiça no desporto e que há desporto com justiça.

Nesse sentido, algumas vozes têm pugnado pela criação de Tribunais Desportivos, advogando uns a sua criação no âmbito da organização judiciária, defendendo outros a sua natureza arbitral ainda que abrangendo a matéria disciplinar.

Em minha opinião, apesar da importância económica e social que o desporto representa, não me parece justificável a criação de tribunais desportivos como tribunais de competência especializada. Qual seria o âmbito da sua competência? Representaria esta o exercício do poder disciplinar enquanto poder público, o qual desta sorte deixaria de ser objecto de delegação ao movimento associativo? Ou seria apenas instância de recurso das decisões disciplinares federativas? Não se verificaria então uma sobreposição de competências com os tribunais administrativos, uma vez que em causa estão actos praticados ao abrigo de delegação de poderes públicos? Ou concerneria apenas a litígios não disciplinares? E, neste caso, não se perscrutaria um difícil conflito de competências com os restantes tribunais?

Ademais, tratar-se-ia de uma solução inédita. Que saiba, em nenhum país existem tribunais desportivos integrados no sistema judicial.

Da mesma forma me merece crítica a proposta de criação de um Tribunal Arbitral do Desporto com competência em matéria disciplinar.

Uma pontuação prévia. Como sabemos, os ordenamentos jurídicos europeus estruturaram diferentemente o sistemas de disciplina desportiva. Uns qualificam-no como matéria estritamente jurídico-privada; outros como emergente de poder público conferido às federações desportivas. Este, como dissemos, o nosso caso.

Ora, sendo o poder disciplinar um poder público, não é admissível a submissão à arbitragem de questões dele emergentes, uma vez que as matérias de ordem pública, por ser indisponível o interesse geral ou o bem juridicamente protegido, não são passíveis de transacção, de conciliação judicial ou extra-judicial ou de determinação convencional do procedimento.

Observar-me-ão que a arbitragem de conflitos desportivos se acha consagrada na actual (e revoganda) LBD, no seu art.º 49º. Apesar da sua formulação merecer algumas reservas, saudei já, em escritos publicados, a bondade da sua previsão em sede de lei com valor reforçado. Só que é bom ter presente que estes conflitos reguláveis pela via arbitral são de natureza privada e não pública.

Então que modelo?

Considero que Portugal vive, neste campo, uma situação, a uma vez, de excepção e de emergência.

A reabilitação da justiça desportiva, a meu ver, terá de concitar um reforço da intervenção directa do Estado não colidente embora com os estritos limites da autonomia do movimento associativo constitucionalmente consagrada.

Começando por aqui. A organização jurisdicional federativa deve ser simplificada, bem como o seu sistema regulamentar. Eliminar a bicefalia orgânica e a dualidade regulamentar entre federações e ligas é um passo absolutamente essencial e determinante.

É também necessário assegurar que os órgãos jurisdicionais desportivos são isentos e independentes das estruturas que servem.

Importa ainda rever todo o universo das equivocamente designadas comissões arbitrais que mais não são do que entidades orgânicas das ligas e das federações, compostas não por árbitros, no verdadeiro e próprio sentido da lei de arbitragem, mas por membros eleitos ou designados, sem garantias de isenção e de independência.

Assim, arrisco-me a desenhar um quadro reformador.

Em matéria disciplinar:
– Criação de um órgão alheio ao movimento associativo que, actuando com isenção e independência, decida em última instância da via administrativa os recursos disciplinares das decisões dos órgãos disciplinares federativos. Este deveria ser, em meu entender, o escopo de um novo órgão a instituir junto do Conselho Superior do Desporto. Não se trata de uma inovação.

Painel I. Justiça Desportiva 119

Trata-se, tão só, de adoptar a solução vigente em Espanha, com o Comité Espanhol de Disciplina Desportiva. Uma indeclinável razão de coerência justifica, aliás, esta solução. Se as federações exercem o poder disciplinar por delegação do Estado, não faz sentido que o Estado não possua um mecanismo directo de regulação e controlo do exercício desse poder que delegou (à excepção, claro está, do estatuto de utilidade pública desportiva). Da mesma sorte, se o atleta é punido pela Federação em representação do Estado não faz sentido que não possa reclamar junto do Estado delegante do incorrecto exercício dos poderes delegados. Tudo isto, obviamente, na fase administrativa, independentemente da impugnabilidade judicial do acto administrativo consubstanciado na decisão deste órgão da Administração.

– Revisão das competências, constituição e funcionamento dos órgãos jurisdicionais desportivos, perdendo estes a natureza electiva e ganhando garantias de absoluta isenção e total independência, designadamente autonomia administrativa e financeira.

Em matéria de resolução de conflitos não disciplinares:

– Constituição no âmbito da Confederação do Desporto de Portugal ou do Comité Olímpico, de um verdadeiro Tribunal Arbitral ao qual sejam submetidos, através de cláusulas compromissórias assumidas nos instrumentos estatutários das federações, os litígios desportivos de natureza privada. Desta sorte se acolhia a previsão legal actual sobre a arbitragem de conflitos, retirando-a, porém, do âmbito da administração pública do desporto e colocando-a sob a égide de uma das duas organizações não públicas horizontais do nosso ordenamento desportivo. Mesmo não julgando segundo a equidade e, consequentemente, admitindo as suas decisões impugnação judicial, seria sempre um filtro positivo prévio à jurisdição pública, sem perca de quaisquer garantias.

***

Jorge Valdano, no seu livro "Apuntes del Balón", interrogava-se: *"Quando voltaremos a olhar para dentro do campo?"* E prosseguia: *"Todos os dias abro o jornal com a esperança com que abria um pacote de cromos quando era criança. Agora, dentro do pacote apenas há cromos repetidos de conflitos estúpidos e polémicas baratas. Se isto se passa comigo, estou certo que se passará com muita gente que começa a suspeitar que o futebol deixou de ser um jogo"*[25].

Este é um risco que todos conhecemos. A justiça desportiva poderá ser a pedra angular da credibilização do espectáculo desportivo e da revolução cultural que o desporto profissional, designadamente o futebol, demanda. É preciso, porém, não perder mais tempo e assumir corajosamente o desafio.

Para que todos voltemos, tranquilamente, a poder olhar o campo!

---

[25] Jorge Valdano, "Apuntes del Balón", Marca, 2001, pág. 211.

O TRIBUNAL DE JUSTIÇA COMO INSTÂNCIA DE RESOLUÇÃO DE CONFLITOS DESPORTIVOS: A PROPÓSITO DO *CASO MECA-MEDINA*

MIGUEL GORJÃO-HENRIQUES *

O tema que me foi proposto, neste II Congresso de Direito do Desporto, foi o de explorar, nos estreitos limites do tempo disponível, o tema do relacionamento do "Tribunal de Justiça" (artigo 220.º do Tratado da Comunidade Europeia), entenda-se, o "Tribunal de Justiça das Comunidades Europeias" e hoje também da "União Europeia" (artigo 46.º do Tratado da União Europeia), com o direito desportivo.

Quanto ao modo de abordar tão extenso assunto em tão pouco tempo, atendi aos exactos termos da proposta de título, cuja referência explícita ao Tribunal de Justiça me leva a encarar sobretudo o ponto de vista da análise do desporto no quadro da integração europeia iniciada há mais de 50 anos com o Tratado de Paris e, sobretudo, em 1957, com o Tratado de Roma institutivo da então chamada "Comunidade Económica Europeia"[1], forma de compreender as condições, os termos e os limites próprios à intervenção do Tribunal de Justiça nos domínios do desporto.

---

* Assistente da Faculdade de Direito de Coimbra e Advogado Especialista em Direito Europeu e da Concorrência.

O presente texto corresponde, com pequenas adaptações e poucos desenvolvimentos, ao texto que foi lido na sessão do Congresso de Direito do Desporto que teve lugar no Porto, em Outubro de 2006.

[1] Hoje, Comunidade Europeia (CE ou Comunidade) e não União Europeia, como frequentemente encontramos, mesmo em textos académicos.

Fica assim de fora do âmbito desta intervenção tanto a questão – a merecer tratamento mais aprofundado – sobre os contornos de uma política europeia (entenda-se, comunitária ou da "união") do desporto como aquela outra relativa às putativas implicações que o tratado que estabelece uma Constituição para a Europa e (vulgo "Constituição Europeia"[2]) teria para tal fim[3], constatado que está o impasse em que se encontra a Constituição europeia e o respectivo processo de ratificação[4].

O Desporto nos Tratados Comunitário e da União

Impõe-se uma palavra prévia quanto aos limites da própria intervenção comunitária no mundo próprio do direito do desporto pois esses são, também, limites à intervenção, verdadeiras condicionantes estruturais, do próprio Tribunal de Justiça[5], como *garante do direito na interpretação e aplicação do Tratado*", como reza o artigo 220.º do Tratado da Comunidade Europeia (de ora em diante, "Tratado CE").

Ora, a primeira atitude da Europa Comunitária em relação ao desporto – como aliás em relação a muitos outros domínios, como os

---

[2] Tratado assinado em Roma, a 29 de Outubro de 2004, criando uma nova União Europeia, que, por força do artigo IV-438.º, sucederia ou sucederá tanto à União Europeia actual (criada pelo Tratado da Maastricht, também chamado Tratado da União Europeia, de 7 de Fevereiro de 1992) como à Comunidade Europeia (criada pelo Tratado de Roma de 25 de Março de 1957).

[3] Sobre esta matéria, entre nós, é de referência obrigatória o texto de Alexandre Mestre, *O Desporto na Constituição Europeia – o fim do "dilema de Hamlet"*, Almedina, Coimbra, 2004 (com prefácio de Miguel Poiares Maduro); bem como, claro, os Trabalhos de José Manuel Meirim.

[4] Aquando do Congresso, já se sabia há muito, no seguimento dos referendos de 2005 em França e nos Países Baixos, que a mesma não iria entrar em vigor, ao contrário do que a mesma previa, em 1 de Novembro de 2006. Os meses seguintes vêm confirmando esta constatação – sobre o estado do processo de ratificação, reportado a Janeiro de 2007, vide o nosso *Direito Comunitário*, 4.ª edição, Almedina, Coimbra, 2007.

[5] E dos restantes tribunais comunitários, diga-se, expressão onde se inclui, por antonomásia, o Tribunal de Primeira Instância, mas também, de alguma forma, os tribunais nacionais, desde sempre concebidos e designados na linguagem juscomunitária como "tribunais comuns de direito comunitário".

direitos fundamentais[6], por exemplo – foi de desinteresse, de abstenção ou omissão.

Estes são factores geralmente apontados, aliás *ad nauseam*, pela generalidade dos comentadores neste domínio. Trata-se, por isso, de uma verdadeira "banalidade". Interessa aqui, no entanto, perscrutar as razões, entender, ainda que de modo necessariamente breve, o porquê dessa atitude de negação.

No meu entender, as razões começam por radicar, ter a sua raiz ou origem, como o termo indica, na natureza e intencionalidade próprias da Comunidade. Impõe-se recordar que a Comunidade Europeia chamava-se então "Comunidade *Económica* Europeia", sendo uma organização internacional que visava imediatamente a integração económica entre os seus Estados membros (então apenas 6: França, RFA, Itália e os três países do que veio a chamar-se BENELUX), principalmente através do objectivo do estabelecimento de:

a) União Aduaneira – ou seja, livre circulação de mercadorias e pauta aduaneira comum;

b) Mercado comum – ou seja, livre circulação de factores de produção, incluindo, além das mercadorias, os trabalhadores, os serviços e os capitais;

c) Algumas políticas comuns, como as políticas agrícola, comercial ou da concorrência.

---

[6] A questão dos direitos fundamentais é particularmente elucidativa. Ainda hoje é, no mínimo, altamente discutível a afirmação de que a Comunidade Europeia (mas também a União Europeia) dispõe de uma competência legislativa própria em matéria de direitos fundamentais. Isto sem prejuízo do reconhecimento de que a Comunidade Europeia e os seus órgãos estão vinculados à obrigação de respeito por estes direitos, enquanto princípios gerais de direito correspondentes a tradições constitucionais comuns aos Estados membros, na medida em que estejam consagrados em convenções subscritas pelos Estados membros – v., sobre a problemática, apenas entre nós, além do artigo 6.º do Tratado da União Europeia, AA.VV., *Carta dos Direitos Fundamentais da União Europeia*, Corpus Iuris Gentium Conimbrigae, Coimbra Editora, 2001; R. Moura Ramos, *A carta dos direitos fundamentais da União Europeia e a protecção dos direitos fundamentais*, pp. 171-198; M. Luísa Duarte, "A União Europeia e os Direitos Fundamentais. Métodos de Protecção", in *Estudos de Direito da União e das Comunidades Europeias*, Coimbra Editora, 2000, pp. 11-45, e "O modelo europeu de protecção dos direitos fundamentais – dualidade e convergência", in *Estudos de Direito da União e das Comunidades Europeias*, Coimbra Editora, 2006, pp. 191-203; A. Goucha Soares, *A Carta dos Direitos Fundamentais da União Europeia – A Protecção dos Direitos Fundamentais no Ordenamento Comunitário*, Coimbra Editora, 2002; Jónatas E. M. Machado, *Direito Internacional – do Paradigma Clássico ao Pós-11 de Setembro*, 3.ª edição, Coimbra Editora, Coimbra, pp. 736-742.

Além disso, nessa época como hoje, importa reter que a Comunidade, enquanto organização internacional, ou seja, enquanto sujeito jurídico de direito internacional público nascido de um acordo entre Estados, tem a sua "competência" marcada ou limitada por um princípio fundamental, mesmo hoje, para a compreensão de muitos epifenómenos no domínio jurídico-desportivo: o princípio das competências por atribuição.

Quer isto dizer que, como sempre aconteceu, a Comunidade Europeia – nome que a CEE passou a ter desde a entrada em vigor do Tratado da União Europeia (UE) ou de Maastricht, como melhor ficou conhecido, em 1 de Novembro de 1993 – só pode intervir nos domínios em relação aos quais os Estados membros transferiram/delegaram para a/na Comunidade o exercício de poderes soberanos, nada podendo dispor nos domínios que extravasem das atribuições comunitárias, dos fins ou objectivos que a integração europeia pretende prosseguir, tal como expressos no tratado.

Creio que deve ser justamente nesta perspectiva que devem ser entendidos todos os esforços que há muito vêm sendo feitos para inserir o desporto, nas sucessivas revisões "globais" dos tratados, no texto dos Tratados, mormente reconhecendo-lhe a sua especificidade cultural e social. Ao mesmo tempo, é também essa circunstância que, na minha opinião, tem condicionado e mesmo impedindo a "constitucionalização" do desporto como área de intervenção própria da Comunidade Europeia.

Pois que é disso que se trata, como um breve percurso pelos Tratados, nas suas sucessivas revisões, demonstra.

Assim, como ainda recentemente afirmou José Manuel Meirim, no artigo "Bosman esteve presente na Convenção? A Europa em busca do desporto", publicado na revista *O Direito* (2006, I), sobre o Desporto nas organizações europeias e comunitárias, o *"Tratado (...) não comportava nenhuma norma que, expressa e especificamente, albergasse a actividade desportiva. Eram bem outras as preocupações de então"* (pág. 114).

Acrescento eu, em complemento: "nem comporta!". Era assim na versão original do Tratado de Roma institutivo da então CEE, em 1957, que não continha qualquer menção ao "desporto", *qua tale*.

Assim continuou no Acto Único Europeu, de 1986, que constituiu a primeira revisão global dos Tratados comunitários e do qual o desporto continuou ausente.

Também o Tratado de Maastricht, que realizou um verdadeiro *corte* ou "salto de integração", expresso na criação de uma UE ao lado das Comunidades Europeias, na institucionalização da "cidadania" da UE, na previsão da União Económica e Monetária (UEM) ou na introdução ainda de várias "novas" políticas no texto dos tratados, não inseriu qualquer referência ao Desporto.

O Tratado de Amesterdão, que alterou os tratados comunitários e o tratado da união europeia, também não continha qualquer norma, na sua parte dispositiva, sobre "desporto".

É certo que a Conferência Intergovernamental de 1996 aprovou a famosa declaração n.º 29 relativa ao desporto, nos termos da qual

> *«A Conferência salienta o significado social do desporto, em especial o seu papel na formação da identidade e na aproximação das pessoas. A Conferência convida, por isso, os órgãos e instituições da UE a ouvir as associações desportivas, sempre que se coloquem importantes questões relacionadas com o mundo do desporto. Neste contexto, deverá ter-se especialmente em conta as características do desporto amador».*

Contudo, esta declaração sofre de algumas limitações, ou seja limites:

Primeiro, se se trata de um passo no sentido positivo, na medida em que declara a *voluntas* do legislador constituinte europeu em provocar a audição das organizações desportivas, o certo é que tal apenas sucede quando se coloquem "importantes questões" (e não quaisquer questões) relacionadas com o desporto, em particular no domínio do desporto amador;

Segundo, o facto de não ser um texto vinculativo, que não logrou o consenso dos Estados para a sua inserção no Tratado e que, em particular, não confere, designadamente ao desporto profissional, qualquer regime diferente do regime geral vigente nos Estados membros ou compatível com o direito comunitário.

A mesma atitude de alguma indiferença resulta do Tratado de Nice[7].

---

[7] A mesma indiferença dos Estados face à questão estava já, de certa forma, presente na resposta do Conselho à pergunta escrita P-1528/00 apresentada pelo deputado ao Parlamento Europeu José Ribeiro e Castro (JO, série C, n.º 72E, de 6.3.2001, pp. 70-71).

Aqui, cumpre fazer uma observação/esclarecimento. É que, muitas vezes, é referida a declaração de Nice (2000) sobre o desporto, como um momento fundamental. Contudo, apesar de feita pelo órgão de direcção política máximo da UE – o Conselho Europeu – a declaração de Nice sobre o desporto não foi anexada ao Tratado de Nice nem constitui a expressão de uma vontade de todos os Estados membros da UE. Assim, esta declaração não só não vincula a CE, juridicamente, como não consta sequer do tratado.

Até com a futura ex-próxima Constituição Europeia, assinada em Roma, a 29 de Outubro de 2004, tal sucede[8].

Na Constituição Europeia ou, na designação frontispícia que foi juridico-formalmente adoptada para fazer a politicamente correcta *quadratura do círculo*: "tratado que institui uma constituição para a Europa", o desporto é, pela primeira vez, referido.

Contudo, não se pense que o "Desporto" passa a ser uma atribuição específica da nova UE. Na nova UE que se pretende venha a existir, o Desporto é reconhecido apenas como um domínio no qual a "União pode decidir desenvolver uma acção de apoio, de coordenação ou de acompanhamento" (artigo III-282.º, na Secção 5 do Capítulo V da Parte III da Constituição).

Com efeito, se não pode deixar de dar relevo à previsão da contribuição da União *«para a promoção dos aspectos europeus do desporto, tendo simultaneamente em conta as suas especificidades, as suas estruturas baseadas no voluntariado e a sua função social e educativa»*.

Além disso, a União assinala-se ainda o objectivo de *«desenvolver a dimensão europeia do desporto, promovendo a equidade e a abertura das competições desportivas e a cooperação entre os organismos responsáveis pelo desporto, bem como protegendo a integridade física e moral dos desportistas, principalmente dos jovens»*.

Esta norma (§ 2 do n.º 1 do artigo 282.º da Constituição) mostra que, no estado actual do direito comunitário, como é habitual dizer-se, não é a estrutura da competição ou o seu desenvolvimento desportivo e económico que interessam à União, no sentido de merecerem uma disciplina específica. As competições desportivas, na me-

---

[8] Sobre o assunto, vide o já citado Alexandre Miguel Mestre (2004).

Painel I. Justiça Desportiva 127

dida em que se traduzem em actividades económicas e enquanto o são, não merecem na Constituição qualquer tratamento especial.

Esta evidência é por demais confirmada pelo tipo de actos cuja prática é admitida à União. Do ponto de vista do direito prescritivo, poderá a União adoptar, quer leis (grosso modo, os actuais regulamentos) quer leis-quadro (grosso modo, as actuais directivas), mas umas e outras sofrem limitações originárias, quer quanto ao conteúdo (podem consagrar *acções de incentivo*) quer quanto ao grau de ingerência na normação estadual (não podem visar realizar qualquer harmonização das disposições legislativas e regulamentares dos Estados membros) (alínea *a)* do n.º 3 do artigo III-282.º).

Na verdade, no entanto, mesmo apesar das limitações assinaladas, a Constituição não só não está em vigor como não é possível saber, com rigor, se e quando entrará em vigor, pelo que a União Europeia e as Comunidades Europeias ainda hoje existentes (CE e a CEEA) continuam a reger-se pelos tratados comunitários, com a última versão que lhes deu o Tratado de Nice.

O Tratado da Comunidade Europeia e as suas Implicações Desportivas

Ora, ainda hoje o Tratado da Comunidade Europeia, se tem títulos dedicados às "liberdades fundamentais" (circulação de mercadorias, de trabalhadores, de prestadores e de destinatários de prestações de serviços e de capitais), bem como à saúde pública, à cultura, à educação, à harmonização fiscal, ao ambiente, à política económica e monetária, à I&D ou à concorrência, entre outros, não tem um capítulo dedicado ao desporto.

Não se pense, no entanto, que o mundo do desporto não é considerado pelo direito comunitário ou navega à margem do mesmo[9].

Não: é considerado pelo direito comunitário e está profundamente integrado no direito comunitário, mas como actividade económica (v. quanto ao judo, o acórdão *Christelle Deliège*, de 11.4.2000,

---

[9] Sobre o tema, monograficamente, entre nós, André Dinis de Carvalho, *Da Liberdade de Circulação dos Desportistas na União Europeia*, Coimbra Editora, Coimbra, 2004.

proc. C-51/96) abrangida que é pelas mais diversas áreas desse direito *horizontal* que é o "direito comunitário". Parafraseando a página electrónica de importantes *lobbyistas* do desporto, em Bruxelas, o *EU-Office of German Sports*, trata-se de um problema, antes de mais, de *aparência*: «*European legislation and policy seldom reveal their impact on sport at first glance*».

Claro que esse impacto apenas não é visível *at first glance*, a um primeiro olhar não treinado.

Com efeito, o desporto, em particular o desporto profissional e as competições desportivas, bem como as empresas, clubes e toda a realidade económica e jurídica ligada ao desporto, têm sido tratados nas múltiplas vertentes económicas em que a acção da Comunidade Europeia se desdobra, com reflexo, aliás produtivo [não é a melhor palavra], na jurisprudência do Tribunal de Justiça:

a) No domínio da *união aduaneira*, com toda a regulamentação e jurisprudência sobre a classificação pautal das mercadorias usadas no domínio desportivo;

b) No domínio da *concorrência* – com especial destaque para acordos de distribuição, mas também, crescentemente, no domínio da venda de direitos televisivos (nomeadamente o fenómeno do *joint selling of sport media rights*) e de direitos de transmissão via Internet, etc., onde o Tribunal de Justiça clarificou, entre outros, os seguintes pontos:

   i) O princípio de que as federações desportivas e as associações de clubes ou de associações nacionais são *empresas*, para o direito comunitário da concorrência, qualquer que seja o qualificativo que o direito dos Estados membros ou os seus próprios regulamentos lhes dêem, e sujeitas ao direito comunitário – e nacional – da concorrência (acórdão *Frubo c. Comissão*[10] e *Piau c. Comissão*[11]);

---

[10] Processo 71/74 – Acórdão do Tribunal de Justiça de 15.5.1975, *Nederlandse Vereniging voor de fruit- en groentenimporthandel, Nederlandse Bond van grossiers in zuidvruchten en ander geimporteerd fruit "Frubo" contre Commission des Communautés européennes et Vereniging de Fruitunie* (Rec., 1975, pp. 563, n.º 32; EE Portuguesa, pp. 205).

[11] Processo T-193/02 – Acórdão do TPI de 26.1.2005, *Laurent Piau c. Comissão*, Colectânea da Jurisprudência, 2005, II, pp. 209. Laurent Piau impugnou perante o Tribunal de Primeira Instância a decisão da Comissão de rejeitar uma denúncia contra o regulamento

Painel I. Justiça Desportiva 129

ii) O princípio segundo o qual as competições desportivas devem ser organizadas com base no território nacional;
iii) A concorrencialidade dos sistemas de transferências de jogadores;
iv) A licitude dos critérios de selecção de atletas;
v) O impacto dos acordos relativos à venda de bilhetes para o Campeonato do Mundo de futebol (decisão *França/ /1998*[12]); ou
vi) Direitos de transmissão televisiva (acórdão *M6 c. Comissão*[13]);
c) No domínio da *livre circulação de trabalhadores* – desde o famoso acórdão *J. M. Bosman*[14], passando pelos vários acórdãos que reconhecem o efeito directo de disposições dos acordos de associação CE/Eslováquia (*Kolpak*[15]) ou CE/ /Rússia (*Simutenkov*[16]);

---

da FIFA relativo aos agentes de jogadores. Apesar de confirmar a decisão da Comissão, o Tribunal, neste importante e interessante acórdão, considerou *inter alia* que a actividade de agente de jogadores não beneficia de qualquer especificidade "desportiva", estando sujeita ao regime geral resultante das normas do Tratado e das normas aprovadas em sua aplicação. Do acórdão houve recurso para o Tribunal de Justiça, o qual, por despacho de 23 de Fevereiro de 2006 (proc. C-171/05 P), negou provimento ao recurso.

[12] Decisão 2000/12/CE da Comissão, de 20.7.1999 – proc. IV/36.888 (JO, L 5, de 8.1.2000, pp. 55-74).

[13] Processos apensos T-185/00, T-216/00, T-299/00 e T-300/00 – Acórdão do TPI de 8.10.2002, *Métropole télévision SA (M6) e o. C. Comissão*, Colectânea de Jurisprudência, 2002 II, pp. 3805. A UER recorreu para o Tribunal de Justiça do acórdão, tendo o recurso sido considerado improcedente (Despacho do Tribunal de Justiça, de 27.9.2004, proc. C-470/02 P).

[14] Processo C-415/93 – Acórdão do Tribunal de Justiça de 15.12.1995, *Union royale belge des sociétés de football association asbl e outros contra Jean-Marc Bosman*, Colectânea de Jurisprudência, 1995, I, pp. 4921.

[15] Processo C-438/00 – Acórdão do Tribunal de Justiça de 8.5.2004, *Deutscher Handballbund e. V. contra Maros Kolpak*, Colectânea de Jurisprudência, 2004, I, pp. 4135.

[16] Processo C-265/03 – Acórdão do Tribunal de Justiça de 12.4.2005, *Igor Simutenkov c. Ministério de Educación y Cultura e Real Federación Española de Fútbol*, Colectânea da Jurisprudência, 2005, I, 2579. Neste processo, apreciado em sede de reenvio prejudicial (artigo 234.º do Tratado CE) submetido pela Audiencia Nacional, a grande secção do Tribunal de Justiça considerou que, por força do disposto no artigo 23.º, n.º 1, do Acordo de Parceria e de Cooperação entre as Comunidades Europeias e os seus Estados membros, por um lado, e a Federação da Rússia, por outro, assinado em Corfu, em 24 de Junho de 1994, e aprovado em nome das Comunidades Europeias através da Decisão 97/ /800/CECA, CE, Euratom do Conselho e da Comissão, de 30 de Outubro de 1997, é

130   *II Congresso de Direito do Desporto*

d) No domínio dos *dados pessoais* – acórdão *British Horseracing c. William Hill*[17] ; ou

e) No domínio das *marcas* – *Adidas Salomon*[18] ou *Arsenal FC c. Matthew Reed*[19].

A competência do Tribunal de Justiça

Neste particular, o Tribunal de Justiça tem intervindo como *"garante do Direito na interpretação e aplicação do»* direito comunitário", como já se disse.

Antes de entrarmos na análise de duas ou três particularidades resultantes da jurisprudência comunitária, impõe-se esclarecer alguns aspectos para os quais as polémicas recentes têm chamado a atenção.

O primeiro tem que ver com os modos de intervenção do Tribunal de Justiça, ou seja, a sua competência para dirimir litígios.

Na verdade, o Tribunal de Justiça não dispõe de competência para decidir todo e qualquer litígio e, perante ele, nem todos os actos são impugnáveis nem todas as pessoas têm legitimidade para interpor recurso perante o Tribunal de Justiça ou para propor acção no mesmo tribunal.

Assim, o Tribunal de Justiça é um tribunal comunitário, que só se pronuncia sobre direito comunitário e, quando pode e é chamado a pronunciar-se sobre direito nacional, na sua veste de tribunal internacional, é para avaliar a conformidade do direito nacional com o

---

inoponível a um desportista profissional de nacionalidade russa, contratado regularmente por um clube com sede num Estado membro, da regulamentação desportiva espanhola nos termos da qual os clubes só podem utilizar nas competições de âmbito nacional um número limitado de jogadores de Estados terceiros não pertencentes ao Acordo sobre o Espaço Económico Europeu (EEE – recorde-se, acordo que abrange os Estados membros da Comunidade Europeia e a Islândia, a Noruega e o Lichtenstein).

[17] Processo C-203/02 – Acórdão do Tribunal de Justiça (Grande Secção) de 9.11.2004, *The British Horseracing Board Ltd e o. contra William Hill Organization Ltd*, Colectânea da Jurisprudência, 2004, I, pp. 10415.

[18] Processo C-408/01 – Acórdão do Tribunal de Justiça de 23.10.2003, *Adidas-Salomon AG, Adidas Benelux BV contra Fitnessworld Trading Ltd*, Colectânea da Jurisprudência, 2003, I, pp. 12537.

[19] Processo C-206/01 – Acórdão do Tribunal de Justiça de 12.11.2002, *Arsenal Football Club plc contra Matthew Reed*, Colectânea da Jurisprudência, 2002, I, pp. 10273.

direito comunitário ou para garantir uma aplicação uniforme do direito comunitário nos vários Estados membros.

Sendo um tribunal comunitário, é certo que, por um lado, perante ele podem ser impugnados *actos de direito comunitário* emanados por órgãos da Comunidade Europeia (ou da União Europeia[20]), se bem que, importa dizê-lo, os particulares – associações privadas, pessoas singulares ou colectivas, empresas – apenas possam interpor recurso de anulação perante o Tribunal de Justiça (*rectius*, o TPI[21]) quando se trate de actos administrativos da Comissão dirigidos a essas mesmas pessoas ou, quando não dirigidos a tais pessoas, se tais actos lhe disserem directa e individualmente respeito.

Por outro lado, em litígios que correm perante os tribunais nacionais, o Tribunal de Justiça não tem competência para dirimir conflitos, mas antes para, no quadro do sistema de cooperação com os tribunais nacionais previsto no artigo 234.º do Tratado CE, assegurar a resposta às questões que sejam colocadas pelos tribunais nacionais no âmbito de processos que corram no tribunal reenviante, relativas à interpretação de uma norma de direito comunitário ou à apreciação da validade de uma norma de direito comunitário derivado.

Trata-se aqui de uma importantíssima competência do Tribunal de Justiça, que é a de colaborar na administração da justiça que é feita pelos Tribunais nacionais, ajudando estes a interpretar ou apreciar a validade de normas de direito comunitário, de modo a garantir, em último termo, a uniformidade na aplicação do direito comunitário.

E tem-no feito desde que, no final da década de 60, o mercado comum se considerou "instalado", ainda que, sabemo-lo nós, ainda hoje de forma imperfeita, ainda que considerando as implicações económicas da actividade desportiva.

Em todos esses acórdãos, o Tribunal de Justiça procurou distinguir entre os aspectos económicos do desporto, sujeitos às regras comunitárias sobre o mercado interno[22], e aspectos estranhos à ver-

---

[20] Desde que abrangidos pelas normas a que se refere o artigo 46.º do Tratado da União Europeia.

[21] Nos termos do tratado CE, é o TPI quem é competente, em primeira instância, para o chamado "contencioso dos particulares", cabendo recurso das suas decisões, limitado a questões de direito, para o Tribunal de Justiça.

[22] Objectivo introduzido com o Acto Único Europeu e cujo conceito consta hoje do n.º 2 do artigo 14.º do Tratado CE.

132   *II Congresso de Direito do Desporto*

tente económica do desporto. Tal como sucede no domínio da jurisprudência relativa aos direitos privativos de propriedade industrial ou intelectual, cujo *objecto específico* sai do âmbito das atribuições da Comunidade, também na jurisprudência do Tribunal de Justiça pode divisar-se a ideia de não se encontrarem abrangidas pelo direito comunitário as práticas e regulamentações cujo objecto específico seja estritamente desportivo.

Antes de prosseguirmos, reconheçamos que o próprio Tribunal de Justiça (em sentido amplo), reconhece a existência aqui de uma linha de demarcação, baseada no próprio dualismo domínio atribuído/domínio não atribuído à Comunidade Europeia.

Como? Declarando que em litígios *puramente* desportivos ou, entenda-se, em litígios em que estava em causa a análise jurídica de regulamentação assente em considerações puramente [ou melhor, directa e principalmente] desportivas, a «*contestação dessa regulamentação é competência dos órgãos de resolução de litígios desportivos*», coisa que o Tribunal de Justiça não é nem quer ser (acórdão *Meca-Medina*[23]).

Mais: o Tribunal de Justiça reconhece que em questões não puramente desportivas, é admissível o recurso a tribunais comuns (acórdão *Piau c. Comissão*[24]).

Assim sucedeu, por exemplo, no que toca à questão do *doping*. Trata-se de uma questão que tem ocupado os órgãos comunitários e o Tribunal de Justiça em diversas ocasiões e por diversas formas. No entanto, tomámos aqui por signo a questão do *doping*, como poderíamos tomar outras questões.

Consideramo-la aqui e propomo-la neste contexto e aqui no Porto apenas por ser a *causa* de um litígio que, há bem pouco tempo, se desenrolou junto do Tribunal do Luxemburgo, num processo extre-

---

[23] Processo C-519/04 P – Acórdão do Tribunal de Justiça de 18.7.2006, *David Meca-Medina e Igor Majcen c. Comissão*, Colectânea da Jurisprudência 2006, I, pp. 6991.

[24] Embora por mero *obter dictum*, nesse processo: «*independentemente do sistema de recursos das decisões das associações nacionais ou da comissão do estatuto do jogador, competente relativamente aos agentes de jogadores, para o Tribunal Arbitral do Desporto, os interessados podem sempre recorrer aos tribunais comuns, em especial para fazerem valer os direitos que lhes são conferidos pelo direito nacional ou pelo direito comunitário, sendo, além disso, as decisões do Tribunal Arbitral do Desporto susceptíveis de recurso de anulação para o Tribunal Federal Suíço*».

Painel I. Justiça Desportiva 133

mamente curioso, quer pelo seu carácter recente, quer pela discussão interna ao sistema comunitário que o mesmo envolve (o Tribunal de Justiça anula um acórdão do TPI), onde os tribunais comunitários aparentemente *debatem* o problema da fronteira entre as implicações económicas e não económicas da actividade e regulamentação desportivas.

Vejamos pois como o Tribunal de Justiça, neste processo *Meca--Medina e Majcen c. Comissão*[25], aborda a questão, na sequência do acórdão do TPI segundo o qual as regulamentações puramente desportivas estão excluídas do âmbito de aplicação do direito comunitário.

O Tribunal de Justiça começa por dizer que

> «*Importa recordar que, tendo presentes os objectivos da Comunidade, a prática de desportos só é abrangida pelo direito comunitário na medida em que constitua uma actividade económica na acepção do artigo 2.º CE*».

Em nosso entender, com esta afirmação o Tribunal de Justiça não se afasta da sua jurisprudência tradicional e inicial. Recordamos que foi isto mesmo que este Tribunal havia dito nos processos *Walrave e Koch*[26], *Donà*[27], embora desenvolvido e mesmo ultrapassa-

---

[25] Acórdão do Tribunal de Primeira Instância, de 30.9.2004, proc. T-313/02, Colect., II, pp. 3291; e acórdão do Tribunal de Justiça (3.ª secção), de 18.7.2006, já citado.

[26] Processo 36/74 – Acórdão do Tribunal de Justiça de 12.12.1974, *N.O. Walrave, L.J.N. Koch contre Association Union cycliste internationale, Koninklijke Nederlandsche Wielren Unie et Federación Española de Ciclismo*, Colectânea de Jurisprudência, EE Portuguesa, pp. 595, cons. 4 (Rec., 1974, pp. 1405).

[27] Processo 13/76 – Acórdão do Tribunal de Justiça de 14.7.1976, *Gaetano Dona c. Mário Montero*, Colectânea de Jurisprudência, EE Portuguesa, pp. 545, cons 12 (Rec., 1976, pp. 1333). Aqui, no entanto, o Tribunal de Justiça começou por dar por assumido que as disposições que excluíam a participação de estrangeiros em jogos do campeonato de futebol eram contrárias ao direito comunitário, admitindo seguidamente que a especificidade desportiva era compatível com limitações, desde que fundadas em «*motivos não económicos, relativos ao carácter e ao quadro específico desses encontros e interessando portanto apenas ao desporto enquanto tal, como é o caso, por exemplo, de encontros entre equipas nacionais de diferentes países*» (tradução livre).

134 II Congresso de Direito do Desporto

do com a jurisprudência *Bosman*, já referida, e nos acórdãos seguintes (v. acórdão *Deliège*[28] ou *Lehtonen e Castors Braine*[29]).

Assim, continuou o Tribunal de Justiça no processo *Meca-Medina*, «*sempre que uma actividade desportiva tenha a natureza de uma actividade assalariada ou de uma prestação de serviços remunerada, o que acontece com a dos desportistas profissionais ou semiprofissionais* (v., neste sentido, acórdãos, já referidos, *Walrave e Koch*, n.º 5, *Donà*, n.º 12, e *Bosman*, n.º 73), está abrangida, mais precisamente, pelo âmbito de aplicação dos artigos 39.º CE e seguintes (livre circulação de trabalhadores), ou dos artigos 49.º CE e seguintes (livre prestação de serviços).

---

[28] Processos C-51/96 e C-191/97 – Acórdão do Tribunal de Justiça de 11.4.2000, *Christelle Deliège*, C-51/96 e C-191/97, Colect., I, pp. 2549, cons. 41. Tratava-se de um litígio entre uma judoca e as autoridades desportivas, queixando-se aquela de ser prejudicada no normal desenvolvimento da sua carreira, nomeadamente por ser impedida de participar nos Jogos Olímpicos de Barcelona (1992) e em campeonatos da Europa e do Mundo (1993 e 1994). De notar uma pequena mas imperceptível mudança na terminologia do Tribunal, que nos primeiros acórdãos havia afirmado que o desporto *apenas* estava abrangido pelo direito comunitário na medida em que constituísse uma actividade económica (essa limitação formal desapareceu dos acórdãos seguintes e era já patente que, desde o acórdão *Bosman*, a especificidade desportiva estava já mais reduzida). Contudo, no presente acórdão o Tribunal de Justiça viria a concluir que «*uma regra que exige a um atleta profissional ou semiprofissional, ou um candidato a uma actividade profissional ou semiprofissional, que possua uma autorização da sua federação para poder participar numa competição internacional de alto nível que não opõe equipas nacionais, desde que resulte de uma necessidade inerente à organização dessa competição, não constitui em si própria uma restrição à livre prestação de serviços proibida pelo artigo 59.º do Tratado CE (que passou, após alteração, a artigo 49.º CE)*».

[29] Processo C-176/96 – Acórdão do Tribunal de Justiça de 13.4.2000, *Lehtonen e Castors Braine*, Colectânea de Jurisprudência, I, pp. 2681, cons. 32, onde o Tribunal de Justiça veio a decidir que o princípio da livre circulação de trabalhadores «*opõe-se à aplicação de regras adoptadas num Estado membro por associações desportivas que proíbem que um clube de basquetebol, nos jogos do campeonato nacional, faça jogar jogadores provenientes de outros Estados membros que foram transferidos após determinada data, quando essa data é anterior à que se aplica às transferências de jogadores provenientes de determinados países terceiros, a menos que razões objectivas, que interessem apenas ao desporto enquanto tal ou que digam respeito a diferenças existentes entre a situação dos jogadores provenientes de uma federação pertencente à zona europeia e a dos jogadores provenientes de uma federação não pertencente à referida zona, justifiquem esta diferença de tratamento*».

Painel I. Justiça Desportiva

«*Essas disposições comunitárias em matéria de livre circulação de pessoas e de livre prestação de serviços não regulam apenas a actuação das autoridades públicas, mas abrangem também as regulamentações de outra natureza, destinadas a disciplinar, de forma colectiva, o trabalho assalariado e as prestações de serviços*» (acórdãos, já referidos, *DelVège*, n.º 47, e *Lehtonen e Castors Braine*, n.º 35).

E prossegue o Tribunal de Justiça:

«*25. O Tribunal de Justiça declarou, porém, que as proibições impostas por essas disposições do Tratado não se aplicam às regras que dizem apenas respeito a questões de desporto e que, enquanto tais, são estranhas à actividade económica* (v., neste sentido, acórdão *Walrave e Koch*, já referido, n.º 8).

Quanto à dificuldade em separar os aspectos económicos e os aspectos desportivos de uma actividade desportiva, o Tribunal de Justiça reconheceu, no acórdão Donà, já referido, n.ᵒˢ 14 e 15, que as disposições comunitárias em matéria de livre circulação de pessoas e de livre prestação de serviços não se opõem a **regulamentações ou práticas justificadas por motivos não económicos inerentes à natureza e ao contexto específicos de certos encontros desportivos.** *Sublinhou, no entanto, que essa* **restrição do âmbito de aplicação das disposições em causa deve ser mantida dentro dos limites do seu próprio objecto.** *Por conseguinte, não pode ser invocada para excluir toda uma actividade desportiva do âmbito de aplicação do Tratado* (acórdãos, já referidos, *Bosman*, n.º 76, e *DelVège*, n.º 43).

Tendo em conta estas considerações, **a simples circunstância de uma regra ter carácter puramente desportivo não exclui do âmbito de aplicação do Tratado a pessoa que exerce uma actividade regulada por essa regra ou o organismo que a instituiu.**

Se a actividade desportiva em causa é abrangida pelo âmbito de aplicação do Tratado, as condições do seu exercício estão, como tal, sujeitas ao conjunto de obrigações que resultam das diferentes disposições do Tratado. Por conseguinte, as regras que regulam a referida actividade devem preencher as condições de aplicação dessas disposições, que se destinam, nomeadamente, a assegurar a livre circulação de trabalhadores, a liberdade de estabelecimento, a livre prestação de serviços ou a concorrência.

«*Por conseguinte, caso o exercício dessa actividade desportiva deva ser apreciado à luz das disposições do Tratado relativas à livre circulação de trabalhadores ou à livre prestação de serviços, há que verificar se as regras que regulam tal actividade preenchem as condições de aplica-*

136   *II Congresso de Direito do Desporto*

ção dos artigos 39.° CE e 49.° CE, isto é, se não constituem restrições proibidas por estes artigos (acórdão Deliège, já referido, n.° 60).

30. Do mesmo modo, caso o exercício dessa actividade deva ser apreciado à luz das disposições do Tratado relativas à concorrência, há que verificar se, tendo em conta as condições de aplicação dos artigos 81.° CE e 82.° CE, as regras que regulam a referida actividade emanam de uma empresa, se esta restringe a concorrência ou abusa da sua posição dominante e se essa restrição ou esse abuso afectam o comércio entre Estados membros.

31. De igual modo, mesmo supondo que essas regras não constituam restrições à livre circulação, dado que dizem apenas respeito a questões de desporto e que, enquanto tais, são estranhas à actividade económica (acórdãos, já referidos, Walrave e Koch e Donà), essa circunstância não implica que a actividade desportiva em causa escape necessariamente ao âmbito de aplicação dos artigos 81.° CE e 82.° CE, nem que essas regras não preencham as condições de aplicação desses artigos.»

Peço desculpa por esta longa citação.

Este *acaso* cronológico favorece contudo a clarificação das situações subjacentes à própria temática cuja exposição me foi pedida e, por isso, neguei-me a uma tarefa de reprodução diferenciada de algo que, com vantagem, podia ser transmitido pela *boca* do próprio Tribunal de Justiça. *Et voilà!*

De uma leitura deste acórdão parece resultar, à primeira vista, que as regras antidopagem do COI, assumidas pela FINA, estão submetidas ao direito comunitário e, na medida em que restrinjam a livre prestação de serviços ou a livre circulação de trabalhadores, devem ser avaliadas à luz da sua conformidade com o direito comunitário.

Contudo, não estamos tão certos que assim seja. Com efeito, o que no seu acórdão final o Tribunal de Justiça verbera ao TPI é o facto de este considerar que uma regulamentação puramente desportiva (cujo seu objecto específico é desportivo – v. Despacho *Piau*, de 23.2.2006, citado) e como tal não abrangida pelas disposições relativas à liberdade de circulação de trabalhadores e de serviços **não estar sujeita ao direito da concorrência** (v. considerandos 32 e 33 do acórdão do Tribunal de Justiça).

A exclusão de certas matérias desportivas do âmbito de aplicação das normas sobre livre prestação de serviços, no entanto, já tinha antecedentes anteriores.

Por exemplo, no acórdão *Christelle Deliège* (2000), o Tribunal de Justiça considerou que as regras de selecção para participação em competições internacionais por parte de atletas de alto nível não constituem por si só uma restrição à livre circulação de serviços, «*desde que resulte de uma necessidade inerente à organização dessa competição*» (n.º 69), e isto mesmo que na competição não participem equipas nacionais, mas apenas atletas que competem a título individual.

A questão da autonomia organizacional do desporto não deve, contudo, ser sobrevalorizada. Com efeito, foi contra regulamentações desportivas que o acórdão *Bosman* foi proferido e, nele, o Tribunal de Justiça não se reviu na ideia de que o direito comunitário «*não afecta a composição de equipas desportivas, em particular as equipas nacionais, cuja formação é uma questão de interesse puramente desportivo*». Assim, se no Tribunal de Justiça, no caso *Walrave c. UCI*, determinou que a solução para a questão de saber se treinador e ciclista tinham de ser da mesma nacionalidade, dependia da resposta à questão de saber se ambos constituíam, em conjunto, uma equipa, no acórdão *Bosman* o Tribunal de Justiça foi menos enfático e não aceitou que as restrições à composição de equipas com base na nacionalidade fossem em geral legítimas.

A mesma questão foi discutida, aliás, no acórdão *Gaetano Dona c. Mantero*, onde o Tribunal de Justiça reconheceu que os princípios comunitários não se opõem a que a participação em certos jogos, por razões não económicas, seja apenas reservada a nacionais, sendo dado como *exemplo* os jogos entre equipas nacionais de diferentes países (cons. 14).

Que ilações se retiram destes acórdãos?

Primeiro, a redução progressiva do domínio puramente desportivo.

Se no acórdão *Walrave* treinador e atleta podiam ser da mesma nacionalidade, sem violação de direito comunitário, já no acórdão Donà, a proibição de jogadores não italianos em jogos do campeonato italiano era conforme ao direito comunitário, se proporcional e adequada ao fim prosseguido (protecção de razões desportivas).

Contudo, no acórdão *Bosman*, dá-se o golpe final e afirma-se o liberalismo total, salvo quanto às equipas nacionais. O caso era esperado. Como nos foi recordado numa leitura, já em 1989 Weatherhill afirmava que a organização do futebol estava em rota de colisão com várias disposições do Tratado[30].

E o impacto do acórdão Bosman foi tremendo, pois:

a) Pôs em causa o sistema de transferências, baseadas no direito dos anteriores clubes a uma indemnização, mesmo no termo do contrato e independentemente da sua contribuição para a formação do jogador;

b) Determinou a proibição de quotas, ou melhor, a proibição fixação de um número limite de jogadores estrangeiros por equipa, alterando em absoluto o equilíbrio competitivo anteriormente existente;

Só não foi tão extraordinário, num primeiro momento, no que toca a transferências "puramente internas", ou seja, envolvendo apenas clubes e jogadores de um mesmo Estado membro e nacionais desse mesmo Estado membro.

Mas mesmo essas foram, num espaço reduzido de tempo, consideradas como indirectamente afectadas pelo acórdão *Bosman*.

Em suma, à luz dos tratados e da jurisprudência do Tribunal de Justiça, o actual regime do desporto e a sua crescente consumpção pela normação jurídico-económica que caracteriza a construção europeia tem sido evidente.

Na minha opinião, os passos que a nível de declaração políticas ou mesmo no plano dos tratados têm sido dados não têm posto em causa esse axioma.

Julgo que não haverá grandes possibilidades de reversão do actual quadro normativo e interpretativo, por parte do Tribunal de Justiça. Não faz parte da sua "cultura" e, quando muito, se alguma coisa poderemos esperar, é apenas o afinamento de alguns conceitos, porventura até com cariz restritivo.

A única forma de restaurar, para quem o sustente, um quadro de equilíbrio entre Estados e de equilíbrio entre equipas, subtraindo por isso a organização e, sobretudo, o funcionamento das competições ao império do direito comunitário é apenas um: o da expressa exclusão.

---

[30] David McArdle, "They're playing R. Song. Football and the European Union after Bosman", *Football Studies*, Vol. 3, n.º 2, 2000, pág. 45.

Painel I. Justiça Desportiva

Tanto quanto é possível dizer-se e entrever-se, tal tarefa parece quase impossível, porventura requerendo a imaginação criadora dos juristas e uma forte pressão a nível político, convencendo os decisores de que, como afirmou em tempos o então comissário Mário Monti, a outro propósito só *"a reinvenção da roda permitirá ao veículo continuar a circular"*.

Tenho dito.

PAINEL II. COMPETIÇÃO DESPORTIVA

Ángel María Villar Llona
**La Liberación de Deportistas a las Selecciones Nacionales:
Aspectos Jurídicos y Económicos**

Carolina Cunha
Desporto e Concorrência

Alberto Palomar Olmeda
La Regulación del Dopaje en el Deporte

LA LIBERACIÓN DE DEPORTISTAS
A LAS SELECCIONES NACIONALES:
ASPECTOS JURÍDICOS Y ECONÓMICOS

ÁNGEL MARÍA VILLAR LLONA *

1. Introducción

Desde hace ya unos años viene siendo patente en distintas modalidades deportivas la emersión, tanto a nivel nacional como en el ámbito internacional, de diferentes agrupaciones de estamentos participantes en la competición deportiva, que, con el objeto de defender más profesionalizadamente sus intereses, fundamentalmente los relacionados con el aspecto económico, se asocian constituyendo, bien sindicatos, bien asociaciones o bien otras formas jurídico-asociativas que les permitan de la manera más adecuada la reivindicación de sus objetivos fundacionales.

Por ejemplo, en España, y con independencia del fenómeno asociativo que han constituido las Federaciones deportivas[1], las primeras manifestaciones de esta particular conjunción de intereses de un estamento deportivo determinado se llevaron a cabo por los deportistas, que, incentivados por el incipiente reconocimiento legal y

---

* Presidente de la Real Federación Española de Fútbol. Vicepresidente de la FIFA y de la UEFA. Esta conferencia toma como base los estudios elaborados por el Área de Asesoría Jurídica de la Real Federación Española de Fútbol sobre el particular reproduciendo en parte las conclusiones acordadas.

[1] Sobre el particular, A. CAMPS POVILL: *Las Federaciones deportivas. Régimen jurídico*, Madrid, Civitas, 1996.

144   *II Congresso de Direito do Desporto*

jurisprudencial de su situación jurídica[2], constituyeron hacia 1978 la Asociación de Futbolistas Profesionales (A.F.E). Tras ellos, y esta vez en el ámbito de los clubes[3], sería la modalidad del baloncesto quien, no sin excesivos problemas[4], recibiese tal aportación, con la constitución, a principios de los años 80, de la denominada Asociación de Clubs Españoles de Baloncesto (A.C.B). Vendrá, posteriormente, el nacimiento de la Liga Nacional de Fútbol Profesional (L.F.P) en 1984, o de la Asociación de Baloncestistas Profesionales (A.B.P) en 1986.

Recientemente, este modelo de organización institucional de los diferentes estamentos que, con mayor asiduidad, conforman las Federaciones deportivas ha evolucionado de forma exponencial, proyectando el sistema al ámbito internacional, debido, particularmente, a la creciente globalización que afecta hoy en día cualquier tipo de competición deportiva, y, a la vez, como defensa y respuesta al control ejercido por las Federaciones deportivas internacionales.

Adoptando como referencia el modelo europeo[5], los sistemas de representaciones nacionales de estamentos deportivos se han proyectado escalonadamente en el marco internacional, siendo así más recientes en el tiempo los conflictos en este último ámbito, pues el nacimiento de los sistemas de representaciones nacionales, provoca-

---

[2] Identificado, respectivamente, en la Ley 16/1976, de 8 de abril de Relaciones Laborales, y, entre otras, en la conocida Sentencia del Tribunal Central de Trabajo de 24 de junio de 1971. Al respecto, ampliamente, T. SALA FRANCO: *El trabajo de los deportistas profesionales*, Madrid, Mezquita, 1983, particularmente, págs. 1-14.

[3] A lo largo de estas líneas cuando se hace referencia a clubes en el Ordenamiento español, considérense igualmente incluidos aquellos que, por obligación legal o decisión voluntaria, se han transformado en Sociedades Anónimas Deportivas (Cfr. Disposición Transitoria Primera, Ley 10/1990, de 15 de octubre y art. 2.3 RD 1251/1999, de 16 de julio).

[4] Cfr. STS de 16 de enero de 1984 (RJ 1984, 49).

[5] Cfr. COM (1999) 644 final. Informe Helsinki sobre el deporte. Informe de la Comisión al Consejo Europeo con la perspectiva de la salvaguardia de las estructuras deportivas actuales y del mantenimiento de la función social del deporte en el marco comunitario. Reflexionando sobre este modelo y su compatibilidad con otros existentes, K. FOSTER: "Can Sport be Regulated by Europe? An Analysis of Alternative Models", en, AA.VV, *Professional Sport in the UE: Regulation and Re-regulation*, TMC Asser Press, The Hague, 2000, págs. 43-64.

dores de los internacionales, a diferencia de otros sistemas deportivos, no es tan lejano[6].

En el ámbito sindical, es ejemplo de ello el más que conocido sindicato mundial de jugadores profesionales de fútbol (F.I.F.Pro) que, en los últimos años, se ha erigido como un verdadero baluarte en la defensa de su colectivo profesional ante las Federaciones internacionales respectivas, FIFA y UEFA, en temas de especial importancia para las competiciones internacionales. La Unión Europea de Baloncestistas, con un eco menor, también ha trabajado con reivindicaciones de calado ante la FIBA.

De la misma manera, aunque si cabe más tardíamente, el estamento de clubes ha dado respuesta internacional a un fenómeno previamente creado en los ámbitos nacionales, y unificados por un abanico de intereses económicos de capital trascendencia para sus finanzas, han potenciado la creación de sujetos jurídicos de marcado carácter internacional que representen estos legítimos intereses tanto ante las Autoridades Públicas como ante sus Federaciones deportivas. Con especial incidencia en estos últimos años, y particularmente en la modalidad del fútbol, se ha desarrollado la actividad del denominado G-14[7].

Constituido formalmente en noviembre de 2000 bajo la forma jurídica de la *Agrupación Europea de Interés Económico*[8], el G-14

---

[6] En clara referencia al modelo deportivo norteamericano, precursor de gran parte de las iniciativas deportivas posteriormente llevadas a cabo en Europa en el ámbito del deporte profesional. Entre otros muchos trabajos de la doctrina americana, aglutina de una forma más didáctica estos aspectos la obra de, J. QUIRK y R.D. FORT: *Pay Dirt: The Business of Profesional Team Sports*, New Jersey, 1992.

[7] Conviene también destacar la constitución en Roma, en el año 1991, de la Unión de Ligas Europeas de Baloncesto (U.L.E.B), asociación privada que, con domicilio social en España y constituida al amparo del art. 22 de la CE y de la por entonces vigente Ley 191/1964, de 24 de diciembre, de asociaciones, ha ejercido una intensa actividad internacional en la modalidad del baloncesto, llegando a crear, incluso, una competición deportiva independiente a la organizada por su Federaciones internacional (F.I.B.A). Véase una síntesis de esta tarea en, A. PALOMAR OLMEDA: *El modelo europeo del Deporte*, Madrid, Bosch, 2002, págs. 188-197.

[8] Figura jurídica asociativa de marcado origen comunitario creada al amparo del Reglamento (CEE) nº. 2137/85, del Consejo, de 25 de julio, y desarrollada, en el marco español, por la Ley 22/1991, de 29 de abril, de Agrupaciones de Interés Económico. El objetivo primordial de esta institución jurídica consiste en facilitar el desarrollo o mejorar los

representa actualmente a una red de 18 equipos europeos representativos del fútbol de este continente[9]. Sus primeros pasos se desenvolvieron en el ámbito de la UEFA, donde llevaron a cabo reivindicaciones en tres aspectos prioritarios: el formato de la máxima competición continental (particularmente la reforma de la denominada *UEFA Champions League*), la distribución de los ingresos derivados de las principales competiciones europeas[10], y, por último, la representación de los clubes profesionales en los órganos de gobierno de la UEFA[11]. Acogidas en gran medida gran parte de sus aspiraciones en los precitados campos[12], más recientemente las reclamaciones del G-14, lejos de cesar, se han multiplicado exponencialmente, y, en los últimos tiempos, la contraprestación económica por la liberación de jugadores a las selecciones nacionales se ha convertido en el referente social, mediático y jurídico por excelencia de sus pretensiones[13].

Teniendo presentes las normas comunitarias y la jurisprudencia emanada del Tribunal de Justicia de la Comunidades Europeas (en adelante, TJCE) conviene analizar, desde la óptica del Ordenamiento

---

resultados de la actividad de sus socios dotándoles para ello de un instrumento jurídico adecuado para potenciar su actividad económica en el ámbito del mercado interior. Al respecto, en nuestra doctrina, véase, p. ej., F. Baz Izquierdo: *Agrupaciones de Interés Económico y sus conexiones con la Ley de Sociedades Limitadas,* Madrid, 1996

[9] Forman parte actualmente de este colectivo los siguientes clubs: AC Milan, AFC Ajax, Borussia Dortmund, FC Barcelona, FC Bayern Munchen, FC Internacionale Milano, Futebol Clube do Porto, Juventus Football Club, Liverpool Football Club, Manchester United Football Club, Olimpique de Marsielle, Paris Saint Germain, PSV, Real Madrid Club de Fútbol, Arsenal Football Club, Bayer 04 Leverkusen, Olympique Lyonnais, Valencia Club de Fútbol SAD.

[10] Cfr. K. Vieweg: "The legal autonomy of sport organisations and the restrictions of European Law", en, AA.VV, *Profesional Sport in the UE...*, cit., pág. 95.

[11] Cfr. P. Ducrey, C. Ferreira, G. Huerta Y K. Marston: "UEFA and Football Governance: A New Model", *The International Sports Law Journal*, 2004/1-2, págs. 81-82.

[12] P. Ducrey, C. Ferreira, G. Huerta Y K. Marston: "UEFA and Football Governance...", cit., pág. 82.

[13] Aún así, tal reclamación, no resulta extraña a la organización federativa. Ya en el año 1996 el Presidente del F.C. Barcelona solicitó formalmente, y con una fundamentación jurídica emanada en gran parte en la Sentencia del TJCE de 15 de diciembre de 1995 – Asunto Bosman –, la compensación económica por la liberación de sus deportistas a la selección nacional.

español y de la modalidad deportiva del fútbol[14], las implicaciones jurídicas y económicas de este requerimiento del G-14, realizando un análisis pormenorizado de las disposiciones normativas de aplicación, así como profundizando en cuestiones económicas que han de ser igualmente tenidas en cuenta en el momento de adentrarse en esta problemática.

2. Implicaciones legales en la liberación de deportistas a las selecciones nacionales

a) Los clubes como sujetos federativos: las regulaciones de la RFEF y de la FIFA.

Tal como dispone el art. 1 de sus Estatutos, la Real Federación Española de Fútbol (en lo sucesivo, RFEF) es una entidad asociativa privada de utilidad pública, que se rige por la Ley 10/1990, de 15 de octubre, el RD 1835/1991, de 20 de diciembre, así como por sus Estatutos y Reglamentos. La RFEF está afiliada a la FIFA, cuyos estatutos acepta y se obliga a cumplir dentro del marco del Ordenamiento jurídico español.

De acuerdo con lo que preceptúa el art. 2.1 de los Estatutos de la RFEF, su composición está integrada, entre otros colectivos, por árbitros, entrenadores, la Liga Nacional de Fútbol Profesional *y los clubes*. Es pues dentro de una relación asociativa privada donde, voluntaria y libremente nacen las relaciones entre los clubes y sus federaciones, en el seno del marco jurídico del que ambas partes se han dotado.

En este contexto de base asociativa es donde, primero la FIFA, a través de su Reglamento sobre el Estatuto y la Transferencia de

---

[14] Aun cuando, en nuestro ámbito, el amparo legal habilitado por la Ley 10/1990, de 15 de octubre, del Deporte, para la puesta a disposición de los deportistas a las selecciones nacionales es genérico, es decir, aplicable a todas las Federaciones deportivas españolas con independencia de la modalidad deportiva que representen, este estudio toma exclusivamente como hipótesis de examen las implicaciones jurídicas y económicas en la modalidad del fútbol, con lo que el análisis y las conclusiones presentadas no tendrían necesariamente que compartirse para otras modalidades deportivas.

Jugadores, como posteriormente y en desarrollo de este precepto la RFEF, mediante su Reglamento General, determinan la obligación asociativa de puesta a disposición de las selecciones nacionales respectivas de los jugadores de sus clubes afiliados.

Concretamente, el artículo 1 del Anexo 1 de la disposición FIFA dispone que

"Los clubes se obligan a liberar a sus jugadores inscritos a favor de los equipos representativos del país para el que el jugador es elegible debido a su nacionalidad, si la asociación nacional convoca al jugador".

Completando este principio general de carácter internacional, el vigente art. 327.2 del Reglamento General de la RFEF preceptúa que

"Los clubes están obligados a prestar su colaboración e instalaciones y a ceder sin derecho a contraprestación alguna los jugadores que a tal efecto fuesen convocados [para las selecciones nacionales]*".*

b) El ordenamiento español: la respuesta normativa pública.

Nuestro ordenamiento jurídico ha amparado sobradamente las disposiciones privadas de las Federaciones deportivas, y ha posibilitado un apoyo legal a la liberación de los deportistas a las selecciones nacionales. Esta cobertura está identificada, fundamentalmente, en dos artículos de la Ley 10/1990, de 15 de octubre, del deporte (en adelante, LD):

art. 29.1. LD:

"Las Sociedades Anónimas Deportivas y el resto de los clubes deportivos, al objeto de formar la selección nacional, deberán poner a disposición de la Federación española que corresponda, los miembros de su plantilla deportiva, en las condiciones que se determine"

y art. 47.1 del mismo texto legal:

"1. Es obligación de los deportistas federados asistir a las convocatorias de las selecciones deportivas nacionales para la participación en competiciones de carácter internacional, o para la preparación de las mismas.

2. Cuando los deportistas a los que se refiere el párrafo anterior fuesen sujetos de una relación laboral, común o especial, su empresario conservará tal carácter durante el tiempo requerido para la participación en competiciones internacionales o la preparación de las mismas, si bien se suspenderá el ejercicio de las facultades de dirección y control de la actividad laboral y las obligaciones o responsabilidades relacionadas con dicha facultad, en los términos que reglamentariamente se establezcan".

En algunos Ordenamientos autonómicos la sistemática ha seguido la pauta estatal, y de la misma manera han garantizado la liberación para su participación en las respectivas selecciones autonómicas. Ejemplo de ello son, con diferente intensidad, el art. 25.3 del Decreto Legislativo 1/2000, de 31 de julio, del deporte de Cataluña, el art. 32.j) de la Ley 11/1997, de 22 de agosto, general del deporte de Galicia, o el art. 49.4 de la Ley 14/1998, de 11 de junio, del deporte del País Vasco.

Todas estas aportaciones y protecciones legales que imponen la liberación de deportistas para participar en sus selecciones, tanto la Estatal como las diferentes autonómicas, participan de un fundamento común: la relevancia del deporte de alto nivel o de alto rendimiento, cada uno en su ámbito, y la representatividad exclusiva que a través de las Federaciones deportivas ostenta la entidad territorial.

c) Régimen jurídico de la relación entre deportista seleccionado y Federación deportiva. El caso español.

Con independencia del respaldo normativo que se acaba de exponer, y que garantiza la liberación de los deportistas para participar en sus respectivas selecciones, resulta necesario, ante la escasa o nula respuesta normativa al respecto, y ante la indefinición que doctrinalmente ha soportado la cuestión, ahondar en el presupuesto capital que desde la óptica jurídica presenta el supuesto aquí analizado: el régimen jurídico aplicable a la relación entre el deportista seleccionado y la Federación deportiva correspondiente.

Históricamente, y por más que la intervención pública en el deporte de nuestro país fuera una constante durante gran parte del Siglo pasado[15], la obligación de los deportistas de asistir a las selecciones nacionales nació en el ámbito privado, a través, prioritariamente, de los Reglamentos de las Federaciones deportivas. La colisión con la actividad del deportista no se producía, pues al no ostentar el mismo la condición de trabajador por cuenta ajena[16], los conflictos que hoy pueden presentarse entre la efectiva prestación laboral de los deportistas profesionales y la liberación para participar en las selecciones nacionales resultaban un mero supuesto de laboratorio.

Afortunadamente la cuestión evolucionó, e inicialmente con la Ley 16/1976, de 8 de abril, de Relaciones Laborales, y con posterioridad a la aprobación del Estatuto de los Trabajadores, a través del Real Decreto 318/1981, de 5 de febrero, los deportistas se erigieron como sujetos de una relación de trabajo.

Fue precisamente esta última norma, el RD 318/1981 la que por primera vez desde la esfera pública consideró el fenómeno de la participación de los deportistas en las selecciones, ya que ni siquiera la entonces vigente 13/1980, de 31 de marzo, General de la Cultura Física y el Deporte mostró atención sobre la materia. El artículo 1.5 del citado texto reglamentario disponía

> *"El presente Real Decreto no será de aplicación a las relaciones entre los deportistas profesionales y las Federaciones Nacionales cuando aquellos se integren en equipos, representaciones o selecciones relacionados con las mismas".*

---

[15] Véase una sinopsis de la misma en, J. ESPARTERO CASADO (Coord): *Introducción al derecho del deporte*, Dykinson, Madrid, 2004, págs. 73-79.

[16] Acerca de la evolución y posterior reconocimiento de los deportistas como trabajadores por cuenta ajena véase, entre otras, la obra de, T. SALA FRANCO: *El trabajo...*, cit., págs. 1-14.

Como se puede concluir fácilmente, más que una calificación del régimen jurídico aplicable, lo que la norma dispone es una exclusión manifiesta de su ámbito de aplicación, de forma idéntica a lo que con posterioridad estableció la reglamentación laboral que la sustituyó y a la que han sido sometidos los deportistas profesionales desde entonces, a saber, el Real Decreto 1006/1985, de 26 de junio. El artículo 1.6 de esta disposición manifiesta que

> *"Las presentes normas no serán de aplicación a las relaciones entre los deportistas profesionales y las Federaciones Nacionales cuando aquellos se integren en equipos, representaciones o selecciones organizadas por las mismas".*

En resumen, ni las normas deportivas estudiadas en el apartado anterior (particularmente, arts. 29.1, 33.2 y 47 LD), ni las laborales aquí examinadas aportan concepto alguno acerca de la naturaleza jurídica que vincula a deportistas seleccionados y Federaciones.

Pese a la manifiesta falta de respuesta expresa a la cuestión aquí analizada, la doctrina y la jurisprudencia sobre el particular son más bien escasas. Inicialmente, los autores más que reflexionar acerca de la cuestión se limitaron a criticar la exclusión operada por el RD 318/1981 al considerar que esta opción sometía la problemática a una indefinición si cabe más manifiesta[17]. Posteriormente, y en la década de los noventa algunos trabajos, aún de manera tangencial, si abordaron brevemente la problemática aportando elementos de reflexión contrapuestos[18].

Es del todo punto necesaria esta difícil concreción, tras la que diversas cuestiones resultarán aclaradas, y nuevas emergerán al foro jurídico. Las siguientes líneas darán respuesta a parte de las mismas.

---

[17] Cfr., entre otros, A. AGUILERA FERÁNDEZ: *Estado y Deporte*, Comares, Granada, 1992, pág. 130, y, T. SALA FRANCO: *El trabajo...*, cit., pág. 36.

[18] Véanse los trabajos de, L.M. CAZORLA PRIETO: "Informe acerca de la consideración que en términos jurídicos debe merecer a la Federación Española de Baloncesto la huelga actualmente planteada por jugadores de baloncesto y todo ello en relación al llamamiento de algunos de ellos para formar parte de la selección española de baloncesto", *Revista española de Derecho Deportivo*, núm. 2, 1993, págs. 256 y ss, M. CARDENAL CARRO: *Deporte y Derecho: las relaciones laborales en el deporte profesional*, Universidad de Múrcia, 1996, págs. 139-143, o, Mª. J. RODRÍGUEZ RAMOS: *Cesión de deportistas profesionales y otras manifestaciones lícitas de prestamismo laboral*, Comares, Granada, 1997, págs. 82-88.

152 *II Congresso de Direito do Desporto*

A tal efecto, lo primero que hay que resaltar, y sobre ello no se han presentado dudas[19], es que la prestación del deportista seleccionado para con la Federación deportiva cuando éste se integre en equipos, representaciones o selecciones, no está sometida al ámbito de aplicación subjetiva del RD 1006/1985, o, lo que es lo mismo, a los deportistas elegidos para integrar las respectivas selecciones nacionales no les resulta de aplicación las disposiciones contenidas en este texto reglamentario.

En segundo lugar, su participación en la selección más que de una obligación *ex lege* se constituye como una prestación personal obligatoria de las contempladas en el art. 31.3 CE[20]. De esta importante consideración deriva a una tercera igualmente de importancia: la inexistencia de relación laboral entre los deportistas seleccionados y las Federaciones. Por manifiesto deseo del legislador, las prestaciones personales obligatorias están expresamente excluidas del Derecho del Trabajo, al adolecer de una de las notas básicas de toda relación laboral: la voluntariedad[21]. En el caso español, y como acabamos de significar, la participación de los deportistas en las selecciones se configura como una prestación personal obligatoria por lo que de ninguna manera la laboralidad esta presente en esta relación[22]. Y aún más allá, sobre esta base resulta imposible sostener que esta prestación participe de la naturaleza de la cesión de trabajadores

---

[19] Únicamente, y como de forma magistral expuso el Prof. CARDENAL CARRO, la exclusión del 1.6 RD 1006/1985 pudiera no ser aplicada a la figura del entrenador nacional, el cual no presta sus servicios integrándose, sino de manera continuada. Al respecto, M. CARDENAL CARRO: *Deporte y Derecho...*, cit., págs. 162-168.

[20] Art. 31.1 CE: *"Sólo podrán establecerse prestaciones personales o patrimoniales de carácter público con arreglo a la Ley"*. Cfr. A. PALOMAR OLMEDA: *El régimen jurídico del deportista*, Bosch, Barcelona, 2001, págs. 27-28, y, M. CARDENAL CARRO: *Deporte y Derecho...*, cit., pág. 140, especialmente nota a píe 38.

[21] Art. 1.3.b) ET: *"Se excluyen del ámbito regulado por la presente Ley: Las prestaciones personales obligatorias"*.

[22] Ello del mismo modo al carecer de la nota de la voluntariedad propia de toda relación jurídico laboral. Estos razonamientos, entre otros, ya fue afirmados y mantenidos por la Dirección General de Trabajo en su informe de 30 de noviembre de 1988 que concluye declarando la exclusión de la actuación prestada por los futbolistas a la selección nacional *"del campo de aplicación del Derecho del Trabajo, de conformidad con lo regulado en el art. 1.3.b) del Estatuto de los Trabajadores"*; informe que puede consultarse en, *Relaciones Laborales. Revista crítica de teoría y práctica*, (II), 1989, pág. 1318.

a la que hace referencia el art. 43 del Estatuto de los Trabajadores (ET), y ni mucho menos en su vertiente *ilegal*[23], al carecer del elemento básico para su configuración: la laboralidad de la prestación[24].

Esta postura se acerca a la mantenida recientemente por el Tribunal Superior de Justicia de Castilla-La Mancha (Sala de lo Social)[25], que ha tenido la ocasión de pronunciarse por primera vez ocasión en que un de manera detenida la configuración jurídica de la liberación de los deportistas a las selecciones nacionales, y aún cuando sus razonamientos son referidos a un jugador extranjero[26], abiertamente no sólo valida el régimen establecido sino que aporta reflexiones consolidadas atraídas de la doctrina académica[27].

Para el alto Tribunal Castellano-Manchego, el contenido natural del contrato de trabajo deportivo intrínsecamente comprende dos prestaciones diferenciadas pero a la vez participantes del mismo. En palabras del Tribunal

> *"El contenido propio de la prestación laboral del jugador profesional se integra, como antes se ha dicho, no solo por su obligación de realizar la actividad deportiva por la que se le contrató por el club de fútbol; sino también por la obligación de asistir a las convocatorias de su Selección Nacional para participar en competiciones de carácter internacional representativas".*

---

[23] Opción mantenida por, A.M. Magaz González: "La cesión de jugadores a la selección", *Fútbol Profesional*, núm. 32, 2004, págs. 4-8.

[24] Cfr. Mª. J. Rodríguez Ramos: *Cesión de deportistas profesionales...*, cit., pág. 87. Nótese, por ejemplo, que mientras el deportista da cumplimiento a la prestación personal obligatoria que le requieren los diversos artículos de la LD, la relación laboral especial con su club se mantiene y ni siquiera llega a considerarse como suspendida, de acuerdo con el art. 45 ET.

[25] STSJ de Castilla-La Mancha, de 16 de julio de 2003. Recurso núm. 671/02. No referenciada en las bases de datos.

[26] La Sentencia examina la problemática nacida a raíz de la lesión del jugador del Albacete Balompié SAD, Emmanuel Amunike, por su participación en enero de 2001 en un partido de su selección nacional en la Copa de África de Naciones.

[27] Un comentario de esta resolución judicial en, J.A. Buendía Jiménez: "La lesión sufrida por un futbolista durante su participación con su selección nacional y la protección por accidente de trabajo", *Revista Jurídica del Deporte*, núm. 11, 2004, págs. 297-302.

Esta segunda obligación connatural a la prestación del deportista es justificada por el propio Tribunal en base a las disposiciones FIFA, y considerada, en consecuencia, parte activa de su relación laboral pues

"Toda prestación de servicios que realice el jugador, ya sea para el club que lo contrato, ya para la selección que lo convoca, por medio de la obligatoria puesta a disposición, debe considerarse como propia e integrante de la relación jurídico laboral que mantiene con el club que lo contrata, relación jurídica que no se ve alterada (salvo las facultades de dirección y control de la activad laboral) por la puesta a disposición"

En síntesis: la participación de los deportistas en las selecciones nacionales se corresponde con una prestación personal obligatoria y en nada participa de la naturaleza de una relación laboral entre deportista y Federación. Constituyen unos trabajadores que dan cumplimiento a su único contrato, el firmado por el club, y en el que la liberación para su intervención con sus respectivas selecciones se presenta como parte integrante del mismo, e, incluso, debido a las particularidades del sector, como un derecho derivado de la promoción en el trabajo reconocido en los arts. 4.2.b) y 23 ET.

d) Ordenamiento comunitario y liberación de deportistas. El Caso "Charleroi".

Si hasta la fecha las relaciones entre el G-14 y los organismos futbolísticos internacionales se habían desarrollado, dentro de las legítimas aspiraciones de cada parte, en una vía de diálogo permanente, la interposición el pasado mes de marzo de 2004 de una demanda por parte de esta Agrupación Europea de Interés Económico ante la Comisión de la Competencia Suiza ha abierto un nuevo camino en este enfrentamiento particular.

La puesta en común de intereses ha quedado relegada ya a una cuestión jurídica determinada. En escasamente unas líneas la nota oficial de la Comisión de la Competencia, fechada en Berna el 2 de abril de 2004, sintetizaba la problemática[28]:

> *"El Grupo G-14 – una Agrupación Europea de Interés Económico compuesta por 18 clubes profesionales de fútbol – ha interpuesto una reclamación ante la Comisión de la Competencia respecto a la regulación del status y transferencia de jugadores.*
>
> *Esta denuncia se refiere a la disputa entre clubs y selecciones nacionales, y en particular a los problemas que causa la no compensación a los clubs por los jugadores que participan con las selecciones nacionales en las competiciones organizadas por la FIFA.*
>
> *La investigación preliminar propuesta analizará si existen indicios de restricciones ilícitas de la competencia ejercitadas por la FIFA en conexión con el cumplimiento de la regulación mencionada anteriormente".*

Así las cosas, la demanda del G-14 suscitó en su momento, al menos inicialmente, dos cuestiones que resultan algo más que singulares y que merecen ser resaltadas: en primer lugar, el foro territorial elegido por los demandantes (la Comisión de la Competencia Suiza); en segundo lugar, y, unido inexorablemente a ello, la elección de un camino más afín al Derecho de la Competencia frente a alegaciones relacionadas con otras libertades y garantías comunitarias (vgr. Libre circulación de trabajadores – art. 39 TCE –)[29].

Este concreto posicionamiento procesal responde, de manera muy particular, a la negativa de las autoridades de la Unión Europea, previa a la presentación de la reclamación ante la Comisión de la Competencia Suiza, a conocer este asunto debido a dos factores que

---

[28] *Vid.* http://www.weko.ch. (Acceso a 15-12-2004).

[29] En franca identidad con la aplicación al deporte que en otros ordenamientos jurídicos se le ha dado a este sector del Derecho. Sobre ello, en el ámbito de los Estados Unidos de América, G. M. WONG: *Essentials of Sports Law*, Third Edition, Westport, 2002, págs. 439-490.

fueron esgrimidos tajantemente: la aceptación tácita llevada a cabo por parte del G-14 sobre la liberación gratuita de jugadores a las selecciones nacionales en los acuerdos sobre la modificación del Reglamento de Transferencias del año 2001, que llevó a cabo FIFA a instancias de la UE y con la participación activa de esta Agrupación Europea de Interés Económico[30], y, por otro lado, el convencimiento de que la reclamación tenía escasa base para prosperar, a la luz de pronunciamientos tangenciales sobre el particular del TJCE[31].

De esta manera, el objeto del debate jurídico que ha presentado el G-14 se focaliza pues en examinar si la imposición realizada por normas de una Federación internacional que obligan a sus clubes asociados a liberar gratuitamente a sus jugadores para su integración en las selecciones nacionales respectivas comporta una violación de las normas de la competencia, o, en su caso, subsidiariamente, como en algún momento se ha alegado, de libertades o garantías de ámbito comunitario como pudiera ser la libre circulación de trabajadores[32].

La FIFA asociación privada sometida al Derecho suizo[33], es la entidad contra la que se dirige la reclamación del G-14, y no ha dudado en contestar dentro del plazo establecido por la Comisión de la Competencia, basando su pretensión de ser absuelta sobre cuatro puntos que de alguna manera pueden hacer fracasar la intenciones de la Agrupación Europea de Interés Económico, sintetizables en los siguientes términos:

a) La norma de liberación (*release rule*) y el calendario interna-cional de partidos son normas deportivas (*Sporting ruling*), que son necesarias y apropiadas para garantizar la celebración de torneos y partidos internacionales, y para salvaguardar el funcionamiento y la integridad de la competición deportiva. La obligación de liberar a los jugadores para compromisos internacionales sin recibir compensación, es también una

---

[30] Un análisis de este proceso en, E.A. García Silvero: "Hacia una nueva regulación de las transferencias de los deportistas en la UE", *Boletín Mensual Aranzadi Laboral*, núm. 13, 2000, págs. 1-6.

[31] Véase, STJCE de 15 de diciembre de 1995, Asunto C-145/93, apartados 127 y 133 (TJCE 1995,240).

[32] Cfr. nota a píe 13.

[33] Cfr. Artículo 1 de los Estatutos de la FIFA.

norma deportiva, que indirectamente tiene un efecto de equilibrio económico sobre los clubes y las federaciones. Tanto el TJCE como la Comisión de la UE reconocen el principio de solidaridad económica como una norma deportiva necesaria para preservar el equilibrio económico y deportivo[34].

b) Al promulgar y aplicar la norma de liberación, FIFA actúa como regulador y legislador deportivo y no como una sociedad comercial, según los términos del art. 2.1 de la ley antimonopolio Suiza.

c) La norma de liberación surgió como resultado de la cláusula habitual en los contratos de los jugadores, que exige que sean liberados sin compensación. Es una norma general de los contratos de trabajo privados que afecta al contenido de las relaciones laborales de los jugadores con sus clubes, tal como describe el art. 356.1 de Código de Obligaciones suizo. Como norma general de los contratos de trabajo, no está sujeta a la legislación antimonopolio.

d) Igualmente la norma de liberación no es un acuerdo que busque o conduzca a ninguna limitación de la competencia, de acuerdo con la legislación Suiza antimonopolio. Debe considerarse como una norma deportiva, que lejos de limitar la competencia la facilita, potenciando a aquellas asociaciones nacionales con menos recursos para, en un futuro, competir deportivamente al mismo nivel que el resto de federaciones.

---

[34] Cfr. Nota nº 19. La especificidad del deporte y la garantía de la autonomía de las asociaciones reguladoras de las diferentes modalidades deportivas es cada vez más patente en el territorio UE, desde que en 1995 el TJCE sometiera al deporte europeo a una profunda revisión. La necesaria consideración de las normas deportivas en su propio ámbito ha sido puesto de manifiesto desde esa fecha en nuevas resoluciones posibilitando cada vez más una garantía del deporte. Dos de estos últimos ejemplos son el art. 282.1.g) del Tratado por el que se establece una Constitución Europea y la Sentencia del Tribunal de Primera Instancia de las Comunidades Europeas (Sala Cuarta), de 30 de septiembre de 2004 – David Meca e Igor Majcen c/ Comisión de las Comunidades Europeas –. Sobre ello, respectivamente, R. PARRISH: "The EU´s Draft Constitutional Treaty and the Future of EU Sports Policy", *The International Sports Law Journal*, 2003/3, págs. 2-11, y, A. HUSTING: "Tribunal de premiere instante des Communautés européennes, 30 septembre 2004, aff.T-313/02", *Revue Juridique et Économique du Sport*, núm. 73, 2004, págs. 55-66.

Recientemente hemos tenido la primera de las resoluciones sobre este particular asunto. La Comisión de la Competencia Suiza, en una resolución de octubre de 2006, se ha declarado incompetente para conocer de la reclamación planteada por el G-14 contra la FIFA, quizás, en cierta medida, debido a que el mismo planteamiento procesal, finalmente, se ha presentado ante el Tribunal de Justicia de las Comunidades Europeas.

El Diario Oficial de la Unión Europea recoge en su edición del 2 de septiembre de 2006[35] una petición de decisión prejudicial planteada por el Tribunal de Comercio de Charleroi (Bélgica) el 30 de mayo de 2006, orientada a que el TJCE resuelva la siguiente cuestión:

> *"Las obligaciones impuestas a los clubes y a los jugadores de fútbol bajo contrato de trabajo con dichos clubes por las disposiciones estatutarias y reglamentarias de la FIFA que organizan la liberación obligatoria y gratuita de los jugadores en favor de las federaciones nacionales así como el establecimiento unilateral y forzoso del calendario internacional coordinado de los partidos, ¿constituyen restricciones ilícitas a la competencia, abuso de posición dominante u obstáculos al ejercicio de las libertades fundamentales conferidas por el Tratado CE, y, por lo tanto, son contrarias a los artículos 81 y 82 del Tratado o de cualquier otra disposición de Derecho comunitario, en particular los artículos 39 y 49 del Tratado?"*

Esta cuestión jurídica, ahora finalmente planteada ante el Tribunal de Justicia Comunitario, es razón del procedimiento iniciado por el SA Sporting du Pays de Charleroi, al que con posterioridad se le adhirió el grupo G-14, ante la justicia belga a raíz de la lesión del jugador del club belga Abdelmaji Olmers en el partido internacional que éste disputo con su selección nacional – Marruecos – el 17 de noviembre de 2004.

El SA Sporting du Pays de Charleroi demandó ante el Tribunal de Comercio de Charleroi a la FIFA, solicitando una indemnización de 1.250.000 €, al entender que la norma liberación de la FIFA es contraria al Derecho Comunitario, y que la ésta organización futbo-

---

[35] Diario Oficial n° C 212 de 02/09/2006, p. 0011 – 0011.

lística internacional debe compensar a los clubes por la liberación de los jugadores a las selecciones.

Lo cierto es que el objeto de debate así planteado deberá ser analizado por el Tribunal Comunitario en las próximas fechas, y, en gran medida, la doctrina mantenida en las Sentencias anteriores que han unido Derecho comunitario y deporte nos pudiera aportar alguna vía por la que pudiera transitar esta nueva resolución comunitaria.

Como es conocido, ante la ausencia de competencia alguna en los Tratados Constitutivos a favor de la Comunidad respecto de una materia como es el deporte, la intervención comunitaria en los aspectos profesionales de éste parte de una construcción jurisprudencial del propio Tribunal de Justicia comunitario, que inauguró la Sentencia de 12 de diciembre de 1974 – Walrave y Koch – 36/74 – y se extendió sin prácticamente alteración alguna a través de las posteriores resoluciones del TJCE relacionadas con el deporte (entre otras, Donà – 13/76 –, Bosman – C 145/93 –, Deliège – C 51/96 y 191/97 –).

Así, se mantenía con absoluta identidad que

> *"El deporte sólo está regulado por el Derecho comunitario en la medida en que constituye una actividad económica en el sentido del artículo 2 CE".*

Si bien la reciente Sentencia de 18 de julio de 2006, en el asunto Meca Medina – C145/04 P –, ha aportado algunos elementos novedosos e inquietantes a la ya clásica afirmación anteriormente transcrita, y que a buen seguro serán tenidos en cuenta en la resolución de la petición prejudicial del caso "Charleroi".

En *Meca Medina* el Tribunal de Justicia lleva a cabo una interpretación muy diferente a la que hasta entonces se había realizado por el propio Tribunal comunitario en sus sentencias anteriores, y extiende la intervención comunitaria en lo referente al deporte hasta el umbral máximo conocido hasta la fecha. Para el Tribunal de Luxemburgo, en franca oposición con su doctrina jurisprudencial anterior e, incluso, con la propia Sentencia de Primera Instancia y las Conclusiones del Abogado General que previamente fallaron sobre el tema[36],

---

[36] Respectivamente, Sentencia del Tribunal de Primera Instancia (Sala Cuarta), de 30 de septiembre de 2004, y Conclusiones del Abogado General en el asunto C-519/04 P, de 23 de marzo de 2006.

"*la mera circunstancia de que una norma tenga carácter puramente deportivo no excluye, sin embargo, del ámbito de aplicación del Tratado a la persona que practica la actividad regulada por esa norma o al organismo que la adopta*".

Se derrota así a la máxima mantenida por el Tribunal comunitario durante tanto años que partía de la base de que una norma puramente deportiva, ajena a la actividad económica, no podía ser objeto de enjuiciamiento por el Derecho comunitario, y, por consiguiente, resultaba vedada su análisis a la luz de los artículos 39 y 49 TCE así como 81 y 82 del mismo texto.

Esta conclusión repercute sobre la cuestión prejudicial identificada en el caso "Charleroi" de manera directa en un aspecto fundamental: con independencia de que la norma de liberación enjuiciada ostente carácter puramente deportivo, ésta ha de pasar el *test de compatibilidad* de adecuación al Derecho comunitario, o lo que es lo mismo, han de aplicársele, sin exclusión, los criterios de compatibilidad de una normativa privada con el Derecho europeo, que en el ámbito comunitario estableció la STJCE de 19 de febrero de 2002 – Wouters, C-309/99 –.

Así pues, a partir de *Meca Medina* y aplicable de forma manifiesta a la no tan lejana resolución de la petición prejudicial del caso "Charleroi", ha de tenerse en cuenta que:

- La norma puramente deportiva proveniente de una federación internacional puede ser enjuiciada a la luz del Derecho comunitario, con independencia de su contenido económico o no.
- Su compatibilidad deberá llevarse a cabo a la luz de los fundamentos de la Sentencia Wouters:
  - El contexto global en que se adoptó la decisión o en que produce sus efectos.
  - Sus objetivos propios.
  - Los efectos restrictivos de la competencia que resultan son inherentes a la consecución de dichos objetivos y proporcionales a estos objetivos.

En nuestra opinión, este novedoso posicionamiento del TJCE, con incidencia directa en nuestro asunto de referencia, supone una mutación sustancial de la doctrina anterior, e, incluso, podría hablarse

Painel II. Competição Desportiva   161

de una extensión indeterminada de las competencias deportivas que, recordemos, no son competencia de la Unión.

3. Implicaciones económicas en la liberación de deportistas a las selecciones nacionales

a) Aproximación al reparto de los ingresos de las federaciones nacionales. La solidaridad como necesidad manifiesta del mantenimiento del sistema.

Resulta a esta alturas una obviedad reconocer que el fútbol de selecciones nacionales constituye el baluarte económico de las Federaciones internacionales de fútbol[37]. Sin él, como elemento solidario entre, por ejemplo, las 207 asociaciones que conforman la FIFA, difícilmente el fútbol podría desarrollarse por todo el planeta. Algunos recientes datos amparan lo sobradamente conocido.

Los estudios sobre la distribución económica en las competiciones oficiales de fútbol, enmarcados particularmente en el ámbito de las asociaciones europeas y presentados por UEFA en 2004[38], constataron estas afirmaciones y mostraron la necesaria consolidación del sistema establecido, al objeto de posibilitar el desarrollo deportivo de otras federaciones mucho menos potentes, pero absolutamente necesarias para la celebración y éxito de la competición[39].

---

[37] Palmariamente más manifiesto en el ámbito económico de la FIFA, frente a su confederación europea, la UEFA; pues esta última basa sus ingresos, como se expondrá a continuación, no sólo en los ingresos procedentes del fútbol de selecciones nacionales (Copa de Selecciones Nacionales de Fútbol – EURO –), sino en cierta medida en la competición de clubes que ha organizado históricamente y que en la actualidad adopta la denominación de Liga de Campeones de la UEFA.

[38] UEFA (documento de trabajo interno): *Liberalización de jugadores por los clubes para partidos de selecciones nacionales: asuntos económicos. Encuesta UEFA sobre clubes y federaciones: resultados,* Nyon, 2004.

[39] Una competición equilibrada es garantía de éxito, frente a otra donde sean siempre los mismos equipos los que consiguen las victorias, tal hace ya muchos años que los norteamericanos no sólo analizaron sino que pudieron en práctica. *Vid.* K. HEINEMANN: *Introducción a la economía del deporte,* Paidotribo, Barcelona, 1998.

Las 5 federaciones más relevantes de Europa[40], tal como se muestra en el Gráfico 1[41], aglutinan el 60% de los ingresos de todas las federaciones afiliadas a UEFA,

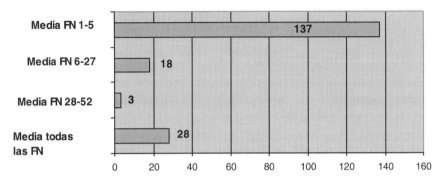

mientras que, por ejemplo, las otras 47 no alcanzan los ingresos totales combinados de sólo dos clubes europeos (Manchester United y Juventus); y estos ingresos de las Federaciones, como se colige rápidamente, son en gran parte fruto del fútbol de selecciones, tal como demuestra el Gráfico 2[42].

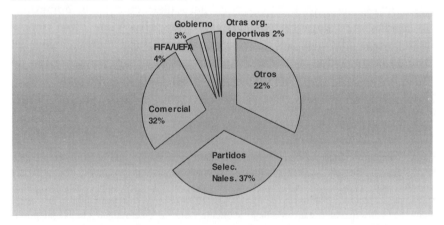

---

[40] A saber, España, Francia, Italia, Alemania e Inglaterra.

[41] Gráfico 1 – Ingresos medios de las federaciones miembros de UEFA (millones de € por federación). Las Federaciones Nacional del 6 al 27 se corresponden con la franja de federaciones más importantes tras las 5 clásicas enunciadas en la nota a píe anterior. Las federaciones 28 a 52 constituyen el grupo de asociaciones de tercer nivel en atención a sus ingresos medios.

[42] Gráfico 2 – Análisis de los ingresos de las federaciones miembros – todas las federaciones (media).

En él puede observarse abiertamente como el apartado "Partidos de Selecciones Nacionales" y el apartado "Comercial", indefectiblemente unido al primero, comportan casi el 60% de los ingresos totales de las federaciones. Pero estos datos, son una media entre las 52 asociaciones de UEFA. ¿Presentaría distintas fragmentaciones estos datos en una federación menos favorecida? Pues si, y es aquí donde los datos revelan la necesidad del vigente sistema.

El Gráfico 3 presenta un prototipo de división de los ingresos económicos de alrededor del 50% de las Federaciones afiliadas a UEFA.

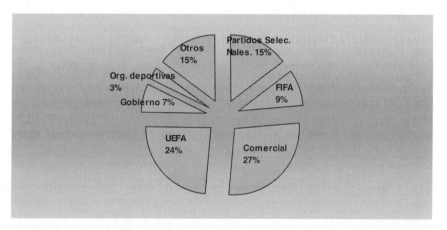

De su observación se desprende que más del 30% de los presupuestos de estas federaciones se basan en los ingresos procedentes directamente de UEFA y FIFA (vía, Campeonato de Europa de Selecciones y Copa Mundial de la FIFA)[43]. Si a ello se añade el 43% que constituye los partidos de sus selecciones junto al apartado comercial, es fácilmente deducible que sin el fútbol de selecciones nacionales, la mitad de las Federaciones UEFA no podrían sobrevivir. ¿Quien invertiría en fútbol? ¿Quién desarrollaría el fútbol en todo el mundo con carácter formativo y sin la prevalencia del ánimo de lucro? Ese modelo europeo del deporte clásico de estructura piramidal desaparecería velozmente, y el deporte espectáculo, al más puro estilo EE.UU., se apoderaría de nuestro fútbol.

---

[43] Frente al escasamente 4% que pueden llegar a constituir estas ayudas en las Federaciones más relevantes.

164   *II Congresso de Direito do Desporto*

Muy resumidamente. Por más que 4 o 5 federaciones de Europa pudieran asumir un cambio de sistema, es patente que las otras 47, sumamente inferiores económicamente y dependiente casi en exclusiva del fútbol de selecciones, no podrían hacerlo. Un modelo donde únicamente los clubes profesionales fueran compensados en exclusiva por la liberación de los deportistas comportaría fomentar la economía de los clubes más potentes (únicamente de éstos), en detrimento de Federaciones nacionales *secundarias,* que invierten en deporte base, beneficiándose esos clubes precisamente, que pueden contar con los jugadores de esos países en sus plantillas.

Aún dejando de lado lo expuesto hasta el momento, existen otros elementos de juicio que sobradamente aconsejan la no alteración o reforma parcial del sistema: la participación económica directa o indirecta de los clubes en la liberación de los deportistas a las selecciones nacionales.

b) La liberación de los deportistas a las selecciones como valor económico en beneficio de los clubes.

Afirmar con rotundidad, por más que de forma más metafórica o literaria así lo recojan los reglamentos respectivos de aplicación de FIFA y RFEF que la liberación de los deportistas para la participación en partidos de sus selecciones nacionales es a *coste cero*, supone una máxima muy difícil de compartir.

Puede admitirse, quizás, que, de forma directa, los clubes implicados no reciban específicamente por el concepto de liberación una cantidad económica determinada, pero las reflexiones y datos que a continuación se exponen permiten sostener la opinión de que, los clubes liberadores, tanto los partícipes del G-14, como aquellos otros excluidos de esta agrupación jurídica, son beneficiarios de forma indirecta de importantes sumas económicas gracias a esta discutida técnica de colaboración entre clubes y federaciones nacionales que no representa más que un procedimiento solidario entre asociaciones nacionales afiliadas a FIFA.

Estos ingresos económicos, de los cuales nadie da cuenta y a nadie le interesa resaltar, han reconducido en muchas ocasiones las economías de los clubes europeos sumidos desde hace algún tiempo en importantes crisis financieras[44], posibilitando la reinversión de esos activos en beneficio del patrimonio de la sociedad deportiva en cuestión, generando unos recursos que difícilmente tienen parangón alguno con los que pudieran derivarse de cualquier otra actividad, sin perjuicio, claro está, de la importantísima participación en los beneficios por su inclusión en una competición organizada, promocionada y consolidada en exclusiva por una Federación Internacional (vgr. La Liga de Campeones de la UEFA).

El gráfico 4 siguiente ilustra, en términos muy amplios, como se distribuyen los ingresos de la Liga de Campeones de la UEFA[45],

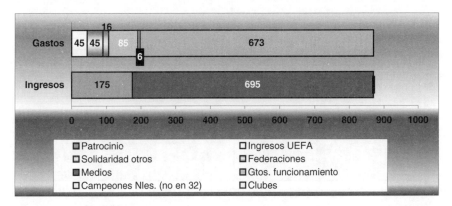

cabiendo observar como cada 3/4 de lo ingresado por la competición UEFA es distribuido entre los clubes participantes.

Otro ejemplo de la importancia económica que para los clubes constituyen las competiciones FIFA o UEFA y la rentabilidad indirecta que de las mismas se obtiene es el siguiente.

Durante la fase final de la "UEFA EURO 2004" celebrada en los meses de junio y julio del año 2004 en Portugal[46], se ha constatado

---

[44] Véase, entre otros, el reciente estudio de, J.J. GOUGUET y D. PRIMAULT: "La Crise Financiére du Football en Europe: Quelle Exception Francaise?", *Revue Juridique et Économique du Sport*, núm. 71, 2004, págs. 87-102.

[45] Gráfico 4 – Ingresos y gastos de UEFA en la Liga de Campeones 2002/03 (millones de francos suizos) – Total 870 millones de francos suizos.

[46] Para un análisis de la incidencia de esta competición en el Ordenamiento jurídico portugués, puede consultarse el trabajo de JOSÉ MANUEL MEIRIM: "Elementos sobre o impacto do EURO 2004 na normação pública", *Desporto & Direito – Revista Jurídica do Desporto*, Coimbra, núm. 1, 2003, págs. 11-55.

de manera general el incremento del activo patrimonial que para un club supone la liberación de su jugador a la respectiva selección nacional[47]. Si además del enunciado aumento del valor del jugador cuando el mismo se incorpora a una fase final de un Campeonato Continental de Selecciones Nacionales o a una Copa del Mundo[48], cupiera sumarle la buena participación del mismo o de su equipo en una de estas competiciones, se obtendría como resultado una tabla similar a la que a continuación se presenta, y que, a buen seguro, en nada se parecería si la misma se hubiera realizado al inicio de la competición[49]:

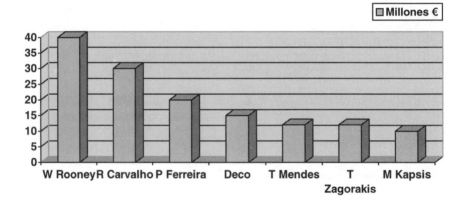

[47] Aspecto éste puesto de manifiesto de la misma forma, por ejemplo, en la última Copa del Mundo de la FIFA celebrada en Corea y Japón en el año 2002, en la que tres jugadores, con el beneficio directo para sus clubes, aumentaron exponencialmente su valor. Rio Ferdinand (de 33 a 66 millones de francos suizos), El-hadji Diouf (de 9 a 23 millones de francos suizos), o el conocido caso del ex jugador del Inter de Milán Ronaldo (traspasado al Real Madrid CF por 45 millones de euros).

[48] El aumento de la cotización del deportista por su participación en la respectiva selección nacional fue ya puesto de manifiesto por la doctrina comparada años atrás (V. CIANCHI: "Il rapporto di lavoro sportivo degli «azzurri»", *Revista di Dirittto Sportivo*, 1991, págs. 286-287), habiendo sido recogida en nuestro país en el marco de una óptica jurídica ligada al derecho de promoción profesional del artículo 23 del Estatuto de los Trabajadores: al respecto, F. RUBIO SÁNCHEZ: *El contrato de trabajo de los deportistas profesionales*, Dykinson, Madrid, 2002, pág. 128.

[49] Principales traspasos con su correspondiente coste económico tras la finalización de la EURO 2004.

Igualmente, son cifras constatadas, los aumentos de aficionados de clubes tras la organización de una competición deportiva internacional que redundan fundamentalmente en la venta de entradas.

En Inglaterra la primera temporada tras la celebración de la Euro 96, los ingresos por entradas para los clubes aumentaron en 30 millones de libras (€ 44 millones). Después de Italia 90, donde la selección inglesa llegó a semifinales, la asistencia a los partidos aumentó en cerca de un millón (sólo en primera división) en la temporada siguiente[50].

Parecidos datos son los de Francia 98: la temporada siguiente a EURO en el país galo, los ingresos por entradas para los 18 clubes franceses de primera división, aumentaron en € 20 millones en una sola temporada (32%), es decir, alrededor de € 1 millón por club, representando alrededor del 5% de los ingresos de los clubes en esa temporada[51].

Por último, y en nuestro ámbito de referencia, habría que dejar constancia del ahorro indirecto del cual los clubes españoles son beneficiarios en caso de lesión de sus jugadores por participación en las selecciones nacionales. Frente a las enunciadas disposiciones FIFA que abiertamente niegan la compensación por ningún concepto para el caso de la liberación de los deportistas a las selecciones, la RFEF prevé, mediante el art. 339 de su Reglamento General, un resarcimiento para los casos de lesión del deportista convocado. Textualmente se garantiza que

"En el supuesto que resulte lesionado algún futbolista que intervenga en cualquiera de las Selecciones Nacionales, ya se trate de entrenamientos, ya se trate de partidos, y como consecuencia de ello no pudiese intervenir en encuentros que su club celebre (...) la RFEF satisfará a aquel, si fuera profesional, la cantidad que establezca su Junta Directiva por cada uno de tales partidos, hasta un máximo de cuatro, salvo que esta clase de riesgos esté prevista mediante una póliza de seguros".

Muy resumidamente, los más beneficiados de la participación de sus jugadores en las selecciones nacionales, siendo para ellos en casi

---

[50] Cfr. Deloitte & Touche. Análisis Anual de Finanzas del Fútbol.

[51] UEFA (documento de trabajo interno): *Liberalización de jugadores...*, cit, pág. 23.

todas las ocasiones una satisfacción no sólo asumida desde un punto de vista deportivo, resultan ser los equipos económicamente menos consolidados, que, a través de posteriores traspasos de estos jugadores seleccionados consiguen equilibrar los balances económicos de una o varias temporadas. Son por el contrario, los menos beneficiados, normalmente, los clubes de élite del fútbol europeo, quienes han planteado y plantean ayudas directas por este concepto.

4. Epílogo

Tal como ya se ha examinado, en el ordenamiento español, la liberación de manera no compensada de deportistas a las selecciones nacionales se corresponde con un derecho que ostentan las Federaciones deportivas españolas con base en dos criterios legalmente establecidos: a) La consideración del deporte de alto nivel como de interés prioritario para el Estado, dada la función representativa de España en las pruebas o competiciones deportivas oficiales de carácter internacional (art. 6.1 Ley 10/1990), y, b) la asunción de esa representación de España en el marco descrito por parte de las Federaciones deportivas (art. 33.2 Ley 10/1990).

En la modalidad del fútbol, y sobre esta base normativa de marcado carácter público unida a la Reglamentación privada emanada de FIFA, es en la cual la RFEF ejerce el legítimo derecho a una compensación no directa por la liberación de deportistas españoles para su participación con la selección respectiva en competiciones internacionales. La integración de los mismos en las selecciones se lleva a cabo con base en una prestación personal obligatoria nacida al amparo del art. 31.3 CE, y de ninguna manera participa de los elementos nucleares de una relación laboral, lo que excluye la posibilidad de considerar su participación como una cesión de trabajadores entre clubs y Federación.

La obligación de liberar a los jugadores para compromisos internacionales sin recibir compensación es la consecuencia económica de la naturaleza especial de la competencia deportiva, que exige equilibrio económico y deportivo para preservar la imprevisibilidad de los resultados de la competición, y, por tanto, la integridad de las competiciones. Introducir la liberación compensada de manera abrupta destruiría esa integridad.

Cierto es que, ni estas compensaciones directas/indirectas que aquí se han expuesto, ni el tan precisado calendario único dan cumplida respuesta a las reclamaciones de los clubes liberadores. Igualmente, una hipotética resolución en favor del G-14 por parte del TJCE no comportaría una alteración sustancial de la problemática en muchos países, donde la legislación positiva ampara y resguarda abiertamente este sistema (vgr. España); es por ello que, quizás, pueda ser objeto de análisis por parte de las Federaciones deportivas más potentes económicamente, en coordinación con FIFA, algún sistema de resarcimiento que, de alguna u otra manera, venga a dar respuesta a esta petición, aunque en tal caso ha de tenerse presente siempre en el horizonte que el sistema actual, lejos de considerarse apartado de la normativa vigente, contiene un condicionante de solidaridad, desarrollo futbolístico y equilibrio competitivo mucho más marcado del que realmente parece y, que en gran medida, constituye la base de la propia existencia y promoción de esta modalidad deportiva que es el fútbol.

DESPORTO E CONCORRÊNCIA

Carolina Cunha

1. Desporto e actividade económica

Pode, à primeira vista, causar estranheza a preocupação do direito da concorrência com o fenómeno desportivo. Este ramo do direito pretende salvaguardar a estrutura concorrencial dos mercados e com esse objectivo vai regular e sancionar determinados comportamentos dos agentes económicos Ora, mesmo tomando como pressuposto uma definição ampla de actividade económica[1], o desporto *em si mesmo considerado* (correr, saltar, jogar, nadar) nada tem de económico.

Mas é sabido que em torno das competições desportivas e dos seus protagonistas (os atletas, os clubes, as ligas, os comités organizadores) gravita toda uma série de actividades económicas que vão da venda de bilhetes à venda de direitos televisivos ou multimédia, passando pela publicidade, pelos patrocínios e pelo *merchandising*.

E, em determinados sectores – de que o futebol é, à escala europeia, o exemplo paradigmático –, o fenómeno desportivo gera actualmente grandes negócios, como atestam os salários auferidos por certos jogadores profissionais, as quantias envolvidas nas suas transferências de clube ou os preços atingidos pelos direitos televisivos sobre as grandes competições, negócios que, de alguma forma, impulsionaram a transformação dos clubes em sociedades cotadas em bolsa.

---

[1] Como produção de bens materiais e imateriais ou de serviços que exige ou implica o uso e a troca de bens – assim J. M. Coutinho de Abreu, *Curso de Direito Comercial*, vol. II, "Das Sociedades", Almedina, Coimbra, 2002, p. 8.

172   *II Congresso de Direito do Desporto*

Como é bom de ver, todas estas actividades económicas se processam em mercados e estão, por isso, inequivocamente submetidas ao direito da concorrência[2]. Não, todavia, sem *especificidades* que é preciso ter em conta.

---

[2] Além das especificamente citadas, utilizámos como fontes de algumas ideias recolhidas neste estudo um acervo de conferências disponibilizadas no *website* da Comissão Europeia http://ec.europa.eu/index_pt.htm, a saber: "Commercialising sport: Understanding the TV Rights debate", Herbert UNGERER – FKG Sports Consulting – Barcelona, Spain – 02.10.2003; "Sports and Competition: Broadcasting rights for sports events", Alexander SCHAUB, European Competition Day – Madrid, Spain – 26.02.2002; "Sport et politique européenne de la concurrence: «règles du jeu» et exemples récents d'application", Jean-François PONS – Forum européen de la concurrence – Bruxelles – 18.10.2001; "Le sport et la politique européenne de la concurrence: «règles du jeu» et exemples récents", Jean-François PONS – Lille – 10.05.2001; "Competition and Sport the Rules of the game", Mario MONTI – Conference on "Governance in Sport" – European Olympic Committee – FIA – Féderation Internationale de l'Automobile – Herbert Smith – Swissotel Brussels – 26.02.2001; "Sport and Competition", Mario MONTI – Excerpts of a speech given at a Commission-organised conference on sports – Brussels – 17.04.2000; "Sport and European Competition Policy", Jean-François PONS – Fordham Corporate Law Institute – New York City – 14.10.1999; "Scope and duration of media rights agreements: balancing contractual rights and competition law concerns", Miguel MENDES PEREIRA – IBC – 8th Annual Conference – Brussels, Belgium – 10.10.2003; "Sport et télévision : Exclusivité et concurrence", Jürgen MENSCHING – Rendez-Vous International du Sport et de la Télévision – Monaco – 17.09.2003; "TV Rights of Sports Events", Torben TOFT – Vision in Business Broadcasting Competition Law – Hilton Hotel, Brussels, Belgium – 15.01.2003; "Competition Law Review: Key Developments and the Latest Cases", Torben TOFT, Broadcasting & EC Competition Law, London, 31 January 2006.

Foram ainda consultados diversos artigos publicados na *Competition Policy Newsletter*: "Broadcasting of sports events and Competition law: an orientation document from the Comission's Services", n.º 2, 1998, pp. 18-28; J.-F. PONS, "Formule 1, transferts de footballeurs: deux nouvelles illustrations de l'application de la politique européenne de la concurrence au secteur du sport", n.º 1, 2001, p. 1; Torben TOFT, "Football: joint selling of media rights", n.º 3, 2003, pp. 47-52; C. DUSSART-LEFRET/ C. SOTTONG-MICAS, "Deux nouvelles décisions clarifiant les règles sportives qui échappent aux règles de concurrence", n.º 3, 2002, pp. 46-49; Miguel MENDES PEREIRA, "Recent consolidations in the European pay--TV sector", n.º 2, 2003, pp. 29-39; L. LINDSTRÖM-ROSSI/ S. DE WAELE/ D. VAIGAUSKAITE, "Application of EC antitrust rules in the sports sector: an update", n.º 3, 2005, pp. 72-77.

Tivemos, por fim, em consideração o trabalho de ALEXANDRE MESTRE, "As transmissões televisivas de eventos desportivos face ao direito comunitário da concorrência", *Working Paper 8/2001*, Faculdade de Direito da Universidade Nova de Lisboa.

2. Especificidades a ter em conta na apreciação jurídica do fenómeno desportivo

Desde logo, há que atender às *importantes funções extra-económicas* preenchidas pelo desporto na sua dimensão social, educativa, cultural e de integração[3]. O desporto contribui para a promoção da saúde, para o fomento do lazer e do convívio e para a formação dos jovens. Em certa medida, estes objectivos podem ser promovidos ou financiados pelas receitas daquelas actividades económicas.

Mas, acima de tudo, há *certas características especiais* do sector desportivo, sem paralelo na análise de outros sectores da indústria ou serviços, que justificam uma *maior tolerância* na apreciação do direito da concorrência.

Comecemos pela *interdependência*: ao contrário das empresas num mercado, os clubes e os atletas não estão empenhados em eliminar-se uns aos outros. Interessa-lhes, isso sim, que os adversários continuem a existir e a ser economicamente viáveis, de modo a assegurar a continuidade das provas e a atenção dos espectadores. Aliás, quanto mais fortes forem os adversários, mais valioso é o produto "espectáculo desportivo".

Refira-se, em segundo lugar, a importância que assume, no sector desportivo, a *igualdade de oportunidades* e a *incerteza dos resultados*: uma e outra revelam-se imprescindíveis para fomentar uma sã competição e para despertar o interesse dos espectadores nas provas.

Finalmente, note-se o relevo das ideias de *solidariedade* e de *redistribuição de recursos*, em particular no que toca à subsistência dos clubes mais pequenos, à formação dos atletas e ao desenvolvimento do desporto amador.

São estas características especiais do fenómeno desportivo que o direito da concorrência vai levar em conta no momento de formular o seu veredicto sobre a licitude ou ilicitude das práticas submetidas à sua apreciação.

---

[3] Funções reconhecidas pelas "Declarações sobre desporto" anexas aos Tratados de Amesterdão e de Nice; já antes disso pela Declaração de Helsínquia sobre desporto; e posteriormente recebidas num dos preceitos do projecto de Constituição Europeia (art. III-282, secção 5).

174 *II Congresso de Direito do Desporto*

3. A intervenção do direito da concorrência

Façamos uma brevíssima incursão pelo quadro normativo aplicável, isto é, pelo tipo de proibições e restrições a que o direito da concorrência submete os comportamentos dos seus destinatários.

Antes de mais, convém sublinhar que os comandos da concorrência se dirigem às empresas e às suas associações, e que em semelhante categoria, por estranho que possa parecer a quem esteja menos familiarizado com este ramo do direito, tanto cabem os clubes, os comités organizadores de eventos desportivos, as associações, ligas e federações, como, em casos muito especiais, os próprios atletas[4], sem esquecer, naturalmente, as sociedades proprietárias de estações e canais de televisão ou as sociedades que comercializam publicidade, direitos de difusão e de *merchandising*.

A explicação reside no *conceito de empresa* adoptado: para o direito da concorrência, "empresa" é qualquer sujeito jurídico que exerce uma actividade económica – independentemente do seu estatuto jurídico e do seu modo de financiamento – e que tem a possibilidade de, através do seus comportamento, isolada ou concertadamente, impedir, falsear ou restringir a concorrência.

Mas não são apenas os agentes económicos que estão em posição de impedir, falsear ou restringir a concorrência no mercado. As respectivas associações (sejam de primeiro ou de segundo grau) fornecem um espaço privilegiado para a adopção de decisões e regras com idênticos efeitos e, em razão da sua abrangência, potenciam a afectação de uma enorme extensão de mercado. São, por isso, destinatárias específicas das normas defesa da concorrência, de nada valendo argumentos como o de que não agem na qualidade de agentes económicos porque não produzem nem distribuem bens ou serviços: basta que a actividade específica da associação ou das empresas a ela aderentes tenda a produzir os efeitos que as normas concorrenciais visam reprimir[5]. Esta qualidade de destinatárias dos comandos da

---

[4] Cfr. *infra*, n.º 5, a referência ao Acórdão DELIÈGE.

[5] Na jurisprudência do Tribunal de Justiça, vejam-se, por exemplo, os casos *NV IAZ International Belgium e outros vs. Comissão*, decidido pelo Acórdão de 08.11.1983 (*ECR*, 1983, pp. 3369, ss.), e *Heintz van Landewyck SARL e outros vs Comissão*, decidido pelo Acórdão de 29.10.1980 (*ECR*, 1980 pp. 3125, ss.). Na doutrina, cfr, entre muitos, I. VAN BAEL/ J.-F. BELLIS, *Competition law of the European Community*, 3ª ed., 1994, p. 513.

Painel II. Competição Desportiva 175

concorrência é também independente da forma jurídica que assumam: tem-se entendido que a intervenção estadual na criação ou tutela das associações não preclude a possibilidade de sindicar os comportamentos que adoptem.

Quanto às *normas de proibição*, podemos agrupá-las em duas categorias. Temos, desde logo, as normas que, como o art. 81° do Tratado de Roma e art. 4° da Lei de Defesa da Concorrência[6], proíbem *acordos, decisões e práticas concertadas* com objecto ou efeitos anti-concorrenciais (*v.g.*, cartéis de preços, limitação da produção ou repartição de mercados). A estas se vêm juntar as proibições de *abuso de posição dominante* contidas no art. 82° do Tratado ou no art. 6° da Lei de Defesa da Concorrência (que vedam, por exemplo, práticas como os preços predatórios, a discriminação ou o encerramento de mercados) e, no particular contexto português, a proibição de *abuso de dependência económica* prevista no art. 7° da Lei de Defesa da Concorrência.

Consoante os casos, estas normas serão aplicadas pelas autoridades nacionais ou comunitárias de defesa da concorrência, em decisões sujeitas a escrutínio jurisdicional. O seu desrespeito também pode ser invocado pelos particulares em tribunal, tanto para questionar a validade dos contratos que as infrinjam como para extrair pretensões indemnizatórias contra o autor da violação[7].

Além do controlo repressivo ou *a posteriori*, há que contar ainda com o controlo preventivo ao qual, com vista a obstar a um eventual efeito nocivo sobre a estrutura dos mercados, são submetidas numerosas *operações de concentração* (*v.g.*, fusões, *joint-ventures*, aquisição de participações sociais, etc.), em consonância com o previsto no Regulamento CE n.° 139/2004 e nos arts. 8°, ss., da Lei de Defesa da Concorrência.

Para terminar, regressando ao campo desportivo, refira-se que o tipo de comportamento sindicado abrange categorias tão diversas como os contratos (*v.g.*, de venda de direitos televisivos, de consti-

---

[6] A Lei n.° 18/2003, de 11 de Junho.

[7] A Comissão tem procurado estimular a aplicação do direito da concorrência por esta via, tendo adoptado, inclusive, um "Livro Verde" sobre o tema – cfr. E. DE SMIJTER/ /C. STROPP/ D. WOODS, "Green Paper on damages actions for breach of the EC antitrust rules", *Competition Policy Newsletter*, n.° 1, 2006, pp. 1-3.

176   *II Congresso de Direito do Desporto*

tuição de empresa comum, etc.); as regras criadas pelas associações desportivas (*v.g.*, regulamentos de competições) ou até as simples práticas adoptadas (*v.g.*, os sistemas de venda de bilhetes).

As instâncias comunitárias (a Comissão, o Tribunal de Justiça e o Tribunal de Primeira Instância) têm vindo a debruçar-se, ao longo dos últimos anos, sobre diversas situações de potencial conflito com o direito da concorrência. Do acervo constituído pelas decisões adoptadas é possível extrair algumas linhas de orientação quanto às relações entre desporto e concorrência. São essas linhas de rumo que passamos a examinar.

4. Situações não abrangidas pelo direito da concorrência (efeitos derivados de regras puramente desportivas)

Analisemos, em primeiro lugar, aquelas situações que, não obstante o eventual efeito sobre a concorrência, permanecem fora do âmbito de aplicação do Tratado: as que decorrem das chamadas regras puramente desportivas.

Regras puramente desportivas são, desde logo, as regras do próprio jogo, sem as quais um dado desporto não poderia existir. Mas são também as regras necessárias à organização das competições desportivas e, ainda, as regras relacionadas com a segurança.

Reconhece-se que estas regras podem ter como efeito restringir a liberdade de actuação de atletas, de clubes ou mesmo de terceiros. Mas *justificam-se* pelo calibre dos objectivos prosseguidos: visam garantir a integridade, a lealdade e a objectividade das competições, tanto no interesse do público em geral como dos próprios participantes. Devem, contudo, passar o *teste da proporcionalidade*, não excedendo o necessário para cumprir aquela missão.

Passemos em revista alguns exemplos de regras qualificadas como puramente desportivas.

No caso MECA-MEDINA, relativo a uma decisão da Comissão sustentada pelo Tribunal de Primeira Instância (TPI)[8], dois nadadores questionavam a

---

[8] Decisão COMP/38158; comunicado de imprensa IP/02/1211; Processo T-313/02, Acórdão de 30.09.2004.

Painel II. Competição Desportiva 177

compatibilidade com os arts. 81° e 82° do Tratado de **normas** *anti-doping* adoptadas pelo Comité Olímpico Internacional e implementadas pela Federação Internacional de Natação. Argumentavam que a definição de *doping* e os limiares fixados para as substâncias proibidas restringiam não só a concorrência como a liberdade de prestação de serviços pelos atletas. Considerou-se, todavia, que as regras não eram abrangidas pelo âmbito de aplicação dos arts. 81° e 82°, uma vez que *não perseguiam qualquer objectivo económico*: tinham a finalidade "puramente social" de preservar o espírito de leal competição essencial ao desporto, além de proteger a saúde dos atletas. Além disso, não prosseguiam semelhantes objectivos de forma discriminatória ou excessiva.

No caso MOUSCRON[9], a Comissão rejeitou a queixa relativa a uma regra das competições UEFA segundo a qual cada clube tem que disputar o jogo em casa no seu próprio terreno (**regra «at home and away from home»**). O problema parecia ser o da configuração das excepções à regra, as quais não permitiam que o clube jogasse a partida de casa no país do adversário, embora a pudesse disputar num outro estádio do seu próprio país. Isto, para a Communauté Urbaine de Lille (cidade francesa geograficamente próxima em cujo estádio o clube belga Mouscron pretendia disputar o seu jogo em casa), configurava um abuso de posição dominante por parte da UEFA, com repercussões no comércio entre Estados-membros. A Comissão, porém, considerou que a regra era puramente desportiva, dizendo respeito à organização das competições: o seu objectivo era o de *assegurar a igualdade entre clubes*. Não caía, portanto, dentro do âmbito de aplicação das normas do Tratado sobre concorrência. Quanto às excepções à regra (excepções que estavam, afinal, no centro da polémica), considerou a Comissão que o princípio da oportunidade não apontava no sentido de prosseguir a investigação.

A Comissão também analisou **regras da UEFA** que permitiam às associações nacionais de futebol **bloquear a transmissão televisiva dos jogos durante duas horas e trinta minutos aos fins-de-semana**[10]. As empresas de televisão reclamavam estar a ser indevidamente restringidas na sua liberdade de transmitir jogos que já tinham pago. Mas a Comissão considerou que tais regras não eram abrangidas pelos arts. 81° e 82°, já que não produziam qualquer restrição significativa da concorrência. O seu objectivo era o de *salvaguardar a afluência do público aos estádios*, de modo a preservar a atmosfera característica dos desafios de futebol. Mostravam-se, além disso, adequadas à finalidade visada, desde logo porque a duração do

---

[9] IP/99/965.
[10] IP/01/583.

178 *II Congresso de Direito do Desporto*

bloqueio se limitava ao suficiente para os espectadores assistirem a uma partida e regressarem a casa (podendo, então, assistir aos jogos transmitidos pela televisão), mas também porque a liberdade de calendarização de jogos ao dispor das associações nacionais conduzia a que raríssimas vezes os operadores de televisão ficassem privados da possibilidade de transmitir um desafio que estivesse efectivamente nos seus planos transmitir.

5. Excurso: a afirmação do conceito de regra puramente desportiva nas situações relacionadas com a liberdade de circulação de trabalhadores e de prestação de serviços

Apesar de este estudo incidir, a título principal, sobre as relações entre o desporto e o direito da concorrência, julgamos conveniente empreender uma breve digressão pelos casos relacionados com a aplicação das normas comunitárias relativas à liberdade de circulação de trabalhadores e de prestação de serviços.

Foi neste segmento normativo que, historicamente, se começou a afirmar a sujeição aos comandos do direito comunitário da actividade económica gerada pelo desporto. Em algumas das decisões aflora já a potencial submissão às regras da concorrência[11]; de todo o modo, para o que interessa ao tema principal do nosso estudo, foi neste acervo decisório que se principiou a decantar o conceito de regra puramente desportiva, pelo que o exame de alguns dos *leading cases* é útil à sua exacta compreensão.

No Acórdão WALRAVE[12] estavam em causa as regras da União Ciclista Internacional que prescreviam que a **nacionalidade do treinador tinha que ser idêntica à do atleta**. Ora, os treinadores argumentavam que se tratava de uma discriminação em função da nacionalidade conflituante com a livre circulação de trabalhadores. O Tribunal de Justiça (TJ) considerou que, em abstracto, a actividade de treinador de ciclismo estava submetida às normas do Tratado sobre circulação de trabalhadores e sobre a proibição de discriminação em função da nacionalidade. Todavia, na me-

---

[11] No acórdão BOSMAN não chegou a haver apreciação pelo Tribunal de Justiça das questões concorrenciais, mas alguns raciocínios – sobretudo em sede de não justificação das regras como puramente desportivas – aplicam-se, *mutatis mutandis*, em sede de direito da concorrência.

[12] Processo 36-74, Acórdão de 12.12.1974, ECR 1974, pp. 01405.

Painel II. Competição Desportiva 179

dida em que estivesse em causa *a formação de equipas nacionais* (e o Tribunal não entrou naa questão de saber se o conjunto treinador/atleta poderia ser considerado uma equipa para este efeito), seríamos remetidos para o campo das regras puramente desportivas, que escapam à vertente económica do desporto, embora se mantenha a exigência de que as restrições em função da nacionalidade sejam proporcionais.

No Acórdão **Donà v. Mantero**[13] começou por se afirmar que as **regras** de organizações desportivas que **circunscrevem aos nacionais do Estado--membro em causa o direito de participar em competições de futebol** profissional ou semi-profissional são incompatíveis com as normas do Tratado sobre livre circulação de trabalhadores e livre prestação de serviços, uma vez que a actividade dos jogadores de futebol profissional ou semi--profissional corresponde a um emprego ou prestação de serviços remunerados. Todavia, a apreciação não será a mesma no caso de a exclusão de jogadores estrangeiros obedecer a *razões que não revistam natureza económica*, relacionadas com a particular natureza e contexto dos jogos a disputar, e que, portanto, se possam considerar razões puramente desportivas. Aí não haverá incompatibilidade com o direito comunitário.

No famoso Acórdão **Bosman**[14] (1995), afirmou-se que as **regras relativas às transferências de jogadores entre clubes de futebol**, embora rejam mais especialmente as relações económicas entre os clubes do que as relações de trabalho entre clubes e jogadores, afectam através da obrigação imposta aos clubes de pagarem indemnizações pelo recrutamento de um jogador (em termo de contrato) que provenha de outro clube as possibilidades de os jogadores encontrarem emprego, bem como as condições em que esse emprego é oferecido. Para não colidirem com as disposições comunitárias em matéria de livre circulação de pessoas e de serviços, devem tais regras ser justificadas por razões não económicas, atinentes ao carácter e contexto específico de determinadas competições. O tribunal *recusou* o argumento de que as regras sobre transferências constituam um meio adequado para atingir os *objectivos legítimos* de manter o equilíbrio financeiro e desportivo entre os clubes e de apoiar a busca de talentos e a formação de jovens jogadores, porque: *(i)* não impedem que os clubes mais ricos obtenham a colaboração dos melhores jogadores, nem que os meios financeiros disponíveis sejam um elemento decisivo na competição desportiva e que o equilíbrio entre clubes daí resulte consideravelmente alterado; *(ii)* as indemnizações previstas por tais regras se caracterizam pela sua natureza eventual e aleatória e são, de qualquer forma, indepen-

---

[13] Processo 13-76, Acórdão de 14.07.1976, ECR 1976, p. 01333.
[14] Processo C-415/93, Acórdão de 15.12.1995.

180 *II Congresso de Direito do Desporto*

dentes dos custos reais de formação suportados pelos clubes; *(iii)* os mesmos objectivos podem ser atingidos de modo igualmente eficaz por outros meios que não restringem a livre circulação dos trabalhadores (art. 39º CE).

No mesmo Acórdão, considerou o Tribunal que também violam as normas sobre livre circulação de trabalhadores as **regras** adoptadas por associações desportivas nos termos das quais, nos encontros por elas organizados, **os clubes de futebol apenas podem fazer alinhar um número limitado de jogadores profissionais nacionais de outros Estados-Membros**, já que contrariam o princípio da não discriminação em razão da nacionalidade em matéria de emprego, remuneração e condições de trabalho. O efeito é produzido na medida em que a participação em tais encontros constitui o objecto essencial da actividade de um jogador profissional, pelo que se torna evidente que uma regra que a limite restringe igualmente as possibilidades de emprego do jogador abrangido. Semelhantes regras, aplicadas ao conjunto dos encontros oficiais entre clubes (como sucedia no caso), *não logram justificar-se por razões não económicas*, relativas unicamente ao desporto enquanto tal, porque: *(i)* a preservação do elo tradicional entre cada clube e o seu país não pode considerar-se como inerente à actividade desportiva (do mesmo modo que não se pode considerar que reveste essa natureza o nexo entre um clube e o bairro, a cidade ou a região); *(ii)* não está em causa a criação de uma reserva de jogadores nacionais suficiente para permitir às selecções nacionais alinharem jogadores de alto nível em todos os sectores, porque os jogadores com a nacionalidade do país em causa não têm de ser necessariamente provenientes de clubes desse mesmo país; *(iii)* nem esta em causa a manutenção do equilíbrio desportivo entre clubes, porque nenhuma outra regra limita a possibilidade de os clubes ricos recrutarem os melhores jogadores nacionais, facto que compromete da mesma forma aquele equilíbrio.

No acórdão LEHTONEN[15] estava em causa o regulamento da associação de basquetebol belga que (seguindo regras da FIBA) **proibia** que um clube de basquetebol, nos jogos do campeonato nacional, fizesse participar jogadores provenientes de outros Estados-Membros **quando a transferência tivesse tido lugar após determinada data**. O tribunal considerou que as regras relativas aos prazos de transferência constituíam um obstáculo à livre circulação de trabalhadores (estatuto revestido pelos jogadores de basquetebol profissional): na medida em que a participação nos jogos constitui o objecto essencial da actividade de um jogador profissional, é evidente que uma regra limitando essa participação restringe igualmente as possibilidades de emprego do atleta (v. acórdão Bosman). Todavia, as

---

[15] Processo C-176/96, Acórdão de 13.04.2000.

Painel II. Competição Desportiva 181

regras relativas aos prazos de transferência *conseguiam, ainda assim, justificar-se por razões não económicas*, unicamente relacionadas com o desporto enquanto tal. A fixação de prazos responde ao objectivo de garantir a *regularidade das competições desportivas* – transferências tardias podem ser susceptíveis de alterar sensivelmente o valor desportivo de uma ou de outra equipa durante o campeonato, pondo assim em causa a comparabilidade dos resultados entre as diversas equipas envolvidas e, consequentemente, a boa realização do campeonato no seu conjunto. O risco de uma tal consequência negativa torna-se particularmente evidente no caso de uma competição desportiva que decorra segundo as regras do campeonato nacional belga de basquetebol da primeira divisão, em que as equipas admitidas a participar nos jogos *play-off* ou indicadas para disputar os jogos *play-out* poderiam beneficiar de transferências tardias para reforçar os seus efectivos tendo em vista a fase final do campeonato, ou mesmo por ocasião de um único encontro decisivo.

Na acção que suscitou o reenvio prejudicial na origem do Acórdão DELIÈGE[16], pedia-se ao Tribunal que declarasse a ilegalidade do **sistema de selecção dos judocas para os torneios internacionais**, por conferir às federações um poder susceptível de entravar o direito dos judocas à livre prestação de serviços. Como questão preliminar, mas de grande relevância prática, o TJ observou que as actividades desportivas (e, nomeadamente, a participação de um atleta de alto nível numa competição internacional) são susceptíveis de implicar a prestação de diversos serviços abrangidos pelo artigo 49° CE. Embora estreitamente interligados, poderão tratar-se de serviços distintos e é mesmo possível que alguns não sejam pagos por quem deles beneficia. A título de exemplo, o organizador da competição *oferece ao atleta* a possibilidade de exercer a sua actividade desportiva, comparando-se com outros competidores, e é nessa actividade desportiva que reside o suporte da prestação publicitária que o atleta fornece aos seus próprios patrocinadores. Correlativamente, os atletas, através da sua participação na competição, *permitem ao organizador* apresentar um espectáculo desportivo a que o público pode assistir, que emissores de programas de televisivos podem retransmitir e que pode interessar a anunciantes e patrocinadores. De tudo, concluiu o Tribunal que a actividade profissional ou semi-profissional de judocas *constitui actividade económica: (i)* se efectuarem uma prestação de trabalho assalariado ou uma prestação de serviços remunerados; *(ii)* e se as actividades exercidas forem reais e efectivas e não de natureza tal que se possam considerar como puramente marginais ou acessórias; *(iii)* não excluindo essa caracterização a simples circunstância

---

[16] Processos apensos C-51/96 e C-191/97, Acórdão de 11.04.2000.

de uma associação ou federação desportiva qualificar unilateralmente como amadores os atletas que dela são membros.

Quanto à regra que exige a um atleta que possua uma *autorização da sua federação para poder participar numa competição internacional de alto nível*, considerou o Tribunal que não constitui, em si própria, uma restrição à livre prestação de serviços, desde que resulte de uma necessidade inerente à organização dessa competição. Embora as regras de selecção de atletas tenham inevitavelmente por efeito limitar o número de participantes num torneio, tal limitação é inerente ao decurso de uma competição desportiva internacional de alto nível, que implica forçosamente a adopção de certas regras ou critérios de selecção. Não podem, portanto, ser consideradas em si mesmas como constitutivas de uma restrição à livre prestação de serviços, nem isso se pode deduzir do simples facto de um sistema de escolha poder mostrar-se mais favorável para com uma categoria de atletas do que para com outra.

6. Situações abrangidas pelo direito da concorrência mas alvo de uma ponderação específica

Num pólo diferente, temos aquelas **situações já claramente abrangidas pelo direito da concorrência** mas em relação às quais as especificidades do fenómeno desportivo podem conduzir a um resultado benevolente.

Na sequência de uma queixa que alegava que distorciam a concorrência, impedindo e limitando o investimento em clubes europeus, a Comissão examinou as regras da UEFA que proibiam uma empresa ou um indivíduo de controlar, directa ou indirectamente, mais de um clube de futebol participante numa competição da UEFA (regras sobre a **multipropriedade de clubes desportivos**). Concluiu que, teoricamente, seriam abrangidas pela proibição do art. 81º 1 do Tratado. Todavia, apareciam justificadas pelas características específicas do sector desportivo – a necessidade de garantir a *integridade das competições*, de modo a prevenir distorções e a preservar a *incerteza de resultados* no interesse do público – não excedendo, em concreto, o necessário para o efeito[17].

Em resposta a diversas denúncias, a Comissão procedeu a uma investigação aprofundada da regulamentação da FIFA em matéria **de transferências internacionais de jogadores de futebol**. No âmbito desta investigação,

---

[17] IP/02/942, Processo COMP/37 806 (ENIC/UEFA).

Painel II. Competição Desportiva   183

foi enviada à FIFA uma comunicação de objecções em Dezembro de 1998. A FIFA alterou as regras (com a aprovação do FIFpro, o principal sindicato de jogadores) e a Comissão encerrou o processo em 2002[18]. De acordo com o Comissário então responsável pela concorrência[19], as novas regras "consubstanciam um equilíbrio entre o direito fundamental dos jogadores à livre circulação e à estabilidade dos contratos e o objectivo legítimo da integridade do desporto e da estabilidade dos diversos campeonatos". As novas regras incluem a criação de um sistema de compensação para encorajar e recompensar os esforços dos clubes (em especial dos pequenos) em matéria de formação; condições específicas para a transferência internacional de jogadores com menos de 18 anos (merece destaque a previsão de um código de conduta para garantir a educação desportiva, a formação e o ensino destes atletas); ou a delimitação de períodos de transferência em cada época. No que respeita aos contratos a celebrar, disciplinam-se aspectos com a duração máxima e mínima; períodos de protecção em função da idade do jogador; ou as consequências indemnizatórias e sancionatórias da rescisão unilateral. Prevê-se, ainda, criação de um organismo de arbitragem eficaz, célere e objectivo.

No Acórdão PIAU[20], o TPI confirmou, *grosso modo*, a posição adoptada pela Comissão quanto às **regras da FIFA sobre a profissão de agente de jogador de futebol**. Para poder desempenhar a função de intermediário na celebração de contratos entre os jogadores e os clubes, cada agente deve possuir uma *licença atribuída pela respectiva associação de futebol nacional* (sob pena de ver afectada a validade dos contratos). A obtenção da licença está condicionada à observância de um número de *requisitos*. Entre eles, exigia-se inicialmente ao agente que superasse uma entrevista e que prestasse uma garantia bancária no valor de 136,000 €. Mas tais requisitos vieram a ser alterados na sequência da investigação da Comissão: a entrevista foi substituída por um teste de escolha múltipla e a garantia bancária por um seguro de responsabilidade. Em consequência, a Comissão encerrou o processo, rejeitando a queixa apresentada por falta de interesse comunitário.

No exame a que o caso foi submetido pelo TPI, merece destaque a afirmação de que as associações de futebol nacionais não se limitam a ingressar na categoria concorrencial de "associação de empresas"; na me-

---

[18] IP/01/314 e IP/02/824.

[19] Da parte da Comissão também transpareceu um certo alívio pela expectativa de que a solução encontrada viesse a pôr termo à sua intervenção em litígios envolvendo jogadores, clubes e organizações de futebol (aliás, na sequência da entrada em vigor da nova regulamentação vieram a ser retiradas três denúncias).

[20] Processo T-193/02, Acórdão de 26.01.2005.

184 II Congresso de Direito do Desporto

dida em que também desempenham actividades económicas próprias – *v.g.*, a venda de direitos televisivos ou a exploração de rendimentos provenientes de eventos desportivos – preenchem igualmente o conceito de "empresas". A FIFA, por conseguinte, constitui (no caso vertente) uma associação de empresas (*i.e.*, uma associação de 1º grau) e as regras em análise, dirigidas a uniformizar a conduta dos membros, constituem uma decisão de associação de empresas. As regras em disputa, no entender do TPI, regulam directamente uma actividade económica envolvendo a prestação de serviços – não visam, portanto, um objectivo puramente desportivo. O Tribunal chegou ao ponto de questionar a legitimidade da FIFA para regular a profissão de agente de jogador de futebol, notando que nenhuma autoridade pública havia conferido à FIFA o poder de adoptar tais regras em nome do interesse geral do desporto e que, além do mais, estava em causa o exercício de uma profissão, pelo que a sua limitação contendia com liberdades fundamentais. Contudo, atendendo ao vazio das leis nacionais a este respeito e à necessidade de supervisão evidenciada pela profissão em causa (sequer suprida por qualquer forma de auto-regulação), o TPI acabou por chegar a uma conclusão favorável: as regras com efeitos restritivos mais acentuados haviam sido já modificadas; a subsistirem alguns efeitos anti-concorrenciais, beneficiariam de uma isenção ao abrigo do art. 81º 3 do Tratado. Quanto ao art. 82º, o TPI (ao contrário da Comissão) considerou que a FIFA, enquanto organização representativa das associações nacionais e, por essa via, dos clubes – que são os verdadeiros compradores dos serviços dos agentes – detém uma posição dominante no mercado relevante em causa, no qual actua por intermédio dos seus membros. Todavia, não se demonstrou a existência de um abuso dessa posição dominante.

7. Situações abrangidas pelo direito da concorrência e alvo de uma abordagem mais severa

Mais severa tem sido a abordagem das instâncias comunitárias no que toca ao efeitos anti-concorrenciais de certas **práticas relativas à venda de bilhetes para competições desportivas**.

Como princípio geral, entende-se que deve ser assegurado a todos os consumidores um acesso razoável aos bilhetes. No sector desportivo, há que ter em conta especificidades decorrentes de considerações ligadas à segurança e ao controlo dos adeptos. Ainda assim, têm sido detectados alguns núcleos de problemas concorrenciais.

Painel II. Competição Desportiva 185

À cabeça, surge o problema das *restrições territoriais à venda de bilhetes*: a menos que se verifiquem razões de segurança, os não residentes devem poder adquirir bilhetes de forma justa e não discriminatória.

Levantam também algumas dúvidas as chamadas *ofertas "em pacote"* (*package deals*). Aceita-se que se combinem viagens, alojamento e bilhetes numa única oferta, mas o acesso aos bilhetes não pode ficar condicionado à aquisição dos outros serviços e o preço dos bilhetes singulares deve ser anunciado em separado.

Quanto à *imposição de preços mínimos*, tem-se entendido que os distribuidores de bilhetes que não revistam a qualidade de agentes e que suportem o risco financeiro da sua actividade devem poder vender os bilhetes por preço inferior ao seu valor facial.

Por último, têm levantado alguns problemas os *acordos de exclusividade* celebrados com *sistemas de cartões de crédito* para certos canais de distribuição de bilhetes.

O **Comité Organizador do Mundial de Futebol França 1998 (CFO)** sofreu uma condenação em sede de **abuso de posição dominante** por ter imposto restrições territoriais à venda de bilhetes[21]. O CFO foi considerado uma empresa para efeitos dos artigos 82º do Tratado CE, dado que desenvolvia actividades de natureza económica: era responsável pela distribuição de bilhetes (cujas vendas geraram, aliás, 60 % das suas receitas totais). Não obstou a esta qualificação a circunstância de o CFO haver sido criado pela Federação Francesa de Futebol como uma organização não lucrativa, respeitando as várias restrições operacionais estabelecidas pela FIFA[22]. Sucede que os bilhetes designados por "Pass France 98" (que representavam uma percentagem do total) foram comercializados e vendidos exclusivamente pelo CFO ao público que pudesse apresentar um endereço em França. Diziam respeito a jogos de prestígio relativamente aos quais o número de pedidos dos consumidores que conseguiram apresentar um endereço em França ultrapassou quase em seis vezes a oferta disponível, apesar do facto de as identidades das equipas participantes serem desconhecidas no mo-

---

[21] Processo IV/36.888, Decisão de 20.07.1999. Atendendo ao carácter pioneiro da condenação, a Comissão aplicou ao CFO uma coima simbólica no valor de 1000 euros, mas advertiu que o mesmo não sucederá em futuros processos idênticos.

[22] A FIFA, enquanto titular de todos os direitos relativos ao Campeonato Mundial de Futebol, é quem estabelece os regulamentos que determinam o enquadramento organizacional geral das competições, quer na fase de apuramento, quer na fase final.

mento da venda. Tendo em conta os níveis de procura e devido ao facto de não ser provável que, em 1997, os consumidores tivessem tomado em consideração as federações nacionais de futebol e os operadores turísticos europeus como fontes de fornecimento alternativas e realistas, o CFO pôde claramente operar, em relação à sua venda desses bilhetes, como um monopolista de facto sem quaisquer pressões concorrenciais por parte de outras empresas. O CFO abusou dessa sua posição dominante, uma vez que o seu comportamento teve o efeito de *impor condições comerciais injustas aos residentes de fora de França*, dando origem a uma limitação do mercado em prejuízo desses consumidores.

O **Comité Organizador dos Jogos Olímpicos de Atenas 2004 (Athoc)**[23] esteve na berlinda a propósito do **acordo de exclusividade** celebrado com o **sistema de cartões de crédito Visa**. Os bilhetes comprados através da Internet ao Comité só podiam ser pagos com cartão Visa. Mas a Comissão considerou que tal não constituia uma violação dos arts. 81° e 82° CE na medida em que os consumidores tinham acesso razoável aos bilhetes através de canais de venda alternativos que não exigiam Visa (Comités Olímpicos Nacionais e agentes por estes designados). Para melhorar o acesso aos bilhetes, o próprio Comité aumentou a informação dos consumidores sobre as opções e canais de compra disponíveis, colaborando com os Comités Olímpicos Nacionais.

Já o **Comité Organizador do Mundial de Futebol Alemanha 2006 (DFB)** se viu forçado a acrescentar um quarto método de pagamento aos três inicialmente disponíveis, em alternativa a **quebrar a exclusividade da MasterCard** no que toca à venda de bilhetes ao público[24]. A situação apresentava diferenças significativas em relação ao caso dos Jogos Olímpicos de 2004: *(i)* ao contrário do que sucede com os Jogos Olímpicos, a procura de bilhetes para os Mundiais de Futebol excede largamente a oferta; *(ii)* a maior parte dos bilhetes era vendida directamente pelo Comité Organizador DFB, enquanto que o Athoc só vendia metade dos bilhetes, sendo que a outra metade era transaccionada pelos Comités Olímpicos Nacionais. Sucede que as vendas directas de bilhetes realizadas pelo DFB só podiam ser pagas por um de três meios: cartão MasterCard, débito directo de uma conta bancária germânica ou transferência bancária internacional. Ora, este último método implicava custos significativos para os consumidores, sobretudo nos países não pertencentes à zona Euro, o que desencadeou uma queixa por parte de uma associação de consumidores britânica. Considerou a Comissão que, para garantir acesso razoável aos bilhetes, de

---

[23] IP/03/738.
[24] IP/05/519.

duas uma: ou o DFB se comprometia a aceitar outros métodos de pagamento, ou se comprometia a abrir outros canais de venda não sujeitos a exclusividade no que toca a cartões de crédito. O DFB acabou por acrescentar um quarto método de pagamento reputado aceitável – transferência bancária doméstica em moeda local (abrindo, para o efeito, contas bancárias em 16 países não pertencentes à zona Euro mas incluídos no Espaço Económico Europeu) – e informou os consumidores dessa alternativa no *website* do Mundial, pelo que o caso veio a ser encerrado sem decisão.

Por último, merece ainda uma referência o caso da *organização de competições de Fórmula Um*, que levou a FIA a alterar substancialmente os seus regulamentos e acordos comerciais.

A investigação da Comissão relativa aos regulamentos e acordos comerciais da FIA respeitantes ao Campeonato de Fórmula Um foi desencadeada na sequência de notificações apresentadas voluntariamente com vista a obter uma autorização ao abrigo das regras de concorrência comunitárias. A Comissão formulou objecções, invocando a **imposição pela FIA de restrições desnecessárias** aos promotores, aos proprietários dos circuitos, aos fabricantes de veículos automóveis e aos próprios condutores, além de **problemas relativos aos direitos de transmissão televisiva**. A FIA aceitou alterar as regras por forma a garantir que o seu papel se circunscreveria ao de uma autoridade reguladora no domínio desportivo, deixando de exercer qualquer influência a nível da exploração comercial do Campeonato de Fórmula Um; com isto se afastavam os eventuais conflitos de interesses[25]. Assegurou-se, nomeadamente: *(i)* a concorrência potencial inter- e intra-marcas entre a Fórmula Um e corridas e séries desportivas semelhantes (*v.g.*, suprimindo as restrições contidas nos contratos em matéria de circuitos quanto à realização de outros acontecimentos desportivos motorizados; ou removendo a proibição de as equipas participarem em outras competições); *(ii)* o acesso ao desporto motorizado por parte de qualquer organização que preenchesse os requisitos de segurança; *(iii)* no que toca aos direitos de transmissão televisiva, que os organismos de radiodifusão dos vários países passassem a participar em convites para a apresentação de propostas relativas aos direitos de transmissão televisiva e que a duração dos contratos baixasse para 3 ou 5 anos.

---

[25] IP/01/1523 e IP/03/1491.

8. A exploração dos direitos de transmissão de eventos desportivos

A referência aos direitos televisivos conduz-nos à segunda parte do presente estudo, dedicada aos problemas da exploração dos direitos de difusão de eventos desportivos, com particular e natural destaque para a transmissão de jogos de futebol[26].

Das actividades económicas que gravitam em torno do espectáculo desportivo, foi porventura o sector que maiores avanços e controvérsias gerou nos últimos anos quanto à aplicação das normas da concorrência.

A) *Enquadramento geral*

Comecemos pelos pressupostos económicos básicos.

O desporto em geral e o futebol em particular assumem hoje o estatuto de *conteúdo topo de gama*, fundamental quer para as televisões generalistas, quer para (ou sobretudo para) os canais desportivos pagos. E trata-se de um produto escasso, o que potencia as tensões comerciais, faz disparar os preços e torna o mercado bastante agressivo.

Cada um dos agentes económicos envolvidos pretende, naturalmente, *maximizar os seus proveitos* – o que passa, para os clubes e suas associações, por estratégias destinadas a inflacionar os preços de venda ou, para as estações de televisão e outros difusores, pela obtenção de exclusivos de grande extensão e duração.

Este quadro vai gerar *efeitos nocivos sobre a concorrência*: vai elevar os índices de concentração; vai resultar na criação de posições dominantes; vai conduzir à cobrança de preços de monopólio; e vai, ainda, dificultar substancialmente a entrada de novos concorrentes – com isto afectando inúmeros mercados e envolvendo diversos agentes económicos.

---

[26] O futebol representa, nos países europeus onde é popular, mais de três quartos de toda a programação desportiva, deixando para trás outros eventos relevantes como a Fórmula Um e os Jogos Olímpicos. A venda de direitos televisivos é responsável por uma fatia significativa dos rendimentos dos principais clubes de futebol; a respectiva compra consome boa parte dos orçamentos de que as empresas de televisão dispõem para a aquisição de direitos.

Painel II. Competição Desportiva 189

Semelhante quadro torna crucial a intervenção do direito da concorrência, não só a nível comunitário como, sobretudo, a nível nacional – pois muitos dos problemas verificam-se à escala de um único Estado-membro, não chegando a interferir nas trocas comunitárias.

B) Mercados afectados

A análise económica evidencia que são vários os mercados relevantes nos quais a concorrência é entravada ou a posição dominante é constituída.

Após alguma discussão inicial, assume-se hoje como pacífica a delimitação de um *mercado de produto* constituído apenas pelos *direitos de transmissão televisiva de futebol*, o qual não se confunde com o mercado dos direitos de transmissão de outros espectáculos desportivos. Assinala-se que existe escassa substituibilidade entre desportos para os espectadores e, consequentemente, para os operadores de televisão e para as empresas interessadas em publicitar os seus produtos. Quem quer assistir a uma partida de futebol da primeira liga não está disposto a trocá-la por um desafio de golfe ou por uma prova de ski; regista-se, portanto, ausência de elasticidade da procura dirigida a emissões de jogos de futebol.

Do ponto de vista do produto, o mercado dos direitos de transmissão relativos ao futebol pode *subdividir-se* em: *(i)* competições nacionais regulares, ou seja, os jogos das primeiras ligas e das taças de cada país; *(ii)* competições internacionais regulares organizadas pela UEFA; *(iii)* competições internacionais sazonais, como sejam os campeonatos europeus ou mundiais; *(iv)* competições regulares relativas a países estrangeiros, quer dizer, os respectivos campeonatos e taças. As maiores tensões surgem, normalmente, nos dois primeiros mercados, cujo carácter regular e o interesse que despertam se revelam fundamentais para construir, no médio prazo, as audiências.

Mas os direitos de transmissão televisiva conhecem *outras segmentações importantes*: a transmissão pode ser em directo ou em diferido; pode tratar-se de transmissão integral, de um resumo mais ou menos alargado ou até de simples destaques; finalmente, pode a transmissão ser ou não exclusiva.

190   *II Congresso de Direito do Desporto*

Do ponto de vista dos agentes económicos envolvidos, o mercado em análise pode apresentar-se como *grossista* (se a oferta for constituída pelos titulares, originários ou substitutos, dos direitos de transmissão[27]) ou *retalhista* (se a oferta for constituída por agências ou intermediários, que compram direitos não para emitir mas para revender). A procura é constituída, consoante os casos, pelos intermediários ou pelas estações e canais de televisão.

As *fronteiras geográficas* destes mercados têm vindo a ser caracterizadas como *nacionais* devido a uma pluralidade de factores, que vão do raio e alcance das emissões televisivas às preferências do público, passando naturalmente pela língua utilizada.

Concxa com cstc mcrcado por assim dizer central (isto é, central desde a perspectiva que adoptamos) encontra-se *uma pluralidade de outros mercados* onde se podem repercutir ou produzir os efeitos concorrenciais negativos das práticas comerciais.

Pense-se, desde logo, no *mercado do sub-licenciamento*, no qual a oferta é constituída pelas empresas de televisão que adquiriram os direitos e alienam a terceiros aqueles que não pretende explorar (*v.g.*, os jogos que não pretendem emitir) ou lhes vendem certas segmentações do produtos, tais como resumos ou transmissões em diferido.

Temos, também, o *mercado da captação de imagens*, no qual a oferta é constituída pelas estações ou canais de televisão e a procura pelos titulares dos direitos televisivos, mas que apenas avulta quando a captação de imagens é levada a cabo por uma entidade diferente da empresa que vai emitir (*v.g.*, um canal de televisão que se limite a emitir conteúdos sem dispor de meios próprios para a recolha de imagens).

Maior relevo assumem os *mercados conexos de financiamento dos canais de televisão*. Podemos identificar um mercado de *financia-*

---

[27] Apurar *quem são os titulares originários* dos direitos televisivos é uma questão geral de direito, prévia à específica intervenção do direito da concorrência. Há várias teorias, predominando aquela segundo a qual o direito se constitui na esfera de quem suporta as despesas e os riscos da organização e que, no futebol, corresponde tipicamente ao clube da casa. Mas há quem defenda uma co-titularidade repartida entre clube visitante e visitado, e para algumas teses, serão os próprios atletas os titulares do direito. Os *titulares substitutos* coincidirão normalmente com as associações, as quais os clubes encarregam (voluntária ou estatutariamente) da comercialização dos direitos.

mento através da publicidade, cuja oferta é constituída pelos operadores de televisão (tanto de canais livres como de canais pagos), existam ou não intermediários (agências de publicidade); cujo produto é o espaço publicitário nas emissões de televisão; e cuja procura é constituída pelas empresas que pretendem ver os seus produtos publicitados (os anunciantes). Ao seu lado é possível discernir o mercado do *financiamento através de assinatura*, cuja oferta é constituída pelos operadores de canais pagos, cujo produto são as próprias emissões televisivas e cuja procura são os espectadores que pretendem usufruir dessas emissões (os assinantes).

Estes dois mercados estão estreitamente relacionados, não só entre si mas também com o mercado dos direitos televisivos: quanto mais atractivos forem os conteúdos das emissões de televisão, quer dizer, quanto mais acentuada for a sua capacidade de gerar audiências, maior será a procura quer de anunciantes, quer de assinantes – e, como sabemos, o futebol, na sua qualidade de conteúdo topo de gama, constitui uma "matéria prima" essencial.

Por último, cabe uma referência muito especial *os mercados emergentes de difusão através da Internet e da tecnologia associada aos telemóveis de terceira geração (3G)*. A sua estrutura é bastante similar à do mercado dos direitos de transmissão televisiva, com duas particularidades: o produto consiste nos direitos de transmissão de imagens naqueles suportes (e não na televisão) e a procura é constituída pelos titulares dos meios de difusão em causa (UMTS ou portal Internet).

Devido às suas características especiais, o mercado 3G foi inclusive alvo de um **inquérito sectorial** lançado pela Comissão[28]. Sabe-se que o conteúdo audiovisual topo de gama será crucial na transição para o 3G, motivando os consumidores a investir na compra dos novos aparelhos, e que os conteúdos desportivos são particularmente adequados às condições técnicas do suporte, permitindo a emissão de pequenos vídeos (*v.g.*, golos e destaques) que muitos consumidores estarão dispostos a pagar para acompanhar jogos a que de outra forma não podem assistir. Em termos económicos, os direitos relativos a eventos disputados durante toda uma época são particularmente adequados à constituição de uma oferta atractiva, dado o seu carácter recorrente.

---

[28] A. CRAWFORD/ P. ADAMOPUOLOS, "Using the instrument of sector-wide inquiries: inquiry into content for 3G services", *Competition Policy Newsletter*, n.º 2, 2004, pp. 63-65.

Registam-se, todavia, *dificuldades especiais na emergência do mercado 3G/Internet*, sobretudo decorrentes do interesse dos operadores actuais (*maxime*, dos ligados à televisão) em limitar o desenvolvimento de outras plataformas susceptíveis de, no futuro, representar um concorrente em matéria de conteúdos ou de, pelo menos, entravar as possibilidades de monopolização de certos conteúdos-chave. Como *práticas mais comuns*, encontramos: *(i)* a recusa de fornecimento de conteúdos desportivos para plataformas 3G/Internet por parte dos respectivos titulares ou distribuidores, numa tentativa de extrair o máximo valor dos direitos que comercializam recorrendo a uma política de exclusivo total (*i.e.*, um exclusivo que atravessa plataformas, atingindo os novos media); *(ii)* o *bundling* ou venda conjunta dos direitos televisivos e dos direitos 3G/Internet com o objectivo de maximizar o valor dos direitos televisivos (destacando-se a prática de os operadores televisivos adquirirem a totalidade dos direitos 3G/Internet os quais, depois, nem sequer exploram, conduzindo a uma restrição na produção em detrimento dos consumidores); *(iii)* o embargo ou reserva para a televisão dos conteúdos em directo mais apetecíveis; *(iv)* a aquisição dos direitos 3G/Internet em larga escala por grandes prestadores de serviços 3G, de modo manter afastados do mercado eventuais concorrentes.

C) *Riscos para a concorrência das práticas mais comuns*

Examinemos, com maior detalhe, quais os principais riscos para a concorrência das práticas comerciais mais comuns neste sector, advertindo, em simultâneo, para o facto de muitas delas poderem colher uma certa justificação em considerações de carácter económico e até de eficiência, considerações às quais o direito da concorrência é sensível.

i) *Exclusividade*

Comecemos pela exclusividade. Os direitos televisivos tendem a ser alienados, numa base exclusiva, a um determinado operador. Com duas agravantes: trata-se normalmente de extensos conjuntos de direitos (*v.g.*, todos os jogos de uma competição) e o acordo atinge uma duração muito dilatada (facilmente se ultrapassam os cinco anos).

Razões empresariais legítimas abonam em favor desta prática comercial. Maximiza os proveitos do titular dos direitos, que tende a conseguir um preço mais elevado pela venda exclusiva a um só operador do que obteria se vendesse sem exclusivo a vários. Maximiza, também, os proveitos do operador televisivo, garantido o valor dos direitos que adquiriu, o que é tanto mais importante quanto se trata de um produto efémero: a sua utilidade para o espectador é máxima no directo e vai decrescendo com o tempo até se tornar residual[29]. Por isso, o exclusivo da transmissão directa assegura o interesse das audiências – quem quer assistir ao jogo fora do estádio, em tempo real, não possui alternativa –, factor que estimula a procura nos mercados da publicidade e das assinaturas. A prazo, o exclusivo da transmissão directa de jogos importantes contribui também para a imagem e prestígio do próprio canal de televisão, e não só já desempenhou um papel fundamental na emergência do mercado da televisão paga (canais por assinatura ou *pay-per-view*), como se estima que venha a ter um contributo importante enquanto motor do desenvolvimento de novas tecnologias (com particular destaque para as plataformas de televisão digital)

Mas são numerosos e significativos os *efeitos nefastos* que a prática dos exclusivos implica *no plano da concorrência*.

Conduz, desde logo, ao *encerramento do mercado*, impossibilitando o acesso de concorrentes, actuais ou potenciais, àqueles conteúdos (efeitos horizontais). A empresa adquirente obtém uma *posição dominante* que facilmente lhe permite subir os preços cobrados a anunciantes e assinantes (efeitos verticais).

Depois, ao limitar o número de direitos televisivos individualmente disponíveis no mercado, *restringe a concorrência* dos operadores televisivos pela sua arrematação e *reforça a posição* das empresas de televisão estabelecidas, que são as únicas que dispõem da capacidade financeira para arrematar os direitos.

Finalmente, a prática dos exclusivos resulta numa importante *limitação da produção*, porque uma esmagadora percentagem dos jogos adquiridos em pacotes muito extensos não chega a ser integral-

---

[29] Ao contrário do que sucede com outro tipo de *premium contents* – por exemplo, os filmes de grande audiência podem ser exibidos mais do que uma vez, em diferentes horários e dias, mantendo idêntico grau de utilidade.

194   II Congresso de Direito do Desporto

mente transmitida em directo, com prejuízo do consumidor final. É o fenómeno da esterilização dos direitos, que consubstancia um exemplo flagrante de não-eficiência económica.

ii) *Vendedor único*

Uma outra situação potencialmente nociva para a concorrência é a gerada pela *existência de um vendedor único*, quer se trate de uma associação desportiva, quer de um intermediário que comercializa os direitos no mercado retalhista. No primeiro caso, existirá normalmente um acordo entre os clubes ou uma deliberação da respectiva associação que confere a esta o poder de negociar os direitos em nome e por conta dos membros[30]. No caso do intermediário, a situação é gerada pelo facto de haver conseguido reunir nas suas mãos um feixe de direitos adquiridos aos clubes mediante negociação individual[31].

Em abono da venda colectiva por uma entidade associativa, tem-se sustentado que pode comportar um mecanismo de redistribuição dos rendimentos resultantes da venda de direitos pelos diversos clubes envolvidos, beneficiando os menos ricos, sem esquecer a possibilidade de utilização de parte das receitas na promoção do desporto amador.

Em geral, no plano da defesa da posição do vendedor único, colhe também um argumento de eficiência: as economias verificadas nos custos de transacção pela existência de um "ponto de venda único" (*one stop shop*) em vez de diversas negociações separadas. Registam-se também vantagens no que toca à exploração de nomes ou marcas associados às competições e, ainda, a possibilidade de comercializar os encontros de uma dada competição como um só produto, o que vai de encontro ao interesse de muitos dos espectado-

---

[30] Veja-se, entre nós, o caso decidido pelo Conselho da Concorrência em 06.03.1997, relativo aos contratos celebrados pela Liga Portuguesa de Futebol Profissional, em representação dos clubes nela filiados, com a Olivedesportos e com a RTP (Processo n.º 1/96, Relatório de Actividades de 1997).

[31] É, portanto, uma situação mais difícil de sindicar desde a perspectiva do direito da concorrência (enquanto que a primeira cabe sem problemas na categoria do acordo ou da decisão de associação). Difícil, mas não impossível: pode trilhar-se a via do efeito cumulativo gerado pelo feixe de contratos ou sindicar o eventual abuso de posição dominante na aquisição ou posterior exploração dos direitos.

res que querem acompanhar o desenrolar da prova e não (ou não só) os jogos de uma determinada equipa.

São, todavia, importantes as *consequências negativas* que esta situação produz *ao nível da concorrência*. O sistema pode ser utilizado, no caso das associações, como um mecanismo de fixação e alinhamento de preços, funcionando como um *cartel*. Na medida em que o vendedor único imponha a comercialização do lote como um todo, impedindo os compradores de adquirir apenas os jogos que lhes interessam, podemos estar igualmente em presença de um *mecanismo de coligação* de contratos ou prestações.

O sistema é ainda susceptível de gerar um *entrave à inovação e à emergência de novos mercados*, na medida em que o vendedor único não chegue sequer a comercializar os direitos multimédia (Internet e UMTS) por temer que 'canibalizem' os direitos televisivos tradicionais, fazendo descer o seu preço.

iii) *Comprador único*

Todos estes riscos são *potenciados* pela existência de um comprador único, isto é, pelo facto de uma única empresa de audiovisual conseguir adquirir a totalidade (ou a quase totalidade) dos direitos televisivos relevantes[32]. Sai reforçado o poder de mercado dos grandes operadores televisivos, que são normalmente os únicos a dispor de condições financeiras para arrematar os grandes exclusivos. Para mais, se os exclusivos forem extensos e de longa duração, elevam-se fortemente as barreiras à entrada: privado do acesso àquele *premium content*, nenhum concorrente potencial estará na disposição de arriscar.

---

[32] Se se tratar de um agrupamento de operadores televisivos (*v.g.*, de diversos países) é possível que o efeito seja pro-competitivo, na medida em que *fique demonstrado* que cada operador, individualmente, não possuiria os recursos financeiros necessários à aquisição dos direitos, caso em que o agrupamento lhes propicia as condições e a oportunidade de competir com os grandes. Nesta matéria, veja-se a decisão da Comissão de 11.06.1993, Processo IV/35150, sobre o Sistema Eurovisão.

D) *Directrizes de compatibilização com o direito da concorrência*

Nos últimos anos, tem-se verificado uma reacção das entidades de defesa da concorrência, sobretudo a nível comunitário, contra a proliferação destas práticas associadas à comercialização de direitos televisivos. Das soluções alcançadas é possível extrair um *conjunto de directrizes aplicáveis aos sistemas de alienação de direitos televisivos.*

Em primeiro lugar, a *licitação dos direitos* deve ser pública e aberta a todos os potenciais interessados em igualdade de posição, o que implica a ausência de cláusulas de renovação automática ou de preferência nos contratos celebrados. Pode, inclusive, o processo de licitação estar sujeito à supervisão de uma entidade independente.

A *duração dos acordos* de exclusividade não deve ser excessiva. Aceita-se que o exclusivo dure de um até a um máximo de três anos. Muito excepcionalmente pode alcançar os cinco anos, se se verificarem justificações particulares, como seja a necessidade de implementar nova tecnologia que requeira pesados investimentos (plataformas de televisão digital) ou a conveniência em viabilizar entrada de novos operadores no mercado. E é claro que a duração também será aferida na sua co-relação com a extensão do pacote de direitos adquirido (*v.g.*, tem-se considerado perfeitamente aceitável o exclusivo sobre todos os jogos de um campeonato desde que se restrinja a uma só época).

No que toca à *extensão do exclusivo*, a ideia-chave é a da segmentação: repartir os direitos em pacotes de modo a permitir mais do que um comprador. Pode, aliás, impedir-se que um único comprador arremate a totalidade dos pacotes disponíveis.

Inovador é também o mecanismo do *fall back*: os direitos adquiridos mas não utilizados revertem para os clubes, que tornam a poder dispor deles. Aos clubes será igualmente facultada a exploração dos direitos de transmissão em diferido e de *clips* de vídeo a difundir na Internet, permitindo-se ainda a elaboração de arquivos.

Assegura-se com particular ênfase a colocação no mercado dos direitos relativos aos *novos media* (Internet e 3G).

O recurso à prática do *sublicenciamento*, utilizada tradicionalmente pelo comprador único para tentar furtar-se às objecções do direito da concorrência, é alvo de especiais cautelas. O seu préstimo depende, naturalmente, do valor e dos termos das sublicenças concedidas aos outros operadores. Assim, os conteúdos não podem ser apenas de terceira categoria, o preço cobrado não pode ser excessivo e as condições devem ser transparentes e não discriminatórias.

A grande viragem foi marcada pelo **caso UEFA** (2003)[33]. A Comissão havia levantado objecções ao sistema de venda conjunta notificado em 1999. A UEFA vendia todos os direitos de transmissão televisiva da Liga dos Campeões no âmbito de um único pacote, a uma única entidade de difusão, numa base exclusiva e por períodos até quatro anos; nem todos os desafios eram transmitidos em directo na televisão; os operadores da Internet e de redes telefónicas eram pura e simplesmente excluídos do acesso aos direitos. O *novo sistema* adoptado pela UEFA em resultado das objecções levantadas pela Comissão: *(i)* reparte os principais direitos em dois pacotes distintos (os pacotes de "ouro" e "prata"); *(ii)* se a UEFA não conseguir vender o pacote dos direitos remanescentes (dito de "bronze") dentro de um certo prazo, o clubes poderão comercializar eles próprios os desafios; *(iii)* a duração dos acordos terá um limite de três anos; *(iv)* a licitação será feita através de um concurso público, permitindo a todos os canais televisivos apresentar a sua proposta; *(v)* tanto a UEFA como os clubes de futebol ficarão em condições de oferecer conteúdo da Liga dos Campeões a operadores de Internet e UMTS; *(vi)* os clubes de futebol poderão igualmente explorar direitos de transmissão de televisão em diferido e utilizar o conteúdo em termos de arquivo.

Seguiu-se o **caso BUNDESLIGA** (2005)[34], no qual a Comissão, na primeira decisão do género (permitida pela entrada em vigor do Regulamento CE 1/2003), *tornou vinculantes os compromissos* apresentados pela "Ligaverband" alemã quanto ao modelo de comercialização dos direitos de transmissão dos jogos de futebol da primeira e da segunda divisões. O plano inicialmente apresentado pela Liga Alemã de Futebol correspondia a um sistema tradicional de comercialização centralizada. Constituía uma restrição à concorrência entre os clubes, afectava a concorrência nos mercados a jusante entre as empresas de comunicação social e acentuava as tendências de concentração no sector. De acordo com os compromissos, todos os direitos de transmissão deixarão de ser vendidos a uma única

---

[33] Processo COMP/C.2-37.398, decisão da Comissão de 23/07/2003; IP/01/583 e IP/03/1105.

[34] Processo COMP/Com-2/37.214, decisão da Comissão de 19.01.2005; IP/03/1106 e IP/05/62; MEMO/05/16. Ver também Srefan WILBERT, "Joint selling of Bundesliga media rights – first Comission decision pursuant to Article 9 of Regulation 1/2003", *Competition Policy Newsletter*, n.º 2, 2005, pp. 44-46.

empresa de radiodifusão, num único pacote. Nomeadamente: *(i)* os direitos de transmissão serão separados e vendidos de modo transparente num conjunto de pacotes distintos, no quadro de um procedimento transparente e não discriminatório; *(ii)* serão comercializados pacotes de transmissão pela Internet e telemóvel, em directo ou quase-directo e em diferido; *(iii)* nenhum contrato poderá ter uma duração superior a três épocas; *(iv)* os direitos que a Liga não conseguir vender podem ser oferecidos em paralelo pelos clubes; *(v)* cada clube poderá vender o direito de transmissão dos seus jogos em casa uma só vez 24 horas após o desafio a um canal de televisão de livre acesso; *(vi)* cada clube poderá explorar na Internet, após o fim das partidas, clips vídeo dos seus jogos em casa ou fora; *(vii)* cada clube poderá vender a cobertura dos jogos em casa via telemóvel aos operadores de redes móveis.

Mais recentemente, o processo relativo à venda conjunta dos direitos de transmissão dos jogos da Premier League (2006)[35]. também se encerrou com a *imposição de compromissos vinculantes.* A Primeira Liga inglesa vendia pacotes de direitos de transmissão por conta dos clubes às empresas de televisão da Grã-Bretanha e da Irlanda, numa base exclusiva. No quadro deste sistema, os clubes ficavam impedidos de vender eles próprios os seus direitos, mesmo os não incluídos nos pacotes. Na prática, isto significava que, à data do início da investigação da Comissão, apenas 25% dos jogos da Primeira Liga eram transmitidos em directo. Entre os compromissos que vieram a ser impostos, merecem destaque: *(i)* a criação de seis pacotes de jogos equilibrados, representativos do conjunto da primeira divisão, não sendo um só comprador autorizado a adquirir mais de cinco; *(ii)* as regras de organização dos leilões (*v.g.*, garantia da presença de pelo menos dois organismos de radiodifusão televisiva; licitação individual de cada pacote pela maior oferta), leilões que serão monitorizados por uma entidade independente; *(iii)* progressos sensíveis na comercialização dos direitos multimédia e no reconhecimento dos direitos de difusão dos clubes[36].

---

[35] Processo COMP/C/38.173; IP/02/1951, IP/03/1748, IP/05/1441 e IP/06/356.

[36] A moldura adoptada conduziu a uma situação relativamente complexa, do ponto de vista da prossecução dos objectivos visados. Em Maio de 2006, dois dos seis pacotes (alegadamente, os menos apetecíveis) vieram a ser vendidos ao grupo de *pay-tv* irlandês Setanta, ficando a BSkyB com os restantes quatro pacotes, pelos quais desembolsou um valor 30% superior ao que havia pago, três anos antes, pela totalidade dos direitos (de acordo com o noticiado pela edição digital do jornal "The Guardian" em 06.05.2006). O resultado pro-competitivo traduz-se, claro está, na entrada de um novo operador televisivo no mercado. Pairam, todavia, algumas dúvidas sobre a melhoria da situação dos consumidores/espectadores, pelo menos no curto prazo: a BSkyB dificilmente deixará de repercutir o acréscimo do preço pago pelos direitos nas assinaturas cobradas aos espectadores, que assim passarão a pagar mais para assistir aos jogos.

E) Referência aos casos relacionados com plataformas e canais de televisão

Terminamos a nossa análise com a referência aos casos relacionados com as **plataformas e canais de televisão**. É afinal, a outra face da mesma moeda: as associações e ligas vendem, os canais e plataformas compram. Mas também por esta via tem o problema sido levado até às autoridades de defesa da concorrência, tanto comunitárias como nacionais.

A nível comunitário, temos os exemplos do caso BSkyB, da fusão entre a Newscorp e a Telepiù ou da criação da Audiovisual Sport pela Sogecable e pela Telefonica. Entre nós, é incontornável a referência ao exame concorrencial a que foi submetida a criação da Sport TV, bem como a alteração da estrutura accionista posteriormente verificada.

O estatuto de pioneiro cabe ao **caso BSkyB** (1993)[37], relativo aos acordos entre a English Football Association (FA), a BBC e a BSkyB, ao abrigo dos quais era atribuído a ambos os canais o direito exclusivo de cobertura televisiva dos jogos de futebol nas épocas de 1988/89 – 1992/93. Os acordos referiam-se a todos os jogos nacionais e internacionais em que a FA detinha os direitos de transmissão televisiva, *i.e.*, os jogos das taças nacionais organizados pela FA e os jogos internacionais que envolvessem a equipa nacional da Inglaterra. Segundo a opinião da Comissão, a exclusividade da BBC e da BSkyB era abrangida pelo nº 1 do artigo 85º do Tratado. A fim de permitir que todos os canais beneficiassem de uma oportunidade equitativa em termos de acesso a jogos de futebol de grande audiência, a vigência dos contratos deveria ser limitada, como regra geral, a uma única época. No entanto, neste caso particular, justificava-se uma isenção uma vez que a BSkyB, que apenas havia entrado em funcionamento em 1990, carecia de um contrato mais dilatado com o objectivo de *facilitar a sua penetração no novo mercado*, à época ainda em desenvolvimento, *de emissão via satélite directa ao lar*. Foi, todavia, suprimida uma cláusula atribuindo à BBC e à BSkyB os direitos exclusivos relativos à transmissão de jogos de futebol do estrangeiro, comprometendo-se a FA a não fazer qualquer discriminação entre a BBC/BSkyB e os outros canais de televisão (por exemplo, a ITV) que desejassem transmitir tais jogos.

---

[37] IP/93/614.

No caso NEWSCORP/TELEPIÙ (2003)[38], a concentração entre as duas plataformas de *pay-tv* por satélite existentes em Itália (Telepiù e Stream) conduziria à criação de um quase-monopólio duradouro no mercado italiano da televisão por assinatura, dando à Newscorp uma posição controladora (*gatekeeper*) do acesso à plataforma técnica via satélite (a plataforma que decifra os sinais radiodifundidos pelo fornecedor do programa e os transmite a assinantes através do descodificador) e criando uma posição monopolista no que se refere à aquisição de alguns tipos de conteúdos de grande audiência (nomeadamente, os direitos exclusivos sobre a transmissão de *jogos de futebol* e filmes de grande audiência). Os compromissos impostos (pela decisão de não oposição) em matéria de conteúdos destinavam-se a garantir que os filmes de grande êxito, os jogos de futebol e outros direitos desportivos estariam disponíveis e poderiam ser disputados no mercado. A Comissão impôs mesmo a *supressão dos direitos exclusivos* para a transmissão feita por outra via que não o satélite, de modo a que os operadores por cabo, DTT e Internet pudessem vir a adquirir os conteúdos directamente aos titulares dos direitos. E para garantir o acesso por potenciais concorrentes via satélite, permitiu-se aos titulares dos direitos (clubes de futebol e produtores ou distribuidores de filmes) a *rescisão unilateral e sem penalização* dos contratos em vigor, introduzindo-se o limite de dois anos à duração de futuros contratos relativos a direitos sobre futebol.[39]

No **caso SOGECABLE/TELEFONICA** (2003)[40] foi analisado um acordo entre as duas maiores plataformas de televisão por assinatura em Espanha: a Telefónica e a Sogecable (detida pelo Canal + e pela Prisa). Através do acordo de *joint-venture* AUDIOVISUAL SPORT, pretendiam a aquisição e exploração conjuntas dos direitos de difusão dos jogos da 1ª Liga espanhola por onze épocas. A *extensão dos direitos* foi considerada inaceitável. Apontados foram também os efeitos nefastos produzidos pela imposição de preços e outras condições de exploração aos terceiros a quem fosse concedida uma licença de *pay-per-view*, bem como pela repartição de mercados entre as partes. As empresas concordaram em conceder aos seus concorrentes acesso aos direitos e em permitir-lhes estabelecer livremente os preços das suas próprias assinaturas e *pay-per-view*, o que se repercutiu imediatamente em descidas de preço para os consumidores. A Comissão continuou, todavia, a examinar o acordo e o processo só veio a ser encerrado

---

[38] Processo M.2876, decisão da Comissão de 02.04.2003.

[39] Convém salientar que a investigação levada a cabo apurou que seria muito improvável a sobrevivência de dois operadores no mercado da televisão por assinatura em Itália.

[40] Processos COMP/37.652 e COMP/37.760; IP/00/372, IP/00/1352 e IP/03/655; ver também Processo M.2845; IP/02/1216.

na sequência das *condições impostas pelas autoridades da concorrência espanholas* à concentração entre a Sogecable e a ViaDigital (detida pela Telefonica). Essas condições criaram, no entender da Comissão, as bases para uma exploração mais competitiva dos direitos televisivos sobre futebol e, em particular, impuseram à Sogecable a obrigação de comprar a parte da Telefonica na Audiovisual, extinguindo assim o acordo examinado pela Comissão. Além disso: *(i)* eliminaram as opções de renovação detidas pela Audiovisual quanto aos direitos; *(ii)* garantiram o acesso de terceiros aos direitos em condições justas e não-discriminatórias; *(iii)* e impediram que a nova entidade detivesse o uso exclusivo dos direitos multimédia.

No caso **Sport TV I** (1999)[41], o Conselho da Concorrência português considerou, no parecer emitido sobre a concentração relativa à criação da empresa comum Sport TV, que a operação permitiria à dita empresa alcançar uma *posição dominante* susceptível de impedir, falsear ou restringir a concorrência no mercado retalhista de direitos de transmissão televisiva de jogos (e resumos de jogos) de futebol com equipas nacionais. Seria, contudo, possível *compatibilizar* a concentração com a manutenção de uma concorrência efectiva desde que fossem impostas certas condições: *(i)* os direitos exclusivos outorgados à Sport TV deveriam ser reduzidos para três anos, ou seja, para metade da duração prevista pelas partes; *(ii)* as renovações dos contratos não deveriam exceder os dois anos; *(iii)* a janela de conteúdos ou sub-licença consagrada em benefício exclusivo da RTP deveria ser aberta a qualquer operador interessado, mediante condições não discriminatórias. A subsequente *decisão ministerial de autorização*[42], contudo, *(i)* permitiu, sem qualquer fundamentação, que o exclusivo da Sport TV mantivesse a duração de seis anos; *(ii)* limitou-se a transformar o exclusivo concedido pelas partes à RTP num direito de preferência, continuando, portanto, a permitir a discriminação dos restantes operadores; *(iii)* impôs um compromisso *sui generis*, consubstanciado na reprodução do prescrito por uma norma legal imperativa[43].

Posteriormente, no caso **Sport TV II** (2004)[44], a Autoridade da Concorrência (AdC) escrutinou a aquisição pelas empresas PPTV e PT Conteúdos do controlo conjunto da Sport TV Portugal, através da compra, em partes iguais, da totalidade da participação até então detida pela outra

---

[41] *Consejo da Concorrência – Relatório de Actividade* 1999, pp. 141, ss.

[42] Decisão 2/98 – Sport TV, que pode ser consultada em http://
//www.autoridadedaconcorrencia.pt/aConcorrencia_C14.aspx?cat=Cat_ArquivoDGCC.

[43] O art. 16º 2f) do Decreto-Lei n.º 241/97, de 18.09.

[44] Processo Ccent 47/2003, decisão de 08.04.2004.

sócia, a RTP. Em simultâneo, a Sport TV adquiria à PPTV os direitos exclusivos de transmissão dos jogos de futebol do principal escalão do Campeonato Nacional de Futebol no período compreendido entre as épocas desportivas de 2004/2005 e de 2007/2008. A AdC adoptou uma *decisão de não oposição com compromissos*, considerando que a operação afectava negativamente dois dos mercados relevantes: o mercado da televisão paga por assinatura (risco de discriminação dos concorrentes) e o mercado dos conteúdos multimédia desportivos para difusão via internet e comunicações móveis (risco de criação de relações privilegiadas com as empresas do Grupo PT, de discriminação dos concorrentes e preocupações relativas à existência obrigatória de uma receita mínima, desligada de quaisquer critérios de racionalidade económica). Quanto ao mercado dos direitos exclusivos de transmissão televisiva dos jogos de futebol que têm lugar regularmente envolvendo equipas nacionais, considerou a AdC que a concentração não era susceptível de produzir consequências negativas, permitindo que se mantivesse nos quatro anos pretendidos pelas partes a duração do exclusivo sobre os direitos de transmissão televisiva de jogos de futebol da Super Liga.

F) *A salvaguarda do direito à informação*

Não poderíamos colocar um ponto final neste estudo sem mencionar o regime que, entre nós e em conformidade com os ditames comunitários[45], se destina à salvaguarda do direito à informação. No *plano estrutural*, é certo que semelhante regime representa uma quebra do exclusivo; no *plano funcional*, porém, a amplitude dessa quebra é insuficiente para mitigar quer o valor económico dos exclusivos, quer os problemas que colocam ao direito da concorrência.

O art. 29º da **Lei da Televisão**[46] consagra, a favor de qualquer operador de televisão (nacional ou não), o direito a transmitir *extractos informativos* de qualquer espectáculo ou evento público – incluindo, portanto, desafios de futebol.

Os extractos devem limitar-se à duração estritamente indispensável à percepção do conteúdo essencial dos acontecimentos, com um

---

[45] Directiva n.º 89/552/CEE, do Conselho, de 3 de Outubro, na redacção que lhe foi dada pela Directiva n.º 97/36/CE, do Parlamento e do Conselho, de 30 de Junho.

[46] Lei n.º 32/2003, de 22 de Agosto.

máximo de noventa segundos. Devem, ainda, ser difundidos exclusivamente em programas regulares de natureza informativa geral posteriores à cessação do evento. Para o exercício deste direito, os operadores podem utilizar o sinal emitido pelos titulares dos direitos exclusivos, suportando apenas os custos que eventualmente decorram da sua disponibilização (e identificando a fonte das imagens), ou recorrer, em alternativa, à utilização de meios técnicos próprios, nos termos legais que asseguram o acesso dos órgãos de comunicação social a locais públicos. É deixada aos operadores envolvidos a possibilidade de acordarem condições mais favoráveis quanto à extensão e exercício do direito.

Já o art. 28º da mesma Lei da Televisão disciplina como que um *sub-licenciamento legal*, inspirado por preocupações muito diversas das que norteiam o direito da concorrência.

Pretende-se que seja difundido *em regime aberto e com cobertura nacional* um determinado número de acontecimentos alvo de interesse generalizado do público, constantes de *lista anualmente publicada* no Diário da República. Nessa lista se incluem, nomeadamente, os jogos oficiais das selecções nacionais de futebol. Por conseguinte, sempre que um operador de televisão que emita em regime de acesso condicionado ou sem cobertura nacional haja adquirido direitos exclusivos sobre tais acontecimentos, fica obrigado a facultar o seu acesso aos operadores interessados que emitam por via hertziana terrestre, com cobertura nacional e acesso não condicionado. A lei estabelece o regime ao abrigo do qual esse acesso será facultado[47], prescrevendo, desde logo, que deverá ocorrer em termos não discriminatórios e de acordo com as condições normais do mercado.

O direito à informação também é objecto de tutela jurídica na **Lei da Rádio**[48], cujo art. 36º prevê um direito à transmissão radiofónica de *breves extractos* de espectáculos ou outros eventos públicos, com o objectivo de informar sobre o conteúdo essencial desses acontecimentos. Todavia, no que toca aos *acontecimentos desportivos*, estabelece um *regime peculiar*. Não só permite o relato ou comentário radiofónico desses eventos na íntegra, como *proíbe* a

---

[47] Decreto-Lei n.º 84/2005, de 28 de Abril.
[48] Lei n.º 4/2001, de 23 de Fevereiro.

limitação ou condicionamento da faculdade de os emitir através da *exigência de contrapartidas financeiras* (com excepção das que se destinem a suportar os custos resultantes da disponibilização dos necessários meios técnicos ou humanos).

LA REGULACIÓN DEL DOPAJE
EN EL DEPORTE

ALBERTO PALOMAR OLMEDA

Sumario: Introducción. 1. La regulación jurídica del dopaje deporte en el ámbito de la Ley del Deporte de 1990. Principios generales y normativa aplicable. 1.1. Regulación en el marco de la Ley Orgánica de Protección de la Salud y lucha contra el dopaje. 1.2. Principios generales. 2. La regulación de la Agencia Mundial sobre el dopaje. 2.1. Consideraciones generales. 2.2. Estructura de la Convención Internacional contra el dopaje en el deporte. 2.3. Algunos problemas en la aplicación del Código Mundial Antidopaje en España. 3. Estructura de la Convención Internacional contra el dopaje en el deporte. 3.1. Principios generales. 3.2. Estructura obligacional de la Convención: el limitado alcance del compromiso internacional. 3.3. Medidas concretas que se prevén en la Convención en orden a la lucha contra el dopaje en el deporte. 3.4. La cooperación con el movimiento deportivo. 3.5. El apoyo financiero a la lucha contra el dopaje. 3.6. La Organización administrativa derivada de la Convención para el seguimiento y control de la misma. 3.7. Procedimiento para la ratificación de la Convención. 4. Algunas consideraciones generales formuladas a modo de conclusión: las grandes tensiones de la regulación.

Introducción

El objetivo del presente Capítulo es el de analizar el estado actual de la regulación del dopaje deportivo. Adelantemos que esta regulación se presenta como especialmente compleja porque en la misma inciden cuestiones de distinta índole:

- La conexión entre las normas públicas y las estrictamente privadas tanto en el ámbito nacional como en el internacional especialmente, en este último caso, tras la creación de la Agencia Mundial Antidopaje.
- El propio sustento de la normativa antidopaje que tiene una fuerte dependencia del estado de la ciencia. La ciencia y la investigación médica, biológica, química y analítica están en continúa evolución y proyectan un cierto ámbito de inseguridad en la regulación jurídica que realmente complica bastante el establecimiento de una regulación jurídica certera y segura.

Estas dificultades son las que, muy a menudo, proyectan sobre el ámbito del dopaje en el ámbito del deporte, una regulación compleja en tres niveles: el internacional, el nacional y el autonómico que todos ellos giran sobre un mismo concepto: la licencia deportiva que – con independencia de sus ámbitos – es la que determina las reglas aplicables a cada una de las competiciones.

De hecho y desde una perspectiva práctica podríamos decir que la regulación aplicable a cada caso no es un concepto apriorístico sino una cuestión concreta: el ámbito en el aparece configurada o incluida, en el respectivo calendario, la prueba o competición correspondiente. De esta forma la aplicación del régimen internacional, nacional o autonómico es únicamente fruto de la inclusión de la respectiva competición en el calendario de las mismas de cada una de aquellas. Esta inclusión es la que determina el régimen jurídico aplicable que incluye la lista de substancias, el procedimiento aplicable e, incluso, las sanciones susceptibles de ser impuestas.

1. La regulación jurídica del dopaje deporte en el ámbito del deporte en España

1.1. *El modelo de la represión del dopaje en la ley organica de protección de la salud y lucha contra el dopaje en el deporte*

A) Esquema general de carácter orgánico y competencial.

– Gira en torno a tres organismos:

Comisión de Seguimiento y control de la Salud y el dopaje	Agencia Española Antidopaje	Federaciones deportivas

La secuencia del dopaje es:

– La Comisión de Seguimiento y control de la Salud y el dopaje acuerda el número **y la modalidad de los controles.**
– La federación los realiza (sortea, cumple con lo fijado, establece criterios, determina los partidos concretos, etc...)
– Cuando tiene una muestra lo pasa a la Agencia Española Antidopaje, quien tiene que efectuar todos los trámites analíticos para determinar un positivo.
– Si es positivo: lo remite directamente al presidente del Comité Jurisdiccional de la Federación respectiva.
– El Comité Jurisdiccional tiene un plazo de dos meses para instruir el expediente.
– A partir de ahí y sino fuera resuelto pasa a la Comisión de Seguimiento y Control que concluye el expediente.
– Contra la resolución no cabe más que recurso ante una sección especial de carácter arbitral del CEDD.
– Contra la resolución arbitral solo cabe recurso contencioso-
-administrativo ante el Juzgado Central de lo contencioso-
-administrativo. No cabe apelación.

B) La importancia de la participación.

– El órgano más importante es la Comisión de Seguimiento y control de la salud y el dopaje.

Sus funciones son:
– Determinar los planes de salud.
– Determinar los planes antidopaje.
– Determinar los tipos de controles.
– Determinar los controles fuera de competición.

Esta compuesto por un Pleno y dos subcomisiones: salud y dopaje.

C) Una breve aproximación al papel de cada agente en el nuevo proceso.

– La Agencia Española Antidopaje es un órgano técnico para investigar y realizar los controles.

La importancia de estar en el mismo es relativa salvo para conocer los avances y asegurar la "limpieza" de los positivos que se dan.

– Federaciones.

Aparecen mucho más controladas.
a) Deben fallar en dos meses o pierden la competencia a favor de la Comisión de Seguimiento y Control.
b) Se impide que conozca el positivo cualquiera que no sea del Comité, y se les sanciona por conocer los resultado.
c) No hay recurso de apelación.
d) No tiene intervención previa la Comisión de dopaje federativa que únicamente puede actuar en el expediente disciplinario si éste le pide un informe.

1.2. *Principios generales de la regulación*

• Definición del dopaje.

El dopaje al que se refiere el conjunto normativo indicado está representado por un conjunto de conductas o acciones realizadas por el deportista o toleradas por él y que se refieren a:

- La utilización de sustancias y grupos farmacológicos prohibidos, lo que se determina por referencia a una lista que se publica por Resolución del Presidente del Consejo Superior de Deportes, y por una referencia finalista que realmente no tiene, posteriormente, reflejo normativo pero que es la referencia al aumento artificial de las capacidades físicas o la modificación de los resultados de las competiciones.
- La utilización de métodos no reglamentarios destinados a aumentar artificialmente las capacidades físicas de los deportistas o la modificación de los resultados.
- La promoción o incitación a la utilización de las substancias o métodos a los que se refieren los apartados anteriores.
- La negativa a someterse a los controles antidopaje, dentro y fuera de la competición.
- Las acciones u omisiones tendentes a impedir o perturbar la correcta realización de los procedimientos de represión del dopaje.

• Modelo de represión.

El modelo de represión puede configurarse, como más adelante se indica, como un modelo mixto de interacción entre la Administración Pública deportiva y las propias Federaciones Deportivas.

La interacción está basada en la atribución a la Administración Pública deportiva del señalamiento del marco normativo y en la supervisión de la actuación de las Federaciones Deportivas. Asimismo se le atribuye un protagonismo importante en la adveración y demostración de la existencia de substancias o la utilización de métodos prohibidos en el ámbito del deporte.

Frente a esto las Federaciones Deportivas asumen la gestión y control, en primera instancia, del control de las substancias y la detección de la utilización de métodos prohibidos en el ámbito del deporte.

• La licencia como substrato esencial de la aplicación del régimen disciplinario del dopaje.

Los controles de dopaje en el ámbito de la legislación española toman como punto de partida la obligación que el artículo 58 de la Ley del Deporte de 1990 establece para **todos los deportistas con licencia para participar** en competiciones oficiales de ámbito estatal de someterse a los controles previstos por la Comisión Nacional Antidopaje, tanto en competición como fuera de la misma. Esta obligación puede ser requerida, la LD no indica si sucesiva o alternativamente, por el Consejo Superior de Deportes, las Federaciones Deportivas Españolas, las Ligas Profesionales o la propia Comisión Nacional Antidopaje.

En la actualidad podemos configurar esta obligación como una obligación de hacer o, más correctamente, de soportar que alcanza a los deportistas que compiten durante la citada competición y a los deportistas, en general, por el hecho de serlo.

Esta obligación de soportar se completa en la actualidad tras la publicación de la Ley 53 /2002, de 30 de diciembre, de Medidas Fiscales, Administrativas y del Orden Social con un conjunto de obligaciones de carácter instrumental que por su extensión y formulación (**obligación de localización permanente**) suponen una restricción de la libertad personal que es dudosamente compatible con el marco en el que se inserta y que resulta, en la desafortunada redacción dada, como claramente desproporcionada en la ecuación entre los fines perseguidos con la normativa de dopaje y los medios utilizados para su represión. Estos deberes alcanzan únicamente a los deportistas con licencia en vigor.

2. La regulación de la Agencia Mundial sobre el dopaje

El esquema indicado en los apartados anteriores ha supuesto durante mucho tiempo una referencia organizativa prácticamente indudable e indiscutida. Es cierto, sin embargo, que con el paso del tiempo el modelo deportivo-federativo – vinculado o conectado con la función de supervisión de los respectivos Estados – tiende a reflejarse como insuficiente lo que llevó al conjunto del movimiento deportivo a plantearse la necesidad de unificar los criterios y establecer un régimen diferente. Este propósito es el que se pone de manifiesto en la Conferencia de Lausanne en la que se existe un primer acuerdo sobre la necesidad de unificación de las normativas de dopaje y avanzar en un esquema unificado y coherente. El fruto final, con las ventajas e inconvenientes a los que inmediatamente nos referiremos, es la creación de la Agencia Mundial Antidopaje.

2.1. *Consideraciones generales*

En la línea de la complicación de la relación de control de dopaje surge ahora, potencialmente, otro nuevo que viene de la mano de la creación de la Agencia Mundial Antidopaje que, desde una perspectiva jurídica, se configura como una fundación de derecho privado sometida al Derecho Suizo.

La labor esencial, en el plano normativo, de esta Agencia ha consistido en la aprobación del denominado Código Mundial Antidopaje que debe entrar en vigor (después de las correspondientes suscripciones) antes de los Juegos Olímpicos de Atenas de 2004 y que según indica la página web de la AMA, España ha aceptado y suscrito.

Llegados a este punto y para conformar una idea central sobre este Código podemos intentar una delimitación competencial sobre la base de las siguientes referencias:

A) Definición de dopaje.

Es, sin lugar a dudas, uno de los elementos centrales del nuevo Código que configura la misma entorno a las siguientes reglas:

– *Dopaje por la simple presencia de sustancias en el cuerpo.*

Esta presencia se admite tanto en su análisis orgánico de las muestras, como en los metabolitos como en los marcadores.

Sobre esta base se establece la definición por referencia a:

a) La obligación del deportistas de asegurarse de que ninguna sustancia prohibida penetra en su organismo. Para ello se establece que "los deportistas son responsables de la presencia en una muestra corporal de un atleta".

b) La presencia de las substancias dopantes se realiza con independencia de la cuantía. Solo excepcionalmente y cuando la propia Lista de substancias así lo establezca puede realizarse la referencia por niveles cuantitativos.

c) Eventualmente la lista de prohibiciones podrá prever criterios de apreciación específicos en relación con sustancias prohibidas susceptibles de ser producidas de manera endógena.

– *Uso o tentativa de uso de las substancias o de un método prohibido.*

Se parte para ello de la referencia de que éxito o el fracaso de una sustancia o de un método prohibido no es determinante lo que lleva al Código a entender que la tentativa basta para considerar que existe una violación de las reglas antidopaje.

– Sustraerse sin justificación válida a una toma de muestras una vez que la misma ha sido notificada de conformidad con la reglamentación antidopaje.

– Violación de las exigencias de disponibilidad de los deportistas para la realización de los controles fuera de competi-

Painel II. Competição Desportiva 213

ción, incluyendo la vulneración por parte del deportista de la obligación de suministrar información sobre su localización.

– La falsificación o la tentativa de falsificación de cualquier elemento del proceso de toma o de análisis de pruebas.
– La posesión de sustancias o métodos prohibidos.
– El tráfico de cualquier sustancia o método prohibido.
– La administración o la tentativa de administración de una sustancia o de un método prohibido a un deportista, o la asistencia, la incitación, la contribución, la investigación, la ocultación o cualquier otra forma de complicidad en la violación de una reglamentación antidopaje o cualquier tentativa de violación.

A modo de primera conclusión podemos indicar que la definición de dopaje que acaba de transcribirse incluye la totalidad de las conductas previsibles en las que puede consistir el acto de dopaje. Adelantemos, sin embargo, que la definición no se corresponde con el esquema de imputación ya que algunas de las conductas incluidas no se corresponden con la propia voluntad del deportista sino con las de su entorno y el Código no tiene para este esquema más conclusión que la más simple: hacer responsable de todo al deportista. Es por esto que el propio Código tiene que volver sobre su rígida formulación inicial del artículo 2 en los artículos siguientes para buscar fórmulas de exculpación cuando se pruebe (pese a la obligación personal) que la acción en cuestión, no ha sido realizada por el mismo.

Pese a esto el Código está pensado para el deportista y sólo eventualmente para los equipos en los que se integran éstos, pero no contiene grandes ni explícitas referencias al entorno del deportista.

Dado que este es el esquema central del Código nos referiremos en sucesivas ocasiones a él.

B) La relación de imputación del dopaje.

La carga de la imputación corresponde a la respectiva organización de dopaje y se basa en el establecimiento de una presunción consistente en indicar que los laboratorios AMA han efectuado el análisis de las muestras respetando los estándares aplicables y atribuyendo a los deportistas la obligación de demostrar que dichos estándares han sido vulnerados lo que, a su vez, invierte la carga de la prueba.

C) La Lista de sustancias y métodos prohibidos.

Se considera facultad del AMA el publicar en su WEB, al menos una vez al año, la lista en tanto que estándar internacional.

Se añade que las normas de cada organización antidopaje deberá precisar que, a menos que la lista de prohibiciones o una de sus actualizaciones disponga lo contrario, la misma entraña en vigor automáticamente, como lista de prohibiciones propia de la organización antidopaje, tres meses después de su publicación en la página Web de la AMA, sin que la organización antidopaje deba cumplir ninguna otra formalidad.

La decisión de inclusión de una substancia en la Lista es, dice el Código, firme y no podrá ser recurrida ni examinada en el curso de ningún procedimiento de análisis.

Establece un listado de criterios aplicables para la inclusión en la lista correspondiente y que se identifican con los siguientes:

– Cuando la evidencia médica o científica, el efecto farmacológico o la experiencia permite indicar que la misma mejora el resultado deportivo.

– Cuando con los mismos elementos de comparación se llegue a la conclusión de que supone un riesgo real o potencial para la salud del deportista.

– Si el uso de la substancia o método resulta contrario al espíritu deportivo.

– Si existen evidencias que la misma sirve para encubrir el uso de otras sustancias o métodos prohibidos.

Painel II. Competição Desportiva 215

D) Controles.

Es facultad de las organizaciones antidopaje en coordinación con el resto de organizaciones antidopaje que realicen controles al mismo grupo de deportistas y alcanza a los siguientes tipos de controles:

a) Los que se realizan en competición y fuera de competición. Corresponde a cada federación internacional definir un grupo de deportistas de nivel internacional que serán sometidos a control y a cada organización nacional antidopaje la de definir un grupo de deportistas que serán sometidos a control en su país.
El grupo nacional deberá comprender deportistas de nivel internacional del país, así como deportistas de nivel nacional.
b) Controles aleatorios.
c) Controles regulares.

Sin una gran precisión conceptual podemos indicar que existen, por tanto, tres grandes grupos de controles. En primer término, los de dentro y fuera de las competiciones, en segundo, los aleatorios (se ignora si afectan, igualmente, a la competición y fuera de ella) y los regulares.

Probablemente lo más importante es la definición de los sujetos que se hace al hilo de los controles en competición y fuera de ella pero que hay que entender que abarca el conjunto de los afectados y no que admite una potencial extensión de los mismos a otros sectores de los deportistas que no sean los indicados.

De esta forma podemos intentar sistematizar los obligados al control en la forma siguiente:

– Deportistas de nivel internacional, que son los que designa como tales la correspondiente federación internacional.
– Deportistas sometidos a control, que son los que designa como tales la correspondiente organización nacional antidopaje y que incluye a los deportistas de nivel internacional (por eso el principio del artículo 5.1. alude a la necesidad de coordinación) y los deportistas de nivel nacional.

E) Análisis de las muestras.

Corresponde a los laboratorios acreditados o reconocidos por la AMA la exclusiva en el análisis de las muestras. La elección corresponde a la organización antidopaje responsable de la gestión de los resultados que debemos entender que se corresponde con la que tiene capacidad de sanción sobre los hechos en cuestión.

F) Procedimiento para la sanción de los hechos.

Corresponde a la organización antidopaje correspondiente fijar un procedimiento para el inicio de la adveración de los resultados. En concreto este procedimiento tiene por objeto conocer si la substancia ha sido tomada con fines terapéuticos o si ha habido desvío aparente de los estándares internacionales relativos a los controles o a los análisis de laboratorio que comprometa la validez del resultado anormal hallado.

Una vez llevado el órgano de instrucción al convencimiento de que no concurren ninguna de las circunstancias indicadas debe informar al deportistas en la forma prevista en la normativa correspondiente del resultado, la norma infringida, de su derecho a exigir el análisis de la muestra B, del derecho de sus representante a asistir a la apertura de la muestra B, de su derecho a exigir copias del dossier.

Excepcionalmente y como ocurre en la actualidad es posible que la organización antidopaje pueda proceder a una instrucción complementaria se la lista de prohibiciones lo admite.

A partir de esta adveración se establecen una serie de normas aplicables al procedimiento sancionador debe cumplir los siguientes ítems:

– Celebración de la audiencia en un plazo razonable.
– Órgano encargado de la audiencia de carácter justo e imparcial.
– Derecho de la persona a ser representada por un consejero, a sus expensas.
– Derecho a ser informado justamente y en un tiempo razonable de la violación o violaciones que se le imputan.

- Derecho de cada parte a la práctica de las pruebas, incluido el derecho a citar o interrogar testigos).
- Derecho de la persona a un interprete durante la audiencia.
- Derecho a una decisión escrita y motivada en un tiempo razonable.

Este esquema se completa con la imposición de la sanción. No obstante esta regla general el apartado 10.8 contiene reglas específicas sobre el período de suspensión que comenzará en el fecha de la decisión del procedimiento o si este fuese rechazado desde la fecha de imposición.

El período de suspensión provisional será deducido del período total de suspensión que se imponga.

La suspensión impide participar en una competición o actividad autorizada y organizada por un signatario o por un miembro del signatario.

La sanción produce un efecto adicional que se centra en la privación de cualquier apoyo financiero o de cualquier otra ventaja relacionada con el deporte que provenga de los signatarios, de las organizaciones signatarias y de los gobiernos.

G) Sanciones.

Con carácter general la sanción por la violación de las reglas indicadas es la siguiente:

a) Reglas generales aplicables a la utilización de substancias y a su apreciación dentro del cuerpo del deportistas.

- Primera violación: dos años de suspensión.
- Segunda violación: suspensión de por vida.

Este régimen general tiene una excepción para unas determinadas sustancias específicas que son aquellas que se caracterizan por la posibilidad de apreciarse la no intencional violación de la normativa en razón a su frecuente presencia en los medicamentos o que sean menos susceptibles de ser utilizada con éxito como agentes dopantes. Lo curioso es que el Código afirma que cuando un deportista pueda probar que no ha utilizado dicha sustancia con la intención de mejorar sus marcas, el baremo de suspensión será reemplazado por el siguiente:

- Primera Infracción: como mínimo, una advertencia y una reprimenda sin periodo de suspensión en eventos futuros, o un sanción con un máximo de un año de suspensión.
- Segunda Infracción: dos años de suspensión.
- Tercera Infracción: suspensión de por vida.

Realmente se trata de un esquema complejo. En la definición se parte de que existen substancias que pueden encontrarse en el cuerpo por una circunstancia no intencional de la normativa que deriva de la frecuente presencia en los medicamentos. Sin embargo no se da el paso que apreciaría la seguridad jurídica: indicarlos.

Y eso sí, se traslada un hecho objetivo a uno subjetivo, que el deportista pruebe que no lo ha tomado con una intención de mejorar sus resultados.

b) Omisión o negativa a someterse al control o falsificación o tentativa de falsificación de un control de dopaje.

Se aplica la escala general, esto es, Primera violación: dos años de suspensión; Segunda violación: suspensión de por vida.

c) Tráfico de substancias, administración o tentativa de administración de una substancias.

Se establece una nueva escala que comienza en 4 años y puede extenderse hasta la suspensión de por vida.

d) Violación de la obligación de localización de deportistas y ausencia de controles, el período de suspensión será como mínimo de tres meses y como máximo de dos años.

H) Reglas específicas de imposición de sanciones.

Bajo este apartado, contenido en el apartado 10.5 del Código, se incluyen un conjunto de modulaciones a las sanciones que realmente resultan bastante difíciles de compaginar con el esquema inicial representado por la responsabilidad objetiva del deportistas. En concreto se refiere a la ausencia de falta culpa o negligencia, ausencia de negligencia significativa, y la participación del deportista en la delación que permita desmontar el sistema. Examinemos cada una de ellas por separado.

a) Ausencia de culpa o negligencia.

Este precepto exige diferenciarlo en primer término, del supuesto previsto en el apartado 10.3 (substancias específicas) al que ya nos hemos referido y que se caracteriza por el establecimiento de una escala más benévola que culmina en tres sanciones la más grave de ellas. Esta diferenciación sólo podría ser cierta si realmente se publicase la relación de sustancias específicas incluidas dentro del ámbito de aplicación del 10.3, lo que dejaría el 10.5 para el resto de los supuestos.

Deshecha esta primera referencia la segunda – su operatividad en el sistema global – resulta imposible. El artículo 10.5.1 indica que "cuando el deportista demuestre, en un caso particular de violación de las normas antidopaje ... que la violación no se debe a falta o negligencia por su parte, el periodo de suspensión será anulado". El encaje de esta norma con la más contundente del art. 2.1.1 que indica que "en consecuencia no será necesario probar la intención, la falta, la negligencia o el uso consciente por parte del deportista para establecer la violación" resulta ciertamente compleja ya que lo que se trata de probar ahora es la diligencia de sentido contrario con resultado frustrado ya que el propio artículo 10.5.1 indica que "el deportista deberá igualmente demostrar cómo ha llegado la substancia prohibida a su organismo para que la suspensión sea levantada".

Es decir que la intencionalidad y la negligencia no son eximentes de responsabilidad pero la demostración de la diligencia aunque el resultado sea positivo, sí. Es un esquema realmente infrecuente en nuestro Ordenamiento y que nos sitúa en un ámbito muy cercano al de la prueba diabólica.

La característica esencial de esta demostración es que conduce a la anulación de la sanción o para ser más exactos a su no imposición por no advertirse la existencia de la relación de imputación.

b) Ausencia de falta o negligencia significativa.

Tiene por objeto que el deportista pueda demostrar que no cometido ninguna falta significativa o negligencia. En este caso el periodo de suspensión podrá reducirse sin que en ningún caso pueda ser inferior a la mitad del periodo de suspensión que debería haberse aplicado en circunstancias normales.

Sí no se entiende mal este esquema la ausencia de falta o negligencia opera como una atenuante que permite la reducción hasta la mitad de la sanción a imponer. Realmente es muy difícil comprender como opera como el 2.1 salvo en esta condición (sin referencia a ninguna substancia sino a todas en su conjunto) de atenuante genérica que reduce – si se aprecia – a la mitad la sanción a imponer.

c) Colaboración delatora.

Esta figura esta prevista en el artículo 10.5.3 y permite la reducción de suspensión en aquellos casos en los que el deportista proporcione una ayuda sustancial a la organización antidopaje permitiendo así descubrir la posesión por personal técnico, el tráfico de sustancias o la administración a un atleta.

Se incluyen en este apartado de la delación supuestos realmente diferentes. Desde la exculpación por inculpación del verdadero responsable (que parece acertada), a las conductas de tráfico (que es tráfico para una organización privada y, sobre todo, qué ocurre si se trata de posesión de sustancias de mercado que lícitamente se pueden tener pero cuyo administración produce dopaje según el nivel y la cuantía en la que se haga), o conductas de señalamiento del responsable técnico que tiene productos susceptibles de generar esta situación.

Lo curioso es que muchas de estas conductas pueden ser consideradas como de ausencia de la propia negligencia y, sin embargo, la sanción se reduce únicamente a la mitad del período lo que se puede oponer al tratamiento de la falta de negligencia a la que anteriormente nos hemos referido.

En todo caso la delación, según su enunciado, alcanza al personal técnico y a cualquier otra persona lo que puede propiciar una delación pactada cuando en el país en cuestión el supuesto tráfico o la posesión de las sustancias no tenga un reproche penal que haga de la delación una situación de imputación que realmente tenga un efecto intimidatorio.

d) Violaciones potencialmente múltiples.

Se trata aquí de introducir una serie de reglas aplicativas para los supuestos de concurrencia de infracciones.

Se establece una regla específica de cara a determinar que una segunda violación de normas antidopaje puede ser tomada en consideración cuando la primera haya sido adecuadamente notificada o intentada en forma la notificación.

Esta regla se completa con otra según la cual se considera una única sanción la de utilización de una substancia prohibida y la de un método prohibido aunque la aparición de estos dos elementos de imputación permiten imponer la sanción más severa.

En último término si un deportista comete distintas infracciones, implicando la primera el uso de una sustancia específica y la segunda una substancia o método prohibido cuya sanción se rige por el régimen común o una infracción regida por las sanciones generales del ap. 10.4.1, el período de suspensión impuesto por la segunda infracción será de un mínimo de dos años y un máximo de tres. Se le impondrá una suspensión de por vida a todo deportista que cometa una tercera infracción de las normas antidopaje que implique una combinación cualquiera de substancias específicas de las previstas en el artículo 10.3 y cualquiera otra violación de las normas antidopaje previstas en los artículos 10.2 y 10.4.1.

I) Derecho de recurso.

Las reglas sobre el recurso podemos sintetizarlas en las siguientes:

a) Reglas generales.

Se establece un peculiar sistema de recursos que se caracteriza por la ejecutividad de la sanción durante la tramitación de los mismos y sin perjuicio de las medidas cautelares que pudieran adoptarse.

El régimen de recursos podemos intentar sistematizarlo en la forma siguiente:

– Recursos relacionados con deportistas de nivel internacional.

Este régimen es aplicable por un doble orden de razones. El personal, aplicable en todo momento a los deportistas internacionales, y el participativo, que se centra en la participación en un evento de carácter internacional.

La decisiones en esta materia sólo pueden ser recurridas ante el Tribunal Arbitral del Deporte dependiente del CIO y de acuerdo con las disposiciones en vigor en este Tribunal.

– Recursos relacionados con deportistas de nivel nacional.

Siempre que no se aplique la regla preferencial, respecto de los deportistas internacionales prevista en el apartado anterior, la decisión podrá ser recurrida ante una instancia independiente e imparcial de acuerdo con las normas establecidas por la organización nacional antidopaje. Dichas reglas deben respetar: – audiencia en un plazo razonable; – derecho a ser oído por una instancia justa e imparcial; – derecho de la persona a ser representada por un consejero, a sus expensas.

Al margen de esto es establece un régimen de legitimación especial que consiste en lo siguiente:

– Recursos ante el Tribunal Arbitral Internacional.

Se consideran legitimados, a) el deportista; b) la otra parte del litigio en el que haya recaído la decisión; c) la federación internacional competente y cualquier otra organización antidopaje, que, en virtud de su normativa, hubiese podido imponer la sanción; d) el Comité Olímpico Internacional o el Comité Paralímpico Internacional y, e) el AMA.

– Recursos ante instancias nacionales.

Las partes con derecho a recurrir ante la instancia nacional de apelación serán aquellas previstas por la normativa de la organización nacional antidopaje que deberán incluir como mínimo: a) el deportista o cualquier otra persona a quien se le aplique la decisión objeto del recurso; b) la otra parte del litigio en el que ha recaído la decisión; c) la federación internacional competente y, d) el AMA.

A esto se añade que el AMA y la federación internacional podrán recurrir ante el TAD una decisión adoptada por una instancia de recurso nacional

b) Decisiones que autorizan o deniegan el uso de sustancias con fines terapéuticos.

Estas decisiones se refieren a decisiones del AMA que revocan una autorización o una denegación de la utilización con fines terapéuticos. Estas resoluciones podrán ser impugnadas por el deportista o la organización antidopaje ante el TAD.

Si las decisiones de uso con fines terapéuticos han sido adoptadas por organizaciones distintas al AMA podrán ser recurridas antes el TAD por los deportistas de nivel internacional y ante una instancia nacional de recurso que puede, a su vez, ser recurrida por el AMA ante el TAD.

2.2. *Algunos problemas en la aplicación del Código Mundial Antidopaje en España*

La lectura de los elementos previstos en el apartado anterior nos ponen sobre la pista de una necesidad: la de replantear el marco actual de represión del dopaje deportivo. A modo de elementos nucleares que nos sirvan para el análisis de las cuestiones que tienen que cambiar podemos sintetizar dicho régimen indicando que se trata en el mismo los Poderes Públicos y concretamente el Estado, han asumido tanto en el plano internacional como en el nacional, un fuerte compromiso en esta lucha. De ahí que el modelo haya extraído del esquema puramente federativo esta infracción y la comparta, tanto en la definición como en la represión con el papel de un órgano administrativo como es la Comisión Nacional Antidopaje y, eventualmente, el propio CSD.

Esta configuración puede estar en entredicho. La lectura del Código no permite entender que haya desaparecido y que sea imposible, en términos del Código, la existencia de una organización nacional antidopaje que sea el propio Estado. Es cierto, sin embargo, que se convierte en un Estado con reglas de funcionamiento muy diferentes y cuyas decisiones son finalmente revisadas en un órgano arbitral de carácter deportivo como es el TAS a instancia de la propia Fundación AMA o de las federaciones deportivas.

Pero fuera de este planteamiento general podemos, de una forma muy esquemática indicar en este momento algunos problemas concretos de colisión:

1. El establecimiento incondicionado de la responsabilidad objetiva o por resultado.

Este punto tiene una cierta consagración en el artículo 130 de la Ley 30/1992, de 26 de noviembre, de Régimen Jurídico de las Administraciones Públicas y del Procedimiento Administrativo Común cuando entre los títulos de responsabilidad se incluye la "mera inobservancia" pero es cierto que la jurisprudencia constitucional y la contencioso-administrativa están matizando el alcance de esta prescripción e introduciendo elementos de culpabilidad convencionales.

Painel II. Competição Desportiva

2. La sanción del tráfico de sustancias.

La utilización del término tráfico, en el ámbito de las relaciones jurídicas, contiene de forma inexorable una referencia peyorativa que se asocia con la ilicitud o ilegalidad de la actuación. Es cierto, sin embargo, que para que esta impresión sea algo más y se convierta en un reproche jurídico es necesario que tal conducta se tipifique como tal bien en normas jurídico-penales o bien en normas jurídico-administrativas de carácter sancionador.

3. La prueba por presunción.

La prueba de los hechos por presunciones es una forma admitida en nuestro derecho tal y como establece el artículo 1215 del Código Civil en relación con lo dispuesto, a su vez, en el artículo 1249 a 1253 del mismo Texto legal.

De esta forma la presunción de veracidad y acierto de los laboratorios en su actuación sólo sería posible si está establecida en una norma con rango de ley. De lo contrario y, al menos, en el ámbito procesal se trata de una mera prescripción que no puede servir como desequilibrante en el ámbito de la valoración judicial de las pruebas.

4. La categoría de deportistas internacionales.

Esta categoría resulta clave en el entendimiento del Código precisamente porque rompe con el esquema tradicional en el que nos hemos desenvuelto hasta el momento y que se identifica, como venimos repitiendo, con el reconocimiento de la jurisdicción y el control de la competición a aquel que es titular de la competición y que organiza (directa o indirectamente) la misma.

Ahora el esquema se trunca y se crea (se ignora con que criterios) una categoría adicional: la de deportistas internacionales que son los que participan en competiciones internacionales y desarrollan una actividad susceptible de ser incluido en este ámbito. Es importante recordar que esta categoría se produce por la decisión e indicación de la respectiva Federación Internacional y, al margen, por tanto de la voluntad de aquel que en el esquema convencional tenía esta facultad por razón de tener sometido en su jurisdicción al citado deportista.

Esta concepción implica que las Federaciones Internacionales asumen su control (a efectos del dopaje) en una forma permanente y con independencia de que se participe o no en competiciones internacionales. Esta categoría "extrae" del ámbito de gestión de las federaciones nacionales y "atribuye" a las federaciones internacionales con preterición de las competencias de las nacionales de control.

5. Régimen de sanciones.

Las peculiaridades del régimen sancionador podemos resumirlas, desde una perspectiva relacional con el Ordenamiento Jurídico español, en las siguientes

– La exoneración de la propia responsabilidad por la delación.

Sobre este punto es suficiente con indicar que no forma parte de nuestra tradición jurídica la exoneración de la responsabilidad personal por la delación de los posibles intervinientes en un proceso tan personal como el que el Código ha configurado el dopaje.

– La obligación de localización.

Es cierto que la redacción del Código, en este sentido, es mucho más acertada y respetuosa con la libertad personal que la legislación española que con las reformas últimamente realizadas se ha mostrado especialmente desacertada y fuera de contexto.

La obligación de localización es una obligación instrumental respecto de una obligación principal: la de someterse a controles antidopaje fuera de la competición. Hasta aquí las cosas son razonables. Es lógico que para someter a una persona a controles antidopaje se le intime para que aporte algunas referencias básicas sobre los lugares de entrenamiento, su residencia, sus tendencias deportivas (entrena en recinto privado, público, no controlado), etc... pero esto no puede llevar al establecimiento de una obligación personal de residencia ni la admisión incondicionada de una habilitación para la vulneración de derechos individuales como son los de la libertad personal y los de inviolabilidad de domicilio.

3. Estructura de la Convención Internacional contra el dopaje en el deporte

Finalmente y a los efectos de completar la regulación sobre el dopaje es necesario analizar la Convención de la UNESCO sobre el dopaje en el deporte adoptada por esta organización en 2005 y cuya esencia podemos resumir en la forma que sigue.

3.1. *Principios generales*

Incluimos dentro de este apartado los que inspiran el frontispicio de la Convención y que actúan como elementos centrales de la interpretación y aplicación de la misma y que podemos resumir en los siguientes: – norma mínima; – compatibilidad con otros instrumentos internacionales; – libertad de formas en la implementación, y cooperación internacional.

Su operatividad podemos concretarla en la forma siguiente:

A) Principio de norma mínima.

Se plasma en el artículo 4° de la Convención conforme al cual los Estados, en virtud de la suscripción del Convenio, asumen la obligación de respetar los principios del Código (nótese que se refiere únicamente a los principios). Pero en el cumplimiento de los objetivos de la Convención no se asegura únicamente con el cumplimiento de la misma sino también con la posibilidad de los países de "mejorar" la normativa y las obligaciones asumidas. Así lo recuerda el artículo 4 cuando indica que "Nada en la presente Convención es óbice para que los Estados Partes adopten otras medidas que puedan complementar las del Código".

Significa, por tanto, que la Convención opera como norma mínima que puede ser superada y, desde luego, complementada por las normas nacionales. En consecuencia la normativa nacional puede ser más exigente en los aspectos regulados por la Convención cuando con ello entiendan que se consigue un mayor cumplimiento de los objetivos de la Convención.

Surge aquí el eterno problema de la disparidad regulatoria que tantos problemas plantea en el ámbito del dopaje deportivo y, sobre todo, en el plano sancionador. Las reglas de aplicación pasan casi siempre por el principio de territorialidad y el de titularidad de la competición.

B) Compatibilidad con otros instrumentos internacionales.[1]

En otro plano la Convención propicia la conexión con otros instrumentos jurídicos que ya existen y que forman parte del esfuerzo internacional en la lucha contra el dopaje en el deporte. Se refiere a esto el artículo 6 cuando señala que "La presente Convención no modificará los derechos ni las obligaciones de los Estados Partes que dimanen de otros acuerdos concertados previamente y sean compatibles con el objeto y propósito de esta Convención. Esto no compromete el goce por otros Estados Partes de los derechos que esta Convención les concede, ni el cumplimiento de las obligaciones que ésta les impone"[2].

La Convención se sitúa, así, en el plano de complementariedad que razonablemente es un principio complejo cuando afecta a materia que son (o pueden ser) reguladas en forma diferente. De esta forma las obligaciones que, por ejemplo, asumen los Estados en el marco de la Convención del Consejo de Europa son compati-

---

[1] Un análisis exhaustivo de esta materia puede verse en el trabajo de Gamero Casado. E. "El dopaje en los ámbitos supranacionales: evolución y situación actual". En la obra colectiva, coordinada por Millán Garrido. A., *Régimen Jurídico del dopaje en el deporte*. Barcelona. 2005.

[2] La referencia apunta directamente al Convenio contra el Dopaje del Consejo de Europa de 16 de noviembre de 1989. En relación con la posición del Consejo de Europa puede verse nuestro trabajo, en colaboración con Pérez González. C., "El dopaje en Europa: líneas generales de evolución y futuro de su represión". En el Libro por nosotros coordinado *El modelo europeo del deporte*. Barcelona. 2002.

bles con las que se asumen en esta Convención. Lo que no resuelve este párrafo es la posibilidad de conflicto entre las obligaciones que se asumen en uno y otro ámbito ni las reglas para resolver el conflicto. El problema, como más tarde se demuestra con ejemplos concretos no es únicamente teórico sino completamente real.

C) Libertad de formas en la implementación.

La obligación primigenia que asumen los Estados en esta materia es la que se denomina "coordinación" en el plano nacional del cumplimiento de las obligaciones que se asumen como consecuencia de la suscripción de la Convención.

El artículo 7 de la Convención asume un principio ya muy generalizado en el cumplimiento de las obligaciones internacionales cual es el de la libertad de formas en la implementación de las medidas. Textualmente indica que "Los Estados Partes podrán, al cumplir con sus obligaciones con arreglo a la presente Convención, actuar por conducto de organizaciones antidopaje, así como de autoridades u organizaciones deportivas".

En consecuencia la Convención no prejuzga el modelo de organización nacional que debe cumplir las obligaciones de la Convención. Expresamente se indica que puede actuar mediante organizaciones específicas, mediante autoridades públicas o mediante organizaciones deportivas.

De esta forma el sistema está completamente abierto a que existan organizaciones públicas, privadas, específicas o comunes que asuman el cumplimiento de las obligaciones que derivan de la Convención.

D) Cooperación internacional en la lucha contra el dopaje.

La cooperación internacional es consecuencia del carácter marcadamente globalizado de la actividad deportiva y de la necesidad de que las autoridades colaboren en la realización del conjunto de actividades que componen la represión del dopaje en el deporte.

El artículo 16 de la Convención establece que "Reconociendo que la lucha contra el dopaje en el deporte sólo puede ser eficaz cuando se pueden hacer pruebas clínicas a los deportistas sin previo aviso y las muestras se pueden transportar a los laboratorios a tiempo para ser analizadas, los Estados Partes deberán, cuando proceda y de conformidad con la legislación y los procedimientos nacionales...".

Nótese que la aplicación del principio de colaboración internacional queda expresamente condicionado a la legislación y los procedimientos nacionales, lo que coloca la colaboración en un plano subsidiario que solo opera en los supuestos en los que no exista disparidad entre la Convención y la normativa nacional. Como seguidamente se analiza al enumerar las medidas concretas de colaboración este principio territorial aparece enunciado en otros supuestos.

Las medidas de colaboración son las siguientes:

a) Facilitar la tarea de la AMA y otras organizaciones antidopaje que actúan de conformidad con el Código, a reserva de los reglamentos pertinentes de los países anfitriones, en la ejecución de los controles a sus deportistas, durante las competiciones o fuera de ellas, ya sea en su territorio o en otros lugares.

Fácilmente puede verse que aquí, también, opera el principio de subsidiariedad porque la labor de facilitación a la AMA y al resto de organizaciones antidopajes lo es "a reserva de los reglamentos pertinentes de los países anfitriones", lo que implica una opción posible sobre las normas de carácter territorial.

Este aspecto debe hacernos reflexionar porque supone un punto de inflexión en las políticas actuales de la AMA y de las Federaciones Internacionales.

b) Facilitar el traslado a otros países en el momento oportuno de los equipos debidamente autorizados encargados del control del dopaje cuando realizan tareas en ese ámbito.

Esta función se ubica, únicamente, en la función de colaboración entre Estados y se configura con un carácter marcadamente instrumental que no impide finalmente el ejercicio respectivo de las facultades disciplinarias por cada uno de ellos en función de la titularidad de esta potestad.

Painel II. Competição Desportiva   231

c) Cooperar para agilizar el envío a tiempo o el transporte transfronterizo de muestras, de tal modo que pueda garantizarse su seguridad e integridad.

Al igual que el apartado anterior se trata de un apunte concreto en la articulación de la colaboración entre Estados y organizaciones deportivas que opera en un punto concreto de la cadena de represión y que resulta esencial para la articulación de un ámbito concordado de controles sorpresa fuera del respectivo país.

d) Cooperar con la AMA en la coordinación internacional de controles del dopaje realizados por las distintas organizaciones antidopaje.

Este punto es más conflictivo. Si la coordinación es únicamente la planificación de la actividad de control no deben existir problemas pero si, por el contrario (y como ocurre en la actualidad) se trata de amparar la actividad operativa del AMA o del resto de organizaciones antidopaje sin más reglas que las propias de estas instituciones sí va a surgir un punto de fricción en función de que, como se ha visto anteriormente, esta función de colaboración está supeditada a las leyes y reglamentos nacionales que priman sobre la actividad de cualquier otro órgano.

De esta forma los Estados han ganado "posición territorial" y podrán establecer restricciones a la actividad de las organizaciones de dopaje y de la AMA cuando se opongan a su normativa. Por el contrario, cuando la cumplan, el principio de colaboración aparece en todo su esplendor.

e) Promover la cooperación entre laboratorios encargados del control del dopaje de su jurisdicción y los de la jurisdicción de otros Estados Partes. En particular, los Estados Partes que dispongan de laboratorios acreditados de ese tipo deberán alentar a los laboratorios de su jurisdicción a ayudar a otros Estados Partes a adquirir la experiencia, las competencias y las técnicas necesarias para establecer sus propios laboratorios, si lo desean.

Se trata únicamente de una función de colaboración y de carácter, ciertamente, programático de cara a extender la operatividad de los instrumentos de control de dopaje. La coordinación y la unificación de criterios de los laboratorios resulta un tema crucial de cara a asegurar la identidad de tratamiento en los procedimientos de dopaje.

f) Alentar y apoyar los acuerdos de controles recíprocos entre las organizaciones antidopaje designadas, de conformidad con el Código.

Este apartado lo que trata es de aproximar la realización de controles al principio de cooperación interestatal y de reciprocidad en las actuaciones entre países.

g) Reconocer mutuamente los procedimientos de control del dopaje de toda organización antidopaje y la gestión de los resultados de las pruebas clínicas.

3.2. *Estructura obligacional de la Convención: el limitado alcance del compromiso internacional*

Realmente de lo que se trata en este apartado es de establecer el marco obligacional de la Convención en cuanto parte de un instrumento internacional llamado a formar parte del ordenamiento estatal desde el momento de su publicación.

Adelantemos que la Convención se sitúa en un terreno intermedio, con un alcance obligacional reducido y en el que priman las llamadas a la cooperación internacional frente a la normatividad directa. Se sitúa así en un esquema muy propio de las normas internacionales y radicalmente diferente al del Código que trató – con un éxito ciertamente escaso al no ser siquiera asumido por la Convención – de sustituir las normas de los países por un conjunto normativo efectuado desde una fundación privada. La técnica armonizatoria es siempre muy compleja pero mucho más, si como se ha dicho, partimos de una normativa que responde a principios radicalmente diferentes y si se trata de armonizar desde una fundación de derecho privado.

Este aspecto – el de la estructura obligacional – es realmente la clave de la operatividad final de la Convención. Esta regulado en el artículo 4 de la misma conforme al siguiente esquema:

– Compromiso finalista.

Está previsto en el apartado primero del artículo 4 y alcanza al compromiso de las partes a "respetar los principios del Código como base de las medidas previstas en el Artículo 5 de la presente Convención".

– Normatividad real.

Alcanza únicamente al Texto de la Convención y al apéndice 1 de la Convención[3] que es en el que contiene la lista de substancias y métodos prohibidos en el deporte.[4]

– Compromiso en el plano de los principios.

Más allá de la formulación puramente eufemística del apartado 2 es lo cierto que lo determinante es que los apéndices 2 y 3[5] "no forman parte integrante de la presente Convención. Los apéndices como tales no crean ninguna obligación vinculante en derecho internacional para los Estados Partes".

En consecuencia, vinculación a los principios pero ausencia real de normatividad en lo que podemos considerar los elementos centrales de la operatividad del sistema: el Código Mundial y las reglas sobre autorizaciones terapéuticas.

Desde este punto de vista podemos indicar que la Convención supone realmente la introducción de técnicas de colaboración y cooperación interestatal para el establecimiento de marcos homogéneos y homologables de represión del dopaje en el deporte. La identidad de principios y de procedimientos puede dar lugar a otras etapas normativas de mayor intensidad que, de momento, han resultado claramente preteridas en la Convención.

---

[3] Normas para la concesión de autorizaciones para el uso terapéutico extracto de las «normas internacionales para las autorizaciones para el uso terapéutico» de la agencia mundial antidopaje (AMA), en vigor el 1 de enero de 2005.

[4] El tema de la Lista es analizado en el trabajo de Naranjo Orellana. J. "La lista de substancias farmacológicas prohibidas: dopaje y medicación del deportista". En la Obra colectiva, coordinada por Millán Garrido. A., *Régimen Jurídico del dopaje en el deporte*. Barcelona. 2005.

[5] Código Mundial Antidopaje, versión 3.0, 20 de febrero de 2003.

3.3. *Medidas concretas que se prevén en la Convención en orden a la lucha contra el dopaje en el deporte*

Podemos indicar que las mismas afectan a la restricción y utilización de sustancias y métodos, al entorno del deportista y a la facilitación de la actividad de control. Su regulación es la siguiente:

a) *Restringir la disponibilidad y la utilización en el deporte de sustancias y métodos prohibidos (art. 8).*

El principio esencial es que corresponde a los Estados adoptar las medidas necesarias para "restringir la disponibilidad de sustancias y métodos prohibidos, a fin de limitar su utilización en el deporte por los deportistas." Estas medidas incluyen las necesarias para luchar contra el tráfico destinado a los deportistas.

Como complemento de este principio el apartado 2 del mismo artículo habilita a adoptar medidas que permitan "impedir o limitar el uso y posesión por los deportistas de sustancias y métodos prohibidos...".

b) *Medidas contra el personal de apoyo a los deportistas (art. 9).*

Se trata de incidir en el denominado entorno del deportista y a tal efecto el artículo 9 establece que "Los Estados Partes adoptarán medidas ellos mismos o instarán a las organizaciones deportivas y las organizaciones antidopaje a que adopten medidas, comprendidas sanciones o multas, dirigidas al personal de apoyo a los deportistas que cometa una infracción de las normas antidopaje u otra infracción relacionada con el dopaje en el deporte".

Se trata de un precepto neutro en el plano operativo y firme en el pronunciamiento final. Las medidas operativas serán las que los Estado determinen (bien públicas o bien privadas, bien ejercidas directamente o encomendadas a las entidades deportivas) y lo único que realmente forma parte del compromiso asumido por los Estado es la lucha contra el entorno del deportista.

Painel II. Competição Desportiva 235

c) *Suplementos nutricionales (art. 10)*

Según el artículo 10 "Los Estados Partes instarán, cuando proceda, a los productores y distribuidores de suplementos nutricionales a que establezcan prácticas ejemplares en la comercialización y distribución de dichos suplementos, incluida la información relativa a su composición analítica y la garantía de calidad".

El tema de los suplementos nutricionales es, sin lugar a dudas, un elemento clave en la represión del dopaje deportivo porque cubre el flanco desguarnecido que resulta adicional al propio uso de medicamentos. Entre estos y aquellos se encuentran la mayor parte de las substancias que se incluyen en las respectivas listas de substancias dopantes. De ahí la incidencia específica que se contiene en este artículo.

La opción lo es por aplicar y fomentar las "prácticas ejemplares" y no por establecer restricciones ni prohibiciones de dispensación o comercialización porque está técnica es realmente muy dificultosa de aplicar, por un lado, y, por otro, estaba llamada a una colisión frontal con las normativa Europea.

d) *Medidas para facilitar las actividades de control del dopaje (art. 12)*

Las medidas que se incluyen en este apartado son las tres que seguidamente se exponen:

– Alentar y facilitar la realización de los controles del dopaje, de forma compatible con el Código, por parte de las organizaciones deportivas y las organizaciones antidopaje de su jurisdicción, en particular los controles por sorpresa, fuera de las competiciones y durante ellas.

Se trata de la obligación esencial y que, probablemente, justifica la propia Convención y que se representa por indicar que la lucha contra el dopaje se basa, esencialmente, en la existencia de controles dentro y fuera de las competiciones. De esta forma la obligación alcanza únicamente al establecimiento de los controles aunque es cierto que el enunciado inicial (alentar y facilitar) no permite apuntar a una normatividad susceptible de ser controlada más allá del plano negativo (la no existencia de controles). A partir de ahí y en el plano principial la forma y contenido de los controles debe corresponderse con los establecidos en el Código.

Su aplicación y la realización de los controles debe hacerse de conformidad con los principios del Código pero sometida al principio territorial en su aplicación. De esta forma y, sin perjuicio, de la posibilidad de su ampliación por la vía de la cooperación internacional, los controles a los que se refiere este apartado únicamente pueden realizarse por las organizaciones nacionales de dopaje y las deportivas (en los términos que establezca la correspondiente legislación).

– Alentar y facilitar la negociación por las organizaciones deportivas y las organizaciones antidopaje de acuerdos que permitan a sus miembros ser sometidos a pruebas clínicas por equipos de control del dopaje debidamente autorizados de otros países.

Este apartado contiene el aspecto complementario al que se contiene en el apartado anterior. Si en aquel lo esencial era el principio territorial en este lo que se trata de facilitar es la cooperación internacional y la suscripción de acuerdos para la realización de controles en ámbitos extraterritoriales. La idea de que los controles únicamente pueden realizarse sobre la base de la propia jurisdicción sale aquí reforzada cuando sus excepciones se condicionan a la existencia de acuerdos interestatales.

– Ayudar a las organizaciones deportivas y las organizaciones antidopaje de su jurisdicción a tener acceso a un laboratorio de control antidopaje acreditado a fin de efectuar análisis de control del dopaje.

Finalmente se trata de asegurar que la posibilidad de la realización material de una política de dopaje mediante la facilitación del acceso a un laboratorio acreditado. Se trata de una acción de fomento encaminada a que cada país disponga del conjunto de medios que permiten la realización íntegra del procedimiento de dopaje.

3.4. *La cooperación con el movimiento deportivo*

Como venimos indicando desde el principio uno de los elementos claves en el proceso de represión del dopaje deportivo es, precisamente, la consecución de un marco de colaboración entre lo público (Estados) y lo privado (federaciones deportivas). De hecho si se ahora se puede comentar esta Convención es, probablemente, como consecuencia del deseo de interacción y colaboración entre ambos ámbitos.

No puede, por tanto, extrañarnos que el artículo 13 de la Convención se dedique explícitamente a la cooperación entre organizaciones antidopaje y organizaciones deportivas. El precepto no contiene sino una referencia genérica a la bondad de la cooperación entre los Estados y las organizaciones deportivas con el fin de lograr, en el plano internacional, los objetivos de la Convención.

Precisamente este ámbito programático se completa con la referencia, muy simbólica, que se contiene en el artículo 14 en relación con el papel de la AMA respecto de la cual "Los Estados Partes se comprometen a prestar apoyo al importante cometido de la AMA en la lucha internacional contra el dopaje". Este apoyo no se traduce en la Convención en ninguna medida concreta con excepción de la obligación de contribuir a su financiación.

Fuera ya de este terreno programático y con una referencia más concreta, el artículo 15 establece el principio del copago de los gastos de la AMA entre las autoridades públicas y el movimiento deportivo. Este principio forma parte de la estructura inicial de la cooperación entre los Estados y las Organizaciones deportivas.

3.5. *El apoyo financiero a la lucha contra el dopaje*

Ya en la Convención del Consejo de Europa[6] se hizo un importante gesto a favor de que fuesen los Estados los que asumieran, con cargo a sus presupuestos, la labor de lucha contra el dopaje conscientes, probablemente, de que la estructura financiera del movimiento deportivo dentro de los Estados no podría constituirse en el agente impulsor de una política que realmente es costosa en su realización.

En esta línea el artículo 11 de la Convención se refiere al apoyo financiero en el que se insta a los Estados a:

a) Proporcionar financiación con cargo a sus respectivos presupuestos para apoyar un programa nacional de pruebas clínicas en todos los deportes, o ayudar a sus organizaciones deportivas y organizaciones antidopaje a financiar controles antidopaje, ya sea mediante subvenciones o ayudas directas, o bien teniendo en cuenta los costos de dichos controles al establecer los subsidios o ayudas globales que se concedan a dichas organizaciones.

b) Tomar medidas apropiadas para suspender el apoyo financiero relacionado con el deporte a los deportistas o a su personal de apoyo que hayan sido suspendidos por haber cometido una infracción de las normas antidopaje, y ello durante el periodo de suspensión de dicho deportista o dicho personal.

c) Retirar todo o parte del apoyo financiero o de otra índole relacionado con actividades deportivas a toda organización deportiva u organización antidopaje que no aplique el Código o las correspondientes normas antidopaje adoptadas de conformidad con el Código.

---

[6] Nos referimos al artículo 4.3 del Convenio de Estrasburgo de 16 de noviembre de 1989 cuando indica que "a) Ayudarán a sus organizaciones deportivas a financiar los controles y los análisis antidopaje, bien mediante la concesión de subvenciones o de subsidios directos, bien teniendo el cuenta el coste de esos controles y análisis al proceder a la fijación del importe global de las subvenciones o subsidios que se vayan a conceder a dichas organizaciones".

Se sitúa este artículo en el entorno clásico de las actividades de fomento que permiten, por un lado, la subvención de una actividad privada para conseguir un fin público de interés y, por otro, la vinculación entre el conjunto de los fondos públicos que percibe esa entidad al cumplimiento del objetivo definido en la actividad de fomento. Se trata, pues, de un mecanismo clásico de la actividad subvencional que tiene como característica importante la de servir de habilitación para el ejercicio de la actividad en cuestión y que justifica, por tanto, la línea subvencional del Estado sin merma ni afección de los derechos vinculados al mercado.

No resulta necesario insistir en que la actividad subvencional es un de los elementos puestos en "el punto de mira" de la normativa europea en tanto en cuanto con la actividad subvencional puede conseguirse una distorsión de las reglas de mercado. A partir de esta premisa el Derecho Comunitario reacciona justificando únicamente a aquellas ayudas que no distorsionan la competencia o que cuando se realizan lo son en condiciones que se justifican por un interés público relevante plasmado en una norma de rango suficiente. En este marco la suscripción de esta obligación internacional opera como elemento de válida justificación de la actuación subvencional del Estado.

En la Convención hay, además, una creación específica para contribuir al cumplimiento de la obligación de realización de una política en materia de dopaje. Se trata del denominado "fondo de contribuciones voluntarias", regulado en el artículo 17 de la Convención que estará constituido como fondo fiduciario, de conformidad con el Reglamento Financiero de la UNESCO y en el que todas las contribuciones de los Estados Partes y otros donantes serán de carácter voluntario[7] sin que las aportaciones al mismo

---

[7] 2. Los recursos del Fondo estarán constituidos por:
a) las contribuciones de los Estados Partes;
b) las aportaciones, donaciones o legados que puedan hacer:
    i) otros Estados;
    ii) organismos y programas del sistema de las Naciones Unidas, en especial el Programa de las Naciones Unidas para el Desarrollo, u otras organizaciones internacionales;
    iii) organismos públicos o privados, o personas físicas;

cumplan ninguna función de exención de las obligaciones generales de contribución para la financiación de la AMA.

Los recursos del Fondo, según indica el artículo 18 de la Convención, "asignados por la Conferencia de las Partes para financiar actividades aprobadas por ésta, en particular para ayudar los Estados Partes a elaborar y ejecutar programas antidopaje, de conformidad con las disposiciones de la presente Convención y teniendo en cuenta los objetivos de la AMA. Dichos recursos podrán servir para cubrir los gastos de funcionamiento de la presente Convención. Las contribuciones al Fondo no podrán estar supeditadas a condiciones políticas, económicas ni de otro tipo".

Se trata, por tanto, de un tímido compromiso internacional en la financiación y puesta en marcha de políticas contra el dopaje adaptadas a la Convención y a la normativa internacional que el mismo asume.

3.6. *La Organización administrativa derivada de la Convención para el seguimiento y control de la misma*

Este esquema de organización se encuentra en la denominada Parte VI de la Convención que se refiere, textualmente, al Seguimiento de la misma.

El elemento central y más representativo es la denominada Conferencia de las Partes, prevista en el artículo 28 de la Convención, que se constituye en el órgano soberano de la interpretación y seguimiento de la Convención. La conferencia se dota de un reglamento que debe establecer su funcionamiento y, en general, los aspectos accesorios de aquel.

Respecto de la misma se establece que celebrará una reunión ordinaria cada dos años pudiendo celebrar reuniones extraordinarias si así lo solicita un tercio de los Estados parte.

---

c) todo interés devengado por los recursos del Fondo;

d) el producto de las colectas y la recaudación procedente de las actividades organizadas en provecho del Fondo;

e) todos los demás recursos autorizados por el Reglamento del Fondo, que elaborará la Conferencia de las Partes.

Painel II. Competição Desportiva 241

Cada Estado Parte dispondrá de un voto en las votaciones de la Conferencia de las Partes.

Es lo cierto que la conformación de este órgano de estados parte dejaba fuera a los que no lo son, esto es, al movimiento deportivo lo que plantea algunos prácticos importantes y resulta, en cierta forma, contradictorio con la propia filosofía de la Convención que viene aludiendo, como hemos indicado, a la necesidad de la interacción entre las autoridades públicas y las del movimiento deportivo.

Para solucionar esta contingencia el artículo 29 arbitra un mecanismo de invitación a la AMA en calidad de organización de carácter consultivo y al COI y al Comité Paralímpico en su condición de observadores. Esta misma condición de observadores se asume por el Consejo de Europa y el Comité Intergubernamental para la Educación Física y el Deporte (CIGEPS).

La Conferencia de las Partes podrá decidir invitar a otras organizaciones competentes en calidad de observadores.

Se consigue, así que las instituciones llamadas a la aplicación de muchas de las medidas que provienen de la actividad que ampara la Convención sean conocidas y debatidas por las organizaciones privadas que su aplicación. Es cierto y no cabe negarlo que en un instrumento de derecho Público internacional el papel de unos y otros no puede ser idéntico. Mientras los Estados son las partes en el Convenio, el movimiento deportivo aparece como un órgano consultivo o como meros observadores. Se rompe así el principio de paridad que se quiso instaurar desde la Conferencia de Lausanne y que ,realmente, resulta uno de los condicionantes serios de la evolución del sistema.

3.7. *Procedimiento para la ratificación de la Convención*

Podemos indicar que este procedimiento admite dos categorías diferentes: las Enmiendas a la Convención (art. 33) y las enmiendas a los Anexos.

– Ratificación.

* Reglas comunes para la Convención.

Cada Estado Parte podrá proponer enmiendas a la presente Convención mediante notificación dirigida por escrito al Director General de la UNESCO. El Director General transmitirá esta notificación a todos los Estados Partes. Si en los seis meses siguientes a la fecha de envío de la notificación la mitad por lo menos de los Estados Partes da su consentimiento, el Director General someterá dicha propuesta a la Conferencia de las Partes en su siguiente reunión.

Las enmiendas serán aprobadas en la Conferencia de las Partes por una mayoría de dos tercios de los Estados Partes presentes y votantes.

Una vez aprobadas, las enmiendas a esta Convención deberán ser objeto de ratificación, aceptación, aprobación o adhesión por los Estados Partes.

Para los Estados Partes que las hayan ratificado, aceptado, aprobado o se hayan adherido a ellas, las enmiendas a la presente Convención entrarán en vigor tres meses después de que dos tercios de dichos Estados Partes hayan depositado los instrumentos mencionados en el párrafo 3 del presente Artículo. A partir de ese momento la correspondiente enmienda entrará en vigor para cada Estado Parte que la ratifique, acepte, apruebe o se adhiera a ella tres meses después de la fecha en que el Estado Parte haya depositado su instrumento de ratificación, aceptación, aprobación o adhesión.[8]

---

[8] Este régimen se completa con una serie de reglas para las ratificaciones que se produzcan una vez enmendada la Convención. Son las siguientes: "5. Un Estado que pase a ser Parte en esta Convención después de la entrada en vigor de enmiendas con arreglo al párrafo 4 del presente Artículo y que no manifieste una intención en contrario se considerará:

    a) Parte en la presente Convención así enmendada;

    b) Parte en la presente Convención no enmendada con respecto a todo Estado Parte que no esté obligado por las enmiendas en cuestión."

Las enmiendas de los anexos deberán ser aprobadas por la Conferencia General de las Partes en una de sus reuniones o mediante una consulta escrita.

Los Estados Partes disponen de 45 días después de la notificación escrita del Director General para comunicar su oposición a una enmienda, sea por escrito en caso de consulta escrita, sea en una reunión de la Conferencia de las Partes. A menos que dos tercios de los Estados Partes se opongan a ella, la enmienda se considerará aprobada por la Conferencia de las Partes. El Director General notificará a los Estados Partes las enmiendas aprobadas por la Conferencia de las Partes. Éstas entrarán en vigor 45 días después de esta notificación, salvo para todo Estado Parte que haya notificado previamente al Director General que no las acepta.

Un Estado Parte que haya notificado al Director General que no acepta una enmienda aprobada según lo dispuesto en los párrafos anteriores permanecerá vinculado por los anexos en su forma no enmendada.

* Régimen especial de enmienda de los Anexos.

Está contemplado en el artículo 34 y se refiere, fundamentalmente, al Anexo 1 que contiene, como anteriormente se ha visto la lista de substancias y métodos prohibidos en el deporte. De esta forma prevé que "1. Si la AMA modifica la lista de prohibiciones o las normas para la concesión de exenciones para uso con fines terapéuticos, podrá informar por escrito de estos cambios al Director General de la UNESCO. El Director General comunicará rápidamente a todos los Estados Partes estos cambios como enmiendas a los anexos pertinentes de la presente Convención. Las enmiendas de los anexos deberán ser aprobadas por la Conferencia General de las Partes en una de sus reuniones o mediante una consulta escrita".

Los Estados Partes disponen de 45 días después de la notificación escrita del Director General para comunicar su oposición a una enmienda, sea por escrito en caso de consulta escrita, sea en una reunión de la Conferencia de las Partes. A menos que dos tercios de los Estados Partes se opongan a ella, la enmienda se considerará aprobada por la Conferencia de las Partes. El Director General notificará a los Estados Partes las enmiendas aprobadas por la Conferencia de las Partes. Éstas entrarán en vigor 45 días después de esta notificación, salvo para todo Estado Parte que haya notificado previamente al Director General que no las acepta. Un

Estado Parte que haya notificado al Director General que no acepta una enmienda aprobada según lo dispuesto en los párrafos anteriores permanecerá vinculado por los anexos en su forma no enmendada.

Realmente nos encontramos ante un esquema simplificado en la adopción de la revisión pero no automático ni desde luego coherente con la necesidad de dotar al proceso de una seguridad jurídica que permita conocer la normativa aplicable con una certeza de la que no siempre se ha dispuesto. En este punto y como elemento central de confrontación es necesario recordar que, según el Código AMA, las modificaciones en la lista entran en vigor de forma automática e inmediata con la mera publicación en la página web de tal institución.

Sin ánimo de exhaustividad podemos indicar los problemas eventuales que pueden surgir:

- La AMA cambia la lista e inicia el procedimiento de revisión del Anexo al que nos acabamos de referir. Durante todo el proceso de revisión se mantiene en vigor – vía obligación internacional – el Anexo anterior. Los Estatutos de la AMA y, especialmente, el Código Mundial Antidopaje prevén, por el contrario, que las modificaciones en la lista entran en vigor de forma inmediata sin más requisito que la publicación en su página web. Estaremos ante una situación transitoria difícil de reglamentar pero en la que los deportistas podrán alegar la lista no modificada en el plano interno y, probablemente, el internacional mientras el movimiento deportivo con su antiformalismo aplicará la nueva Lista produciendo una asimetría realmente compleja de entender.
- Todos o algunos países deciden no ratificar la nueva lista de la AMA en todo o en parte. En este caso el problema transitorio que se planteaba en el apartado anterior se cronifica y se convierte en definitivo hasta el punto de establecer una desintonía que puede producir efectos realmente perversos en el sistema global de la represión del dopaje que puede resultar así fraccionado.
- El AMA cambia su lista, la Convención UNESCO asume los cambios pero no son simétricos con la lista procedentes de

otros convenios internacionales. En este punto las obligaciones internacionales de los países lo son frente a los convenios internacionales y se plantea aquí el problema no resuelto (como decíamos anteriormente) de la asunción de dos obligaciones internacionales de signo no homogéneo pero que son fuente de las obligaciones en el respectivo Estado parte.

La existencia de ratificaciones individuales y de "reservas" a las modificaciones supone un fraccionamiento evidente del régimen aplicable dado que, además, la Convención prevé expresamente que en ese caso el Estado parte se sienta vinculado por los Anexos que se querían enmendar. La posibilidad de fraccionamiento y de dispersión sobre un elemento tan importante como la Lista está así servido y las posibilidades de cooperación internacional muy reducidas porque cada Estado puede, potencialmente, tener un régimen propio en el Anexo 1 en función de lo que haya ratificado o no en cada uno de los cambios que la AMA opere en su lista. Sin ningún ánimo pesimista podemos decir a estas alturas que el sistema diseñado – solo por lo someramente apuntado – viene a añadir confusión a la confusión.

Es cierto, sin embargo, que estas son las reglas del Derecho Público internacional y que si se trata de asumir los efectos beneficiosos (la normatividad directa en los Estados miembros) deben compensarse con los menos beneficiosos (garantías y derechos de los Estados parte en una Organización Internacional). El equilibrio es plenamente satisfactorio desde esta segunda perspectiva pero realmente compleja en su conjunción con la realidad deportiva subyacente.

El resto de los Anexos como no son vinculantes para las partes deberán someterse al procedimiento común de modificación.

– Entrada en vigor.

Está prevista en el artículo 36 de la Convención que condiciona la misma a la ratificación, aceptación, aprobación o adhesión de los Estados Miembros de la UNESCO de conformidad con sus respectivos procedimientos constitucionales. Los instrumentos de ratificación, aceptación, aprobación o adhesión se depositarán ante el Director General de la UNESCO.

Conforme a este esquema, la entrada en vigor, una vez conseguida por los procedimientos internos la ratificación, aceptación, aprobación o adhesión de los Estados miembros se supedita a la concurrencia de un número mínimo de Estados parte en la Convención.

En concreto, el artículo 37 de la Convención, fija el día inicial de entrada en vigor en el primer día del mes siguiente a la expiración de un plazo de un mes después de la fecha en la cual se haya depositado el trigésimo instrumento de ratificación, aceptación, aprobación o adhesión. Es claro, por tanto, que la condición previa para la entrada en vigor es el depósito de 30 Estados parte. A partir de ahí comienza el cómputo del plazo de entrada en vigor al que nos acabamos de referir.

– Denuncia de un Estado parte.

Está regulada en el artículo 39 de la Convención que consagra la facultad de todos los Estados parte de denunciar la Convención. La denuncia se notificará por medio de un instrumento escrito que obrará en poder del Director General de la UNESCO. La denuncia surtirá efecto el primer día siguiente a la expiración de un plazo de seis meses después de la recepción del instrumento de denuncia. No modificará en absoluto las obligaciones financieras que haya de asumir el Estado Parte denunciante hasta la fecha en que la retirada sea efectiva.

Nos encontramos, de nuevo, ante una norma con una gran coherencia en el plano del Derecho Internacional y con eventuales problemas en el plano operativo bifronte en el que se plantea la represión del dopaje y susceptible de producir un esquema no homogéneo entre suscribientes, no suscribientes, denunciantes y miembros del movimiento deportivo que realmente va a exigir mucha precisión en la aplicación del mecanismo represor.

4. Algunas consideraciones generales formuladas a modo de conclusión: las grandes tensiones de la regulación.

Llegados a este punto podemos intentar una labora de síntesis y concreción de los problemas actuales del dopaje deportivo. Podemos resumirlos en los siguientes:

A) Responsabilidad del control de dopaje.

El control de dopaje es, tradicionalmente, un facultad propia de los titulares de las competiciones deportivas que pasa, en los momentos actuales, una evolución consistente en traspasar los límites del ámbito privado para situarse en el ámbito de las responsabilidades de los Poderes Públicos. No cabe negar que esta tendencia se complica con la aparición futura de la AMA como se ha analizado en el apartado anterior.

No obstante y al margen de la problemáticas específica de la AMA es lo cierto que la superación del modelo deportivo – estrictamente considerado – plantea problemas adicionales de colisiones normativas, dispersión de responsabilidad y eventual dispersión de sanciones.

Es cierto, sin embargo, que el movimiento deportivo se considera, cada vez, impotente para la represión conjunta y la eliminación del fenómeno y que las normas estatales y la presencia de los Estados absolutamente vinculados al principio de territorialidad en su actuación crea problemas adicionales. En todo caso esta doble presencia revela los dos bienes jurídicos protegidos: la salud del deportista, que realmente está mas cerca del Estado y de las normas públicas y, la alteración de la normalidad deportiva, con el aumento artificial de las propias capacidades que se revela como un problema estrictamente deportivo en cuanto supone la alteración de las reglas de juego. La confusión de valores implica la confusión de regímenes y probablemente del papel que a cada uno debe corresponder en este ámbito.

B) Tipo de responsabilidad.

La evolución del tipo de responsabilidad está sometida a una doble tensión. Por un lado, la evolución del carácter de norma de orden o seguridad pública de este tipo de reglamentación implicará, de futuro – y a la realidad así lo está demostrando – una tendencia clara a la aplicación territorial y al predominio de las autoridades nacionales frente a las reglas de cualquier otro organizador no vinculado a las citadas reglas territoriales.

Pero el problema, a partir de ahí, está en el tipo de responsabilidad. La mayor parte de los países mantienen las normas administrativas dentro del concepto de seguridad pública no penal. Frente a esto Francia e Italia han optado por modelos penales que permiten la incriminación del entorno del dopaje (incitación, tráfico, colaboración) y que, finalmente, incluye – en los términos que procedan la del propio deportista.

A medida que se descubren nuevos hechos de dopaje se formula un criterio extensivo y genérico sobre el deporte que sólo puede remediarse – según sus precursores – con la incriminación penal. Frente a esto y teniendo en cuenta que muchas de aquellas conductas – las que se refieren a la venta, comercialización o tráfico de medicamentos – ya figuran subsumidas como delitos contra la salud pública, la generalización del tipo y la inclusión de la totalidad de la cadena puede producir un efecto de notable confusión jurídica teniendo en cuenta que muchas actividades de dopaje se centran en la utilización impropia de medicamentos que, en nuestro Ordenamiento Jurídico, no es una conducta reprochable per se lo que nos conduciría a una calificación del delito por razón de los efectos sobre la competición.

En todo caso y con las dificultades que esto conlleva desde la aparición y generalización del comercio electrónico es cierto que la mayor parte de los Ordenamientos apuestan por el control del entorno del deportista y el análisis y rigor en la formulación de controles para aquel.

C) El problema de los límites.

Es un tópico más que frecuente afirmar que los controles y la propia investigación de la represión tiende a ocupar una posición diferida respecto de los "creativos" de los métodos de dopaje. Cuando esto ocurre la posición de los estudiosos del dopaje tiende a ser el de la progresión y profundización en los controles.

Es aquí donde se plantea un problema de límites. Los controles de orina dejan paso o se solapan a los controles de sangre que, a su vez, se ven preterido a favor de los controles generales de salud. El control es importante, para asegurar y preservar la pureza de la competición pero en el marco de un espectáculo público hay, finalmente, un debate sobre los límites y el alcance de los controles.

En un punto – a determinar en cada momento – existe una incidencia sobre la esfera personal y familiar, sobre la integridad física y sobre la intimidad. Este límite está establecido en las normas generales sobre Derechos fundamentales y en lo que podemos considerar el acervo común de los países europeos. Este acervo común (limitación estricta, reserva de ley, procedimiento adecuado, proporcionalidad en el ejercicio, equilibrio de medidas y objetivos) no puede ser marginado por decisiones, acuerdos, reglamentaciones o simples renuncias en el ámbito privado o articulado como acuerdos de derecho privado.

D) La inseguridad consustancial a la ciencia configura el dopaje como una convención temporal.

Como consecuencia de lo anterior podemos acabar indicando que la represión del dopaje no es un conjunto de reglas con una tendencia de estabilidad y permanencia: es una pura convención temporal pensada – en esencia – para preservar las reglas de juego y la integridad de la competición en la que participan los deportistas en cuestión.

Este carácter convencional es consecuencia de la propia inseguridad temporal que proyecta la ciencia que con sus avances hace que algunos elementos que hasta un momento determinado eran evidentes y claros pasan a ponerse en duda o a descartarse rotundamente. La investigación proyecta – por tanto – una inseguridad esencial que es la que convierte el dopaje en una regla convencional y temporal que no admite revisiones retroactivas con los conocimientos y experiencias que se descubren a posteriori y que exige – en aras de las coherencia y del sistema común – que las competiciones se rijan por los procedimientos y las listas vigentes en el momento de celebrarse sin que puedan ser alterados por resultados, convenciones o investigaciones posteriores que añadan una perspectiva de represión distinta. Esta posición es la que refuerza la vinculación del dopaje a las reglas de juego que también pueden ser modificadas posteriormente sin que por ello se vuelvan a celebrar las competiciones que lo han sido conforme a otra reglamentación.

E) En suma, un problema complejo y con multitud de aristas que no se han acompasado lo suficiente hasta el momento.

Como colofón a cuanto se acaba de decir podemos concluir indicando que las reflexiones que acaban de realizarse nos sitúan ante un problema ciertamente complejo por la confluencia de una serie de normas y posiciones que responden a planteamientos propios no uniformes y que, hasta el momento, no han mostrado una cara suficientemente coordinada.

El futuro no es el incrementalismo sin límites de las regulaciones represivas sino la formulación de políticas informativas y preventivas, por un lado, y, por otro, la coordinación y cooperación de los distintos agentes en la formulación de una política coherente y con sentido de conjunto.

BIBLIOGRAFIA RECOMENDADA

Palomar Olmeda. A.

– *El dopaje en el ámbito del deporte. Análisis de una problemática.* En colaboración con Rodríguez Bueno. C. y Guerrero Olea. A. Pamplona. 1999.

– "Intervención del Estado en control y represión del dopaje deportivo". *Revista Española de Derecho Deportivo.* Núm. 2. julio-diciembre 1993.

– "Las sanciones administrativas en materia de dopaje: el replanteamiento necesario". *Revista Española de Derecho*. Núm. 8. julio-diciembre 1997.

Desde la perspectiva del Derecho Comunitario pueden verse, igualmente, los siguientes trabajos:

- – "La conferencia mundial sobre el dopaje de Lausanne: desarrollo, evaluación y prospección". *Revista Jurídica del Deporte*. Núm. 1. Pamplona. 1999.
- – "El dopaje en la encrucijada de la Agencia Mundial Antidopaje". En colaboración con Pérez González. C. *Revista Jurídica del Deporte*. Núm. 6. Pamplona. 2001.
- – "Alternativas en la represión del dopaje deportivo". *Revista Jurídica del Deporte*. Navarra. Núm. 7. 2002.

Ramos Gordillo. A.

Dopaje y deporte. Antecedentes y evolución. Zaragoza. 2000.

PAINEL III. RELAÇÃO LABORAL DESPORTIVA

Júlio Gomes
**Nótula sobre o Período Experimental
no Contrato de Trabalho Desportivo**

Paulo Leite Gonçalves
**O Direito de Opção na Prestação
do Desportista Profissional**

NÓTULA SOBRE O PERÍODO EXPERIMENTAL NO CONTRATO DE TRABALHO DESPORTIVO

JÚLIO GOMES

O tema que nos foi atribuído neste Congresso – o período experimental no contrato de trabalho desportivo – força-nos a proceder não apenas à análise crítica do artigo 11.º da Lei n.º 28/98 de 26 de Junho, como também à análise do artigo 11.º do Contrato Colectivo de Trabalho, celebrado a 15 de Julho de 1999, entre a Liga Portuguesa de Futebol Profissional e o Sindicato dos Jogadores Profissionais de Futebol, presentemente em vigor, sendo que será sobretudo esta disposição do artigo 11.º do Contrato Colectivo que merecerá a nossa atenção, porque temos sérias dúvidas quanto à legalidade de algumas das suas alíneas.

Aliás, a referida análise crítica do artigo 11.º do mencionado contrato colectivo é delicada por uma série de razões. E, desde logo, porque este contrato colectivo, como tantas outras convenções, é anterior à data da entrada em vigor do Código do Trabalho, podendo descortinar-se um conflito entre soluções naquele encontradas e o novo regime legal. Embora a doutrina portuguesa dominante não aceite a existência de nulidades supervenientes, resta saber se essa não será ainda a figura que dá o enquadramento mais adequado a casos em que se passe a verificar um conflito entre o conteúdo de um negócio e uma norma legal imperativa posterior. Mas os problemas que aqui se vão colocar resultarão sobretudo de outras considerações e nomeadamente dos artigos 4.º e 11.º.

Começando, no entanto, a nossa breve reflexão pelo artigo 11.º da Lei n.º 28/98, começaremos por dizer que as soluções nele encontradas nos parecem globalmente felizes. Aliás, nem sequer será estritamente necessário invocar a regra de que a lei geral posterior não revoga a lei especial anterior "excepto de outra for a intenção inequívoca do legislador" (n.º 3 do artigo 7.º do Código Civil), já que as soluções da lei especial não contrariam, a nosso ver, mas complementam e integram, o regime da lei geral.

O artigo 11.º, n.º 1 estabelece que o período experimental não pode exceder, no contrato de trabalho desportivo, 30 dias, verificando-se uma redução *ope legis* a este período se as partes tiverem acordado período superior. Registe-se, de resto, que sendo o contrato de trabalho desportivo necessariamente um contrato a termo resolutivo, o período experimental já teria essa duração por aplicação das regras gerais. A norma pode – como, aliás, sucedeu com o seu "precursor", o artigo 11.º, n.º 1 do DL 305/95, que tinha exactamente a mesma redacção com a diferença de que se referia a 15 e não a 30 dias – ser criticada por não resultar claro se os 30 dias são apenas o limite máximo ou a duração supletiva do período experimental.

O n.º 2 do artigo 11.º (aliás, mais uma vez idêntico ao n.º 2 do artigo 11.º do DL n.º 305/95) consagra que não existe período experimental no primeiro contrato de trabalho celebrado pelo jogador após a vigência de um contrato de formação caso esse contrato tenha sido celebrado com a entidade formadora. Em certo sentido, a exclusão do período experimental parece-nos resultar praticamente da própria natureza das coisas: se a razão de ser do período experimental parece consistir em proporcionar a ambas partes um período de estudo mútuo que lhes permita ponderar sobre a conveniência de manutenção da relação contratual[1] num período em que ainda não se aplicam, ou não se aplicam na sua plenitude, as normas que dificultam a cessação do contrato de trabalho, então não se vê razão para este período experimental existir entre partes que já se conhecem

---

[1] Sobre o período experimental e as suas funções cfr., por exemplo, PHILIPPE AUVERGNON, *Les ruptures en période d'essai*, Droit Social 1992, págs. 796 e segs., DAVID NOGUÉRO, *Le devenir de la période d'essai du salarié*, Droit Social 2002, págs. 589 e segs. e NATHALIE BATAILLE-NEVEJANS, *La période d'essai instituée au cours des relations contractuelles*, Droit Social, 2004, págs. 335 e segs. e, na doutrina nacional, cfr., por todos, ainda no domínio da legislação anterior, JÚLIO GOMES, *Do uso e abuso do período experimental*, RDES 2000, n.os 1 e 2, págs. 37 e segs. e n.os 3 e 4, págs. 245 e segs. e, já na vigência do Código do Trabalho, TATIANA GUERRA DE ALMEIDA, *Do Período Experimental no Contrato de Trabalho*, Almedina, Coimbra, 2007.

Painel III. Relação Laboral Desportiva

bem, por ter existido entre elas anteriormente um contrato de formação. O empregador já teve ocasião de aferir das qualidades profissionais, mas também de certas qualidades pessoais do trabalhador[2], já que umas e outras podem ser relevantes para a aptidão laboral deste último e o trabalhador já teve, em princípio, ocasião para aquilatar do ambiente de trabalho e das qualidades do empregador. Se esta nossa perspectiva for a correcta, sempre se poderá questionar se mais do que a vigência de uma anterior contrato de formação não interessará sobretudo a sua execução (mesmo que inválido?) e se, por outro lado, ao referir-se ao primeiro contrato de trabalho desportivo celebrado com a entidade formadora a lei não terá também contemplado a hipótese normal de esse contrato ter lugar pouco tempo depois de cessar o contrato de formação e, por conseguinte, sem um hiato temporal significativo.

Pronunciando-se sobre o artigo 11.º, n.º 2 do DL n.º 305/95, norma entretanto revogada, mas de teor literal idêntico ao artigo 11.º, n.º 2 da Lei n.º 28/98, João Leal Amado defendia que "por identidade de razão, não existirá igualmente período experimental quando, após a extinção de anterior vínculo jurídico-laboral entre as mesmas partes, for celebrado novo contrato de trabalho desportivo entre os mesmos sujeitos"[3/4]. Não temos dificuldade em aderir a este entendimento,

---

[2] Como destaca, por exemplo, Marie-Annick Peano, *L'*intuitus personae *dans le contrat de travail*, Droit Social, 1995, págs.129 e segs., pág. 135, o período experimental serve, também, para testar aspectos da personalidade do trabalhador, no que diz respeito à sua capacidade de relacionamento, de agir em equipa, de adaptar-se a um meio profissional novo, assimilando os métodos de trabalho e o espírito da empresa e aceitando a autoridade dos superiores hierárquicos. Sobre o tema cfr., entre nós, Tatiana Guerra de Almeida, *op. cit.*, págs. 107 e segs. que, aliás, não deixa, e quanto a nós justificadamente, de observar, com uma "certa nota de apreensão" (*op. cit.*, pág. 113), como é delicado delimitar o objecto da experiência.

[3] João Leal Amado, *Contrato de Trabalho Desportivo Anotado*, Coimbra Editora, 2005, pág. 44 [cfr., igualmente do mesmo autor, *Vinculação versus Liberdade (O processo de Constituição e Extinção da Relação Laboral do Praticante Desportivo)*, Coimbra Editora, 2002, pág. 208, n. 359].

[4] Contra e defendendo, perante a norma similar do n.º 2 do artigo 11.º da Lei n.º 28/98, que se trata de norma excepcional que não permite aplicação analógica à hipótese de sucessão de contratos de trabalho, cfr. Pedro Romano Martinez, *Nulidade de cláusulas de convenções colectivas de trabalho, o período experimental no contrato de trabalho desportivo*, in Estudos Jurídicos e Económicos em Homenagem ao Prof. Doutor António de Sousa Franco, Coimbra Editora, 2006, págs. 735 e segs., pág. 745.

258   *II Congresso de Direito do Desporto*

desde que, como em regra sucederá, os contratos sejam sucessivos ou celebrados com um pequeno hiato temporal e para as mesmas funções (e dentro da mesma modalidade), hipótese que é de longe a mais corrente e que terá sido, segundo cremos, a contemplada pelo autor.

Inteiramente de aplaudir são, quanto a nós, as soluções consagradas no n.º 3 do artigo 11.º da Lei n.º 28/98. Quanto à cessação do período experimental por verificar-se "lesão desportiva que o impeça de praticar a modalidade para que foi contratado e que se prolongue para além do período experimental" (alínea b) do n.º 3), apenas podemos lamentar que regra similar não exista na lei geral em que se o contrato for suspenso por um acidente de trabalho parece que apenas haverá uma suspensão do próprio período experimental[5] que recomeçará quando o contrato de trabalho, ou melhor, a prestação de trabalho, voltar a ser executada (com a tentação para o empregador de fazer cessar o contrato de um trabalhador que pode ter agora uma capacidade reduzida e ser fonte de encargos adicionais). Também a solução da alínea a) do n.º 3 nos parece muito feliz, responsabilizando o empregador pelo exercício de uma faculdade que tem consequências sobre a liberdade de exercício da sua profissão do praticante naquela época ou naquela competição.

Passaremos agora à análise do artigo 11.º do contrato colectivo de trabalho. Antes convirá, contudo, fazer, uma referência aos artigos 4.º e 11.º do Código do Trabalho pelo impacto que podem ter nesta análise.

Relativamente ao artigo 4.º a doutrina dominante interpreta-o no sentido de que ele veio permitir, como regra, que um instrumento de regulamentação colectiva de trabalho venha afastar as normas do Código mesmo num sentido mais desfavorável, a não ser que dessas normas resulte o contrário. E o artigo 531.º do Código do Trabalho (igualmente com a mesma epígrafe "princípio do tratamento mais

---

[5] Já no passado comentámos desfavoravelmente (cfr. *Do uso e abuso...,* cit., pág. 257) o Acórdão da Relação do Porto de 9 de Março de 1998 em que se decidiu que "a cessação do contrato de trabalho promovida unilateralmente pelo empregador durante o período experimental não confere ao trabalhador direito a qualquer indemnização mesmo que este, no momento da cessação, se encontre temporariamente incapacitado em resultado de acidente de trabalho".

favorável") vem, inclusive, estabelecer que o instrumento de regulamentação colectiva de trabalho não só contém disposições de que o contrato individual de trabalho não se pode afastar em sentido mais desfavorável, mas inclusive pode conter disposições de que o contrato individual de trabalho não se pode afastar nem sequer em sentido mais favorável (!). Destas disposições pode retirar-se não só uma valorização significativa dos instrumentos de regulamentação colectiva, mas também, e estes são aspectos quanto a nós muito negativos, uma parificação dos IRCT's negociais e não negociais (com exclusão dos regulamentos de condições mínimas) na hierarquia das fontes[6] e um desprezo profundo pela liberdade sindical negativa.

Expliquemo-nos melhor quanto a este último aspecto. A liberdade sindical, constitucionalmente consagrada e tutelada, é protegida em duas dimensões, a positiva e a negativa. Não é só a liberdade de constituir e participar em sindicatos – ou a liberdade, não inteiramente simétrica[7], mas tratada como tal pelo Código, de constituir associações patronais – e de desenvolver a actividade própria destes e designadamente a contratação colectiva, mas é também a liberdade de não participar em qualquer sindicato ou poder desvincular-se dele, com os seus corolários de não ter que contribuir financeiramente para um sindicato a que não se pertence e de não se poder ser prejudicado na sua actividade profissional por se ter escolhido não se ser sindicalizado ou por não estar sindicalizado em determinado sindicato. Algumas expressões particularmente importantes desta liberdade sindical negativa – como a proibição da *closed shop* – foram, aliás, objecto de decisões recentes do Tribunal Europeu dos Direitos do Homem que condenou a Dinamarca – país apresentado recentemente como modelo nos estudos mais recentes sobre a "flexigurança" – por permitir acordos entre sindicatos e empregadores no sentido de

---

[6] O que pretendemos afirmar é que, pese embora a prioridade na aplicação dos IRCT's negociais sobre os não negociais, um regulamento de extensão acaba por poder igualmente ser aplicado apesar de conter soluções mais desfavoráveis do que as que resultam da lei...

[7] Que não se trata de liberdades inteiramente simétricas deveria resultar com clareza até da simples circunstância de que um empregador isolado já tem capacidade negocial colectiva, não necessitando de se associar para o efeito, ao contrário dos trabalhadores que só através do exercício da liberdade de associação sindical podem aceder à negociação colectiva.

260   *II Congresso de Direito do Desporto*

que só trabalhadores sindicalizados tinham acesso a emprego em certas empresas[8].

Importa reconhecer, no entanto, que em vários aspectos o nosso actual Código do Trabalho mostra pouco respeito pela liberdade sindical negativa. É certo que a manutenção da dupla filiação como condição normal para a aplicação de uma convenção colectiva tutela até certo ponto a liberdade sindical negativa: se uma pessoa não se revê na direcção de um sindicato seja por que motivo for (e, por conseguinte, não se filia) não deve ficar vinculada aos resultados negociais da actuação desse sindicato sem uma manifestação expressa da sua vontade (uma adesão expressa à convenção colectiva ou uma remissão no seu próprio contrato individual de trabalho). A isso conduz a consideração de que o sindicato é fundamentalmente uma associação privada de interesses dos seus filiados[9] e não, como no sistema corporativo, de defesa de uma "classe" ou grupo profissional que era representada independentemente dessa vontade[10]. Infeliz-

---

[8] O Tribunal Europeu dos Direitos do Homem, em Acórdão de 11 de Janeiro de 2006, processos 52562/99, Sorensen contra Danmark, e 52620/99, Rasmussen contra Danmark, condenou a Dinamarca por violação do art. 12.º da Convenção Europeia dos Direitos do Homem e das liberdades fundamentais e isto porque a Dinamarca não protegeu adequadamente a liberdade sindical negativa. Recorde-se que a Dinamarca e a Islândia continuam a permitir a conclusão de acordos de *closed shop* ou monopólio sindical, permitindo pois que uma empresa e um sindicato concluam um acordo impondo aos trabalhadores como condição para a contratação por essa empresa e a manutenção do emprego nessa mesma empresa a obrigação de aderir a um certo sindicato. Esta legislação corresponde a uma política tradicional dinamarquesa que procura reforçar a presença e a representatividade dos sindicatos já que o modelo social dinamarquês se caracteriza pela importância dada à negociação colectiva na elaboração do direito do trabalho. A liberdade de associação sindical abrange não apenas a liberdade positiva, mas igualmente a liberdade negativa que implica o direito a não ser coagido a aderir a uma estrutura sindical. Muito embora se reconheça aos Estados uma larga margem de manobra na escolha da sua política sindical, o Tribunal considerou que havia aqui uma lesão da liberdade sindical negativa. Sobre estas decisões do TEDH cfr. JOËL CAVALLINI, *Liberté d'association; les accords de monopole syndical (ou clauses de* closed shop*) sont contraires à la liberté d'association*, JCP, édition sociale, n.º 6, 2006, 1118, págs. 24 e segs.

[9] Sobre o tema cfr., por exemplo, ANDREA BOLLANI, *Contratti Collettivo e Interpretazione*, Cedam, 2004, que não deixa de destacar que o sindicato oscila entre uma natureza de entidade privada e um papel reconhecido pelo Estado que lhe confere uma relevância pública de actor protagonista nas relações económicas.

[10] Isto sem negar que há aqui uma certa tensão entre funções de representação política que as associações sindicais são crescentemente chamadas a desempenhar, até no domínio da concertação social, e as suas funções mais estritamente jurídicas, mormente em sede de negociação colectiva.

mente o corporativismo custa a morrer[11] e até, em certo sentido, o Código do Trabalho é ainda mais corporativo que a legislação anterior.

Na legislação anterior as famigeradas portarias de extensão asseguravam já que os resultados da autonomia negocial colectiva eram administrativamente estendidos a sujeitos a quem em princípio não deveriam ser aplicados. A figura apresentava já o grave defeito de beneficiar os *free riders* ou seja os trabalhadores não sindicalizados, que não pagavam quotas, não se expunham a riscos de represálias patronais por se terem sindicalizado, mas acabavam por fruir do esforço negocial alheio e beneficiar do mesmo tratamento que os trabalhadores filiados no sindicato outorgante – um factor que, aliás, alguma doutrina estrangeira sempre denunciou como contribuindo para diminuir as taxas de sindicalização[12]. Mas os actuais regulamentos de extensão não se limitam a suceder às portarias de extensão, antes agravam significativamente o problema e representam uma ameaça acrescida à liberdade sindical negativa. É que agora a convenção colectiva que é estendida pode conter, à luz do artigo 4.º, soluções mais desfavoráveis do que as legais e são essas soluções que podem ser estendidas administrativamente a quem não deu o seu consentimento e decidiu, porventura, conscientemente, não se sindicalizar... Se a isso acrescentarmos a ausência de critérios de representatividade sindical, podemos ter o curioso resultado de ser estendida uma convenção celebrada por um sindicato que representa uma percentagem escassa, para não dizer insignificante, dos trabalhadores da empresa, do sector ou do ramo (e o mesmo, é claro, poderá dizer-se do lado dos empregadores). Resultado ainda mais grave à luz do já citado artigo 531.º do Código segundo o qual, aparentemente, tanto a convenção colectiva como o regulamento de extensão podem proibir que o contrato individual de trabalho se desvie em sentido mais favorável para o trabalhador – o que aliás bem demonstra que o sistema não é liberal, mas sim corporativo. O papel central não é

---

[11] Sobre esta continuidade entre o corporativismo e o pós-corporativismo, que se verificou igualmente em Itália, cfr. ANDREA BOLLANI, *op. cit.*, pág. 41.

[12] Cfr., por exemplo, FRANCES RADAY, *The Decline of Union Power – Structural Inevitability or Policy Choice?* in Labour Law in an Era of Globalization, Transformative Practices & Possibilities, coord. por Joanne Conaghan, Richard Michael Fischl e Karl Klare, Oxford University Press, 2000, págs. 353 e segs., págs. 372-373.

262 II Congresso de Direito do Desporto

confiado à liberdade sindical, já que a principal intervenção é administrativa e o principal actor no nosso sistema de relações colectivas acaba por ser o Ministério do Trabalho[13/14]...

Esta referência serve para deixar claro que, muito embora a liberdade sindical negativa seja frequentemente esquecida entre nós e violada pelo próprio legislador ordinário[15] ela assume grande importância num sistema de relações laborais que se queira verdadeiramente democrático e plural.

Finalmente um outro factor de dificuldade reside no algo enigmático artigo 11.º do Código. Dispõe este preceito que "aos contratos de trabalho com regime especial aplicam-se as regras gerais deste Código que não sejam incompatíveis com a especificidade desses contratos". Se bem interpretamos este preceito – e defendemos aqui uma interpretação próxima da que é feita, por exemplo, por PEDRO ROMANO MARTINEZ[16] – o regime da parte geral aplica-se subsidiariamente sempre que não haja uma incompatibilidade com a especificidade do contrato especial de trabalho. Parece-nos que quem invoca a incompatibilidade é que terá que a demonstrar[17], já que a regra será a aplicação subsidiária destas normas designadamente para integrar o

---

[13] O Código, aliás, atropela sem hesitar e com frequência a liberdade sindical negativa. Já nos referimos aos regulamentos de extensão e ao artigo 529.º; apenas mais um exemplo: o artigo 128.º permite que por IRCT se disponha de boa parte dos preceitos sobre contrato a termo e nomeadamente dos que exigem a motivação do recurso ao contrato a termo. Existem já hoje, designadamente na indústria têxtil, convenções colectivas que permitem o recurso ao contrato a termo sem indicação de motivo e sem que tenha que haver uma necessidade temporária. Como a maior parte dos contratados a termo não é sindicalizada o mínimo que se pode dizer é que é cómodo para um sindicato dispor dos direitos e garantias de quem muito provavelmente não é seu membro...

[14] Na sugestiva imagem que ouvimos a JORGE LEITE e que esperamos transcrever correctamente, o Ministério do Trabalho é "a principal estrela no firmamento das relações colectivas"...

[15] Este aspecto da necessária tutela da liberdade sindical negativa suscita-nos, de resto, muitas dúvidas quanto à aplicabilidade (directa ou por portaria, hoje regulamento, de extensão) de várias das cláusulas do referido contrato colectivo de trabalho dos jogadores profissionais de futebol (e dos seus anexos) a futebolistas profissionais não sindicalizados.

[16] PEDRO ROMANO MARTINEZ e outros, *Código do Trabalho anotado*, 5.ª ed., Almedina, Coimbra, 2007, pág. 99.

[17] Assim expressamente PEDRO ROMANO MARTINEZ, *Nulidade de cláusulas...*, cit., pág. 744: "a excepção justificada com base em incompatibilidade tem de ser cabalmente demonstrada" (cfr., também, pág. 743).

regime especial. Mas, mais ainda, parece-nos que assiste razão a PEDRO ROMANO MARTINEZ, quando refere que as normas legais já existentes sobre os contratos de trabalho especiais, designadamente o desportivo, "têm de ser integradas e interpretadas à luz do disposto no Código do Trabalho"[18].

Mas será o período experimental afastado pela especificidade do contrato de trabalho desportivo?

Antes de mais, sublinhe-se que esta matéria não é certamente consensual. Recentemente ALBINO MENDES BAPTISTA veio defender que o período experimental não é, em regra, necessário no contrato de trabalho desportivo, só devendo existir no caso de haver cláusula expressa nesse sentido[19]. Nas suas palavras, "o próprio regime especial do contrato de trabalho desportivo não apresenta um tratamento adequado à especial configuração do período de experiência neste âmbito, nem aponta para aberturas negociais (colectivas) que permitam um ajustamento mais consentâneo com a realidade das diferentes modalidades desportivas"[20]. O autor esgrime também com a circunstância de que os clubes observam, acompanham, avaliam, os jogadores antes de proceder à sua contratação, o que, mais uma vez, tenderia a tornar supérfluo o período experimental. Daí que ALBINO MENDES BAPTISTA acabe por afirmar que "merece nota de realce o CCT dos futebolistas na parte em que determina, certeiramente, ainda que em sentido absolutamente diferente do da lei, que na falta de estipulação expressa, presume-se que as partes afastaram a possibilidade de existência de período experimental".

Concordamos com o autor quando a afirma que a convenção colectiva se afasta neste aspecto da lei "em sentido absolutamente diferente". Resta é saber se o pode legitimamente fazer...

O n.º 4 do artigo 11.º do CCT consagra uma presunção de inexistência de período experimental, exigindo a estipulação expressa do mesmo. A lei geral, isto é, o Código do Trabalho no seu artigo

---

[18] *Aut., op. e loc. cit.*

[19] ALBINO MENDES BAPTISTA, *O período experimental no contrato de trabalho desportivo. Considerações a propósito do "caso Miguel"*, in Estudos sobre o Contrato de Trabalho Desportivo, Coimbra Editora, 2006, págs. 69 e segs., nomeadamente págs. 71 e segs.

[20] ALBINO MENDES BAPTISTA, *op. cit.*, pág. 73.

110.º, estabelece que as convenções colectivas podem reduzir a duração do período experimental, mas não permite que o afastem. Pelo contrário, de acordo com a lei geral, o período experimental só pode ser afastado por acordo das partes do contrato individual de trabalho (é o que parece resultar do artigo 110.º, n.º 2). Parece-nos que este artigo 11.º, n.º 4 acaba por ter um efeito prático similar à exclusão em princípio do período experimental, isto é, a exclusão de período experimental passa a ser a regra e a sua inclusão a excepção, o que, a nosso ver não é permitido à convenção colectiva e não se justifica pela especificidade do trabalho desportivo[21].

Na verdade, a exclusão do período experimental não se justifica por ser o contrato de trabalho desportivo necessariamente um contrato a termo, já que também no contrato a termo existe, na falta de acordo escrito em contrário, período experimental. Acresce que o contrato de trabalho desportivo pode ter uma duração muito longa, até ao máximo de oito épocas desportivas. E a argumentação de ALBINO MENDES BAPTISTA esquece, quanto a nós, que o período experimental não serve apenas para o empregador avaliar o jogador, serve também para que o jogador avalie o clube e o ambiente de trabalho, interesse particularmente importante aqui em que o jogador, diferentemente do que se passa nos outros contratos de trabalho, não poderá, em princípio, denunciar o contrato, fazê-lo cessar sem justa causa.

Mas ainda que ALBINO MENDES BAPTISTA tivesse razão poderia questionar-se se essa especificidade do contrato de trabalho desportivo não deveria ter sido tida em linha de conta pelo próprio legislador quando criou lei especial nesta matéria – e, como se sabe, não foi (pelo menos não foi no sentido de excluir, como regra, o período experimental). Além disso, não vemos razão para atribuir à negociação colectiva neste domínio um poder – o de excluir o período experimental – que normalmente lhe é vedado. Reputamos, por conseguinte, como contrário a lei imperativa o disposto no n.º 4 do artigo 11.º do CCT.

Temos dúvidas muito mais limitadas quanto ao n.º 1 do artigo 11.º do CCT. Regra geral, parece-nos inteiramente compreensível e

---

[21] No mesmo sentido que aqui defendemos, já se pronunciou PEDRO ROMANO MARTINEZ, *Nulidade de Cláusulas...*, cit., pág. 749.

resultar até da natureza das coisas que não haja período experimental no segundo contrato celebrado entre o mesmo jogador e o mesmo clube[22]. Mas se, por exemplo, houver um hiato temporal significativo entre o primeiro e o segundo contrato, parece-nos que a convenção colectiva não pode proibir a existência de período experimental neste caso (o que mais uma vez se traduz em excluir o período experimental). Em suma, tendemos a reputar como ilegal, igualmente, o n.º 1 do artigo 11.º, mas esta ilegalidade não é tão grave, porque não nos repugna afirmar que frequentemente (mas nem sempre) a natureza das coisas e a boa fé permitiriam chegar ao mesmo resultado.

---

[22] Num caso em que segundo o entendimento dominante não se aplicaria (ao menos directamente) o regime do contrato de trabalho desportivo por se tratar de um treinador de voleibol, a Relação de Lisboa, em Acórdão de 18 de Janeiro de 2006 (disponível em *www.dgsi.pt*), considerou existir abuso de direito na cessação do contrato no período experimental pelo empregador quando o trabalhador "já havia exercido as mesmas funções para a mesma entidade patronal durante três anos e imediatamente antes da sua nova contratação".

O DIREITO DE OPÇÃO NA PRESTAÇÃO
DO DESPORTISTA PROFISSIONAL

PAULO LEITE GONÇALVES

"O profissionalismo desportivo existe.
Ignorá-lo é favorecê-lo e não contrariá-lo."
PAUL ROUSSEAU

Proémio

Não podia deixar de iniciar esta minha participação no II Congresso de Direito do Desporto sem manifestar o meu sincero agradecimento pelo convite que me foi endereçado pela sua Coordenação Cientifica e pela Livraria Almedina, e com o qual muito me sinto honrado.

Honra acrescida por me encontrar aqui emparedado por dois Ilustríssimos Juristas como o são o Prof. Jorge Leite e o Prof. Júlio Gomes.

A afirmação do Direito do Desporto é hoje uma realidade insofismável e salutar. O contributo do Dr. Ricardo Costa e do Dr. Nuno Barbosa incontornável, a par de outros, com especial destaque para o trabalho e obra do Prof. João Leal Amado, do Doutor José Manuel Meirim e do Dr. Albino Mendes Batista. Lamenta-se, no entanto, a inércia ou inépcia do legislador, que não tem sabido aproveitar o valioso contributo destes Ilustres juristas.

A primeira observação que se impõe é a de que o Desporto não pode existir sem o Direito. Hoje mais do que nunca. Num tempo em que o desporto profissional se converteu, inquestionavelmente, no

268 *II Congresso de Direito do Desporto*

maior espectáculo do mundo, cumpre alertar e clamar para o papel preponderante do Estado para não só *"de iure"* mas de facto legislar, renovar e aplicar o Direito positivo, constituído pelas leis e regulamentos que regem a conduta dos desportistas e demais agentes desportivos.

O tema sugerido, "o direito de opção no contrato de trabalho desportivo", ambicioso, não me é estranho desde logo pelo facto de ter participado, no ano de 2004, como advogado de uma das partes litigantes, naquele que foi, ao que julgo saber, ter sido um dos três únicos casos em que a Comissão Arbitral Paritária do Contrato Colectivo de Trabalho celebrado entre a Liga Portuguesa de Futebol Profissional e o Sindicato dos Jogadores Profissionais de Futebol foi chamada a intervir para apreciar esta questão jurídica, desde o ano 2000[1].

Não vou, obviamente, por razões deontológicas, pronunciar-me sobre o caso concreto, mas procurarei ainda assim transmitir aquela que foi e é a minha posição, e que espero vir a sair enriquecida com a vossa opinião no debate que se sucederá.

Entretanto, honra-me o facto de a posição que então sustentei, e continuo a sustentar, não divergir, antes pelo contrário, daquela que o Dr. Albino Mendes Baptista expressa de forma brilhante no estudo que muito recentemente publicou sob o título "Especificidades do contrato de trabalho desportivo e pacto de opção".

A publicação deste notável estudo revela desde logo que não é curial esquecer o tema, quer pela sua actualidade, quer pela sua profusão em especial no futebol – a actividade desportiva onde a profissionalização está há mais tempo enraizada e aquela que mais lutou pelo reconhecimento da sua especificidade[2] (veja-se a influência da UEFA e da FIFA quando se confrontaram com a União Europeia, designadamente perante a ofensiva dos comissários euro-

---

[1] Proc. 125-CAP/2004.

[2] Ver declaração relativa às características específicas do Desporto e a sua função social na Europa, a tomar em consideração ao executar as políticas comuns, anexa às Conclusões da Presidência do Conselho de Europa, reunido em Nice a 7, 8 e 9 de Dezembro de 2000.

peus Mário Monti e Viviane Reding contra o Sistema Internacional de Transferências em 2001[3]).

Porém, esta dissertação visa, no essencial, ser um instrumento de análise. Mas uma análise séria e desassombrada, que não vai, nem podia, em momento algum postergar a já reconhecida especificidade do contrato de trabalho desportivo.

E com esta dissertação não pretendo arvorar-me em paladino do saber jurídico, longe disso, mas tão só dar a perspectiva jurídica de quem vive o problema no "campo".

De uma coisa estou seguro, a reforma do sistema legislativo na área do contrato de trabalho desportivo há muito que se impõe, mas infelizmente tarda. A investigação escasseia e tem sido impulsionada em consequência da perseverança daqueles que não se conformam com uma visão redutora do desporto profissional que tem unicamente em atenção a velha querela da dicotomia "amador-profissional".

Porém, lamentavelmente, o legislador parece estar mais vocacionado para se desgastar com meditações filosóficas, exegéticas e conceptuais sobre o associativismo desportivo (aqui salta desde logo à evidência de todos a velha luta pelo poder ou pelo protagonismo entre Federações e Ligas Profissionais), distanciando-se, pois, injustificada e perigosamente da realidade do dia a dia que devia interessar verdadeiramente ao desporto profissional. Porque assim tendo sido, o actual regime jurídico do contrato de trabalho desportivo, publicado em 1998 (i.e., a Lei n.º 28/98, de 26 de Junho), permanece surpreendentemente imutável e imune às críticas e defeitos que se lhe apontam, enquanto a actual e novel Lei de Bases do Desporto (Lei 30//2004, de 21 de Julho) está já condenada à revogação.

Importa, por isso, e de uma vez por todas, ter presente que **longe vão os tempos em que aquela que era uma actividade por vezes até considerada ridícula e pouco dignificante, transformou--se hoje numa actividade legalmente aceite e desejada.**

---

[3] Ver declaração conjunta dos comissários europeus Monti, Reding e Diamantopolou e dos Presidentes Blatter da FIFA e Johansson da UEFA divulgada através do Comunicado Oficial n.º 270 da Federação Portuguesa de Futebol de 28.02.2001.

O Direito de Opção no Contrato de Trabalho Desportivo

Porque não tendo particular apetência para criar suspense, digo desde já que, na minha opinião, a legalidade do direito de opção livre e esclarecidamente acordado pelas partes, num contrato de trabalho desportivo, e hoje profusamente utilizado e aceite, não se questiona atenta a especificidade deste modelo de contrato de trabalho.

Com efeito, foi a especificidade do modelo do contrato de trabalho desportivo que justificou a existência de um quadro normativo distinto do contrato de trabalho comum, informado por opções e princípios diferentes perante a gritante inadequação do modelo estereotipado de trabalho consagrado na legislação geral.

Assim, o primeiro Regime Jurídico do Contrato de Trabalho do Praticante Desportivo surge sem surpresa na sequência da primeira Lei de Bases do Sistema Desportivo – cfr. artigo 14.º, n.º 4 da Lei n.º 1/90, de 14 de Janeiro – em tradução da necessária edificação de um sistema jurídico laboral específico para o praticante desportivo.

E justificava então o legislador, em sede preambular da citada Lei de Bases, a necessidade de um regime jurídico próprio para o praticante desportivo *"em razão das especialidades que a actividade desportiva comporta e que o regime geral do contrato de trabalho não pode inteiramente responder".*

Não restou, assim, outra alternativa que não a de criar um *regime especial* que viria a emergir do Decreto-Lei n.º 305/95, de 18 de Novembro, posteriormente revogado pela Lei 28/98, de 26 de Junho[4].

E reconhecendo o legislador que este tipo de prestação laboral (a desportiva) está fortemente condicionada pelo rendimento em que avulta a procura constante de níveis de excelência nos resultados desportivos – facto este notório –, sublinhou na Lei de autorização legislativa[5] a necessidade de o regime a emanar *"ter em conta a natureza especial do contrato de trabalho dos praticantes despor-*

---

[4] A Lei n.º 28/98, que teve como antecedente a Proposta de Lei n.º 96/VII, surge em consequência do "Acórdão Bosman" proferido pelo Tribunal de Justiça e das Comunidades, que, em síntese, viria a por termo às denominadas "cláusulas de nacionalidade", criando um mercado de trabalho desportivo comunitário, e às "indemnizações de transferência" à escala comunitária.

[5] Lei n.º 85/95, de 31 de Agosto.

tivos", face à ausência de qualquer referência no diploma padrão do contrato de trabalho, o revogado Decreto Lei n.º 49408, de 24 de Novembro de 1969.

Por isso, é inexorável que estamos perante um contrato de trabalho sujeito a uma disciplina legal que, segundo o próprio legislador – cuja *ratio legis* nunca se pode desprezar –, *"não carece de ser exaustiva, aqui se justificando, de modo muito especial, quer o recurso à via contratual, quer o reconhecimento de formas diversas de auto-regulamentação da actividade desportiva, em particular através de convenções colectivas de trabalho"* – cfr. Preâmbulo do Dec.--Lei n.º 305/95, de 18 de Novembro.

Isto posto, é fácil concluir estarmos perante uma *"relação de carácter especial"*. Especialidade que não significa adaptação, bastando, para o efeito, atentar no respectivo regime e (acrescentamos nós) na *ratio legis* que presidiu à sua criação[6].

E o desportista profissional, diz-se, é um trabalhador algo *sui generis*, circunstância que não deixou de se reflectir no regime jurídico que lhe é aplicável[7].

Em conclusão, e usando as doutas palavras de João Leal Amado, *"o contrato de trabalho desportivo é, pois, um contrato especial"*[8].

E dessa especificidade e desse regime especial resultou a adopção de um modelo de contrato de trabalho a termo (final ou resolutivo), como regra, que vigora desde o primeiro regime jurídico do contrato de trabalho desportivo. Trata-se, pois, de um contrato sujeito a termo estabilizador, usando desta forma a terminologia usada por Raúl Ventura[9]. O que se manifesta desde logo no facto de ser negado o direito de livre demissão ao praticante, salvo existência de justa causa. Limitação esta que, por razões óbvias, visam assegurar a estabilidade contratual e, por via disso, o equilíbrio competitivo.

---

[6] Cfr., neste sentido, João Zenha Martins, "O novo Código do Trabalho e os «contratos de trabalho com regime especial»: pistas para o enquadramento do contrato de trabalho desportivo, in *Revista do M. P.*, Ano 24, 2003, n.º 95, pág. 55.

[7] Cfr. João Leal Amado, "Rescisão do contrato de jogador de futebol", in *Questões Laborais*, Ano II, 1995, n.º 4, pág. 50.

[8] Ver "O DL 305/95, relação laboral desportiva e a relação laboral comum", in *Questões Laborais*, Ano II, 1995, n.º 6, pág. 187.

[9] Ver "A extinção da relação jurídica de trabalho", in *Revista da Ordem dos Advogados*, 1950, n.ºs 1 e 2, págs. 251 e ss.

Pode, assim, concluir-se de imediato que ao contrato de trabalho desportivo pode ser aposto um termo suspensivo ou inicial – cfr. artigo 279.º, do Código Civil, e artigos 5.º, n.º 2, alíneas d) e f), e 8.º da citada Lei n.º 28/98.

E sem embargo do acabado de referir, o contrato de trabalho desportivo pode ainda ser objecto de um "Pacto de Opção" ou "Direito de Opção".

Na verdade, é facto notório, mesmo para aqueles que não acompanham de perto a realidade desportiva, que o "pacto/direito de opção" é profusamente utilizado e há muito aceite no mundo do desporto profissional, sendo mesmo apontado como um instrumento fulcral (de reconhecido sucesso e mérito) para uma gestão racional de pessoal[10].

Em geral, tal direito é concedido aos clubes, mas não raras são as situações em que é o desportista profissional o titular de tal direito (*vide*, desde logo, o caso então muito publicitado de João Vieira Pinto aquando do seu regresso ao Boavista FC na época desportiva 2004/2005, e do jogador Marcelo da AAC/OAF, que foi inclusive já objecto de um artigo de João Leal Amado, "A opção de Marcelo", na Revista *Desporto & Direito* n.º 8, Janeiro/Abril 2006, páginas 289 e seguintes[11]).

Aqui chegados, impõe-se trazer à colação o comentário do insigne Professor Baptista Machado, que debruçando-se sobre o "direito de opção" sentenciou de forma lapidar esta questão do seguinte

---

[10] Ver, a título de exemplo, Jornal "Record" de 1 de Junho de 2002, pág. 13 (notícia que, sob o título "Direito de Opção não foi exercido", relata que o SC Braga, SAD abdicou de exercer a opção, por mais uma época, sobre o contrato do médio defensivo Paulo Gomes), e Jornal "A Bola" de 27 de Abril de 2002, pág. 12 (notícia que, sob o título "Direito de Opção ainda não foi exercido", dava conta que a Boavista FC SAD tinha até ao final da época desportiva então em curso para exercer o direito de opção, por mais três épocas desportivas, sobre o contrato do médio argentino Fernando Ávalos; a título de curiosidade diga-se que o aludido direito veio a ser efectivamente exercido e o jogador permaneceu, então, no plantel da Boavista FC SAD).

[11] Este artigo alude à sentença proferida pelo Tribunal do Trabalho de Coimbra a 26 de Agosto de 2005 e que, em síntese, condenou a AAC/OAF a pagar ao atleta, ao abrigo do disposto nos artigos 48.º e 49.º do CCT celebrado entre a Liga Portuguesa de Futebol Profissional e o Sindicato dos Jogadores Profissionais de Futebol, uma indemnização correspondente ao valor das retribuições que seriam devidas se o contrato tivesse cessado no seu termo e, no caso em análise, tendo em conta que este ocorreria no final da época relativamente à qual incidia o direito de opção conferido ao atleta.

modo: *"É também frequente ouvir-se entre nós (e o mesmo acontece no estrangeiro) que determinada colectividade desportiva detém sobre certo jogador um "direito de opção" por mais uma época. Também aqui se trata de um cláusula de reserva de um verdadeiro direito de opção inscrita num contrato desportivo (contrato de trabalho). Propendemos a classificar o direito emergente desta cláusula como um direito potestativo modificativo, muito embora, quanto à sua substância prática, ele não se distinga de um direito potestativo constitutivo: o direito de prorrogação unilateral da relação contratual que atinge o seu termo equivale, em termos práticos-económicos, ao direito de celebração de um contrato com determinado conteúdo".*

Concluindo que esse direito de opção *"nasce de uma cláusula acessória de um contrato principal – ficando com o direito potestativo a constituir um "acessório" da relação contratual básica, nos termos dos artigos 582.º e 599.º do Código Civil".* E o efeito do exercício desse direito de opção consubstanciava-se na *prorrogação unilateral da relação contratual.*[12]

Ou seja, há muito que a especificidade do contrato de trabalho desportivo vem sendo reconhecida e tratada pela mais Ilustre Doutrina e pelo próprio Direito Comunitário (Comissão Europeia e Tribunal de Justiça das Comunidades), abrindo espaço para a consagração e respeito das especificidades em diferentes domínios. Recordo, aqui, a referência feita à intervenção da Comissão Europeia no Sistema Internacional de Transferências – que acabou por reconhecer a especificidade do contrato de trabalho desportivo ao não obstaculizar a manutenção do referido sistema mas impondo tão só algumas limitações ao mesmo, consequência, inevitável, também da denominada Declaração de Nice emanada a 9 de Dezembro de 2000 pelos Estados Membros do Conselho Europeu.

E um exemplo paradigmático desta lógica encontrava-se, como refere Alexandre Miguel Mestre, no Regulamento sobre o Estatuto e Transferências de Jogadores da FIFA (2001), concretamente no artigo 43.º (Capitulo XIV – *Sistema Arbitral, Disciplinar e de Resolução de Litígios*): "O Sistema de Resolução de Litígios e o Sistema de Arbitragem

---

[12] Cfr., para tudo, a Anotação ao Acórdão do Supremo Tribunal de Justiça de 16 de Fevereiro de 1984, da autoria do insigne Professor Baptista Machado, in *Revista de Legislação e Jurisprudência* n.º 117, pág. 203.

274 *II Congresso de Direito do Desporto*

tomarão em consideração todas as disposições, leis e/ou contratos colectivos de trabalho, que existam a nível excepcional relacionados com a matéria, bem como a especificidade do desporto" (cfr., do autor referido, *O Desporto na Constituição Europeia*, Ed. Almedina, Coimbra, 2002, págs. 130 e 131, nota 150). E essa mesma lógica continua a ser manifesta na actual versão do Regulamento (vigente desde Julho de 2005): atente-se à "especificidade do desporto" prevista nos artigos 17.º, n.º 1, e 25.º, n.º 6.

Caracterizada a relação jurídica-laboral desportiva, reconhecida que está a sua especificidade – e sendo a tarefa interpretativa una e incindível e assentando num elemento gramatical ou literal e em elementos lógicos que a doutrina divide, tradicionalmente, em sub- -elementos sistemático, histórico e teleológico, distinguindo ainda dentro do histórico, os precedentes normativos, os trabalhos preparatórios e a *occasio legis*[13], ou seja, todo o circunstancialismo social que rodeou o surgimento da lei (*in casu* o Decreto-Lei n.º 305/95, primeiro, e a Lei n.º 28/98, mais recentemente) –, é lançando mão dos referidos elementos (em especial dos últimos) que se chega à conclusão insofismável da validade e legalidade dos direitos/pactos de opção no âmbito do contrato de trabalho desportivo.

Ao mesmo tempo que sempre se foi permitindo a absorção de condições regulamentares estabelecidas pelas organizações desportivas – v. por exemplo o facto de se fazer depender a participação do praticante desportivo em competição do prévio registo do contrato na respectiva federação, os deveres "especiais" prescritos ao praticante desportivo (art. 13.º da Lei n.º 28/98) e possibilidade de o contrato de trabalho ter um período inferior a uma época desportiva nos casos em que o praticante desportivo seja contratado para participar numa determinada competição que, seja organizada através do sistema de eliminatórias, de duração incerta (art. 8.º, n.º 2, alínea b) da citada Lei).

Dito de outro modo, **o regime jurídico próprio do contrato de trabalho desportivo e a *ratio legis* que presidiu à sua emanação acaba por acolher praticamente todas as soluções, ainda que por via contratual, que consagrem a especificidade da relação jurídica laboral desportiva** – como é o caso dos "direitos/pactos de opção",

---

[13] Ver José Oliveira Ascensão, *O Direito. Introdução e Teoria Geral*, 6.ª ed. revista, Ed. Almedina, Coimbra, 1991, págs. 379 a 383.

Painel III. Relação Laboral Desportiva

desde que (concordamos) não ponham em causa, de forma desmesurada, a liberdade contratual e não se consubstanciem num acordo *in fraudem legis*.

Isto mesmo resulta, recordo – uma vez mais –, do preâmbulo do Decreto-Lei n.º 305/95, de 18 de Novembro, que, depois de justificar a necessidade de intervenção legislativa *"em razão das especialidades que a actividade desportiva e a que o regime geral do contrato de trabalho não pode responder inteiramente"*, conclui que a disciplina legal do contrato de trabalho do praticante desportivo *"não carece de ser exaustiva, aqui se justificando, de modo muito especial, quer o recurso à via contratual, quer o reconhecimento de formas diversas de auto-regulamentação da actividade desportiva[14], em particular através de convenções colectivas de trabalho"*.

Isto posto, para aferir da validade dos "direitos de opção" importa ainda, de forma concomitante, atender à liberdade contratual das partes envolvidas.

E a fonte desta **"liberdade contratual"** é o artigo 18.º da Lei n.º 28/98, de 26 de Junho, que mais não é do que uma norma programática e genérica não descrevendo qualquer "conduta típica" ou "facto típico" que se revele de forma clara, precisa e rigorosa como legalmente reprovável. Aproxima-se, pois, dos princípios.

Como tal, a sua aplicação terá de ser cuidada e ponderada em face de uma factualidade concreta. E para dilucidar definitivamente esta questão, e aqui chegados, importa aferir se as partes contraentes exerceram a sua liberdade contratual de forma livre e esclarecida, conferindo um "direito de opção" a favor de uma delas para a eventual prorrogação do contrato de trabalho desportivo que celebraram.

Assim,

– *se o direito de opção que ficou devidamente concretizado e estabelecido,* quer quanto ao período da eventual prorrogação, quer quanto às condições em que o mesmo podia ser exercido;

– *se todos os elementos essenciais do contrato objecto do direito de opção se encontrarem* a priori *claramente definidos* – cfr. artigo 5.º, n.º 2, da Lei 28/98;

---

[14] Este, aliás, será um dos argumentos em abono da sustentação do prescrito no artigo 35.º do Regulamento de Competições da Liga Portuguesa de Futebol Profissional.

II Congresso de Direito do Desporto

– *se do exercício do direito de opção não resultar a conclusão de que estamos perante um contrato de trabalho desportivo com duração superior à máxima legalmente admitida* – i.e., oito épocas desportivas (cfr. artigos 8 e 9.º da Lei n.º 28/98);

– *se constatarmos estar na presença de uma liberdade contratual esclarecida* (aqui tenho que citar uma vez mais Albino Mendes Batista[15] quando refere que "não é aceitável (...) que o praticante desportivo assine um contrato, de forma livre e esclarecida, para vigorar por certo tempo, com certas cláusulas, e depois queira *dar o dito por não dito*, aproveitando normas legais comuns, inaplicáveis atentas as especificidades desta realidade social, para se furtar ao cumprimento do que acordou e satisfazer interesses de clubes que se disponibilizam para lhe conceder melhores condições contratuais e, consequentemente, para tirar benefícios do incumprimento"[16]);

– *se tivermos em consideração os princípios* pacta sunt servanda *e* bona fides, que no domínio laboral assumidamente ostentam um carácter decisivo;

é insofismável a legalidade deste "direito de opção".

Tanto mais quando no caso concreto fique demonstrado ter sido assegurado ao atleta o dever de informação prescrito no Código do Trabalho, mormente quanto à duração do contrato de trabalho e ao *modus operandi* do exercício do direito de opção – cfr. artigos 97.º, n.º 1, alínea e), e 98.º, n.º 1[17].

Deste modo, não é difícil concluir que no âmbito do contrato de trabalho desportivo não faz sentido evocar o *favor laboratoris* e a consequente tendência paternalista do legislador e julgador perante o trabalhador.

Em suma: impõe-se, para concluir pela legalidade do direito de opção, que estejamos sempre perante uma **liberdade contratual**

---

[15] "Especificidades do contrato de trabalho desportivo e pacto de opção", in *Estudos sobre o Contrato de Trabalho Desportivo*, Ed. Coimbra Editora, Coimbra, 2006, pág. 34.

[16] Aqui apetecia-me entrar pelo problema que o artigo 27.º da Lei 28/98 suscita ...

[17] Artigo 97.º: "1. O empregador tem o dever de informar o trabalhador sobre os aspectos relevantes do contrato de trabalho". Artigo 98.º: "1. O empregador deve prestar ao trabalhador, pelo menos, as seguintes informações relativas ao contrato de trabalho: (...) e) a duração previsível do contrato, se este for sujeito a termo resolutivo".

esclarecida, para a qual muito contribui a preciosa ajuda dos agentes desportivos (vulgo empresários de jogadores). E numa sociedade de informação como a nossa, só não anda esclarecido quem não o deseja...

Como se impõe igualmente que o caso em análise não se revele como uma situação de flagrante fraude à lei. Ora, o contrato/acordo em fraude à lei, ou fraudulento, tem lugar quando as partes tentam alcançar por via indirecta um resultado proibido, violando, assim, o **espírito da lei**.

Por outras palavras: ter-se-á que se aferir se o direito de opção visa prosseguir ou não um fim que de todo em todo o Direito proíbe. Se assim não for, uma vez mais se concluirá pela sua legalidade.

E muito menos se pode sustentar *a priori* **que estamos perante um acordo limitativo da liberdade contratual ou** *in fraudem legis* quando a própria convenção colectiva celebrada entre a Liga Portuguesa de Futebol Profissional e o Sindicato dos Jogadores Profissionais de Futebol[18/19], no seu Anexo III (*Regulamento de Formação dos Jogadores Profissionais de Futebol*), consagra ao clube formador ou de procedência o direito de propor ao formando a celebração do primeiro contrato de trabalho desportivo ou, nos demais casos – renovações até ao praticante desportivo completar 24 anos –, a renovação deste contrato desde que, para tanto, comunique por escrito ao jogador a vontade de renovar o mesmo – cfr. artigos 33.º e 35.º.

Ou seja, o clube de procedência tem o direito de unilateralmente propor a renovação do contrato de trabalho ao jogador. Este, por sua vez, só tem uma de duas hipóteses, ou aceita a proposta de renovação ou suplica para que apareça um clube interessado nos seus serviços e disposto a pagar a indemnização (na maioria dos casos exorbitante) que o seu clube de procedência reclama e fez inserir nas Listas de Compensação (cfr. artigos 36.º e 37.º do cit. Anexo III).

---

[18] CCT celebrado em 1999, publicado no *BTE*, 1.ª Série, n.º 33, de 8.09.1999, págs. 2778 e ss.

[19] E, como diz Albino Mendes Baptista, a convenção colectiva (qualquer uma) "deve ser configurada como um *bloco normativo*, uma vez que expressa um equilíbrio, constitui uma unidade orgânica, e é o resultado das mútuas concessões das partes, pelo que não pode ser compreendida de maneira parcial": "O Código do Trabalho e a jurisdição laboral", in *Estudos sobre o Código do Trabalho*, Ed. Coimbra Editora, Coimbra, 2004, pág. 182.

Caso não apareça nenhum clube interessado nos seus serviços e disposto a pagar a reclamada compensação, resta-lhe aceitar, ainda que contrariado, a proposta de renovação (cfr. artigo 38.º, alínea b), do citado Anexo III).

De tudo quanto vem dito, e em síntese se conclui:

O Direito de Opção é a convenção mediante a qual uma das partes (a concedente) emite a favor da outra (a optante) uma declaração que se consubstancia numa proposta contratual irrevogável com referência a um contrato futuro – objecto desse direito. E como já se aludiu, citando o Prof. Baptista Machado, "propendemos a classificar o direito emergente desta cláusula como um direito potestativo modificativo, muito embora, quanto à sua substância prática, ele não se distinga de um direito potestativo constitutivo: o direito de prorrogação unilateral da relação contratual que atinge o seu termo equivale, em termos práticos-económicos, ao direito de celebração de um contrato com determinado conteúdo".

Para a validade do Direito de Opção deverá ainda ser exigida a capacidade do concedente para a celebração do contrato objecto do mesmo. E esta questão tem particular acuidade quando estamos perante a celebração de um contrato de formação com opção para a celebração do primeiro contrato de trabalho desportivo.

O Direito de Opção **tem espaço no contrato de trabalho desportivo**, no qual se reflecte ainda mais a sua estrutura complexa e concomitantemente dinâmica.

O não exercício de um Direito de Opção não consubstancia uma forma de cessação de contrato de trabalho, nem um despedimento sem invocação de justa, nem se pode caracterizar por uma cláusula de resolução *ad nutum*. Verifica-se, isso sim, a exemplo do que sucede com o contrato de trabalho a termo, a sua caducidade.

O Direito de Opção **resulta da autonomia da vontade** e em sede de contrato de trabalho desportivo **reveste uma natureza consensual e sinalagmática**.

Quer o Pacto de Opção, quer o exercício do direito de opção aí consagrado **terá de obedecer à forma escrita por ser essa a forma exigida para o contrato de trabalho desportivo**, bem como **os elementos essenciais desse contrato** (cfr. artigo 5.º da Lei n.º 28/98).

O incumprimento do Direito de Opção gera responsabilidade contratual, não sendo susceptível de execução específica, quer porque estamos em sede de contrato de trabalho, quer porque não existe nenhuma declaração omissa, para ser substituída judicialmente. Há, isso sim, um incumprimento da declaração negocial do concedente.

Finalmente e por último, impõe-se uma breve referência à jurisprudência que tem vindo a ser vertida pelos órgãos jurisdicionais desportivos.

A nível nacional congratulo-me, por razões óbvias, com o Acórdão proferido em 2004 pela Comissão Arbitral Paritária no processo *supra* citado.

No plano internacional tem a Comissão de Resolução de Conflitos da FIFA emanado uma série de decisões no sentido de considerar inválidos os direitos de opção concedidos unilateralmente aos Clubes. São exemplo disso mesmo as decisões proferidas no Proc. 74508 de 22 de Julho de 2004, no Proc. 55161 de 13 de Maio de 2005 e no Proc. 36858 de 23 de Março de 2006[20].

Sucede, porém, que, se as decisões proferidas não colhem o meu reconhecimento, já a fundamentação das mesmas me merece o mais veemente repúdio por se sustentar em argumentos tão débeis como o facto de os Clubes serem considerados e apelidados como *"the stronger party"*, e as condições – prévia e livremente – estabelecidas para o exercício do direito de opção não revelarem um ganho substancial para o jogador se e quando aquele direito vier a ser exercido.

Quiçá coarctados por uma débil convicção, os subscritores das identificadas decisões têm o "cuidado" de revelar sempre que os direitos de opção são uma questão problemática e discutível. E porque assim é, não surpreende que o então responsável pela Comissão do Estatuto do Jogador da FIFA, Gianpaolo Monteneri, citado no Acórdão do Tribunal Arbitral do Desporto proferido no Proc. CAS 2005/A/973 (de que falarei adiante), quando interpelado sobre a validade de um direito de opção, tenha referido que *"this question cannot be answered with a definitive yes or no. It really depends from the concrete circumstances of the case and from the contents of the provisions in the employment contract. In general, unilateral options in favour of clubs are likely to be avoid"*.

---

[20] Todos disponíveis para consulta no sítio da FIFA *www.fifa.com*.

Entretanto, o insuspeito Tribunal Arbitral do Desporto (TAD), com sede em Lausanne, proferiu muito recentemente, a 10 de Outubro de 2006, o Acórdão acabado de referenciar.

Nesse douto Acórdão, proferido no caso que opunha o Panathinaikos FC ao jogador Sotirios Kyrgiakos, e cuja causa de pedir e pedido se relacionam com o exercício de um direito de opção conferido àquele clube e que fora por este exercido, o TAD considerou que o exercício daquele direito (validamente exercido) se impunha ao jogador. E, porque este se recusara a continuar ao serviço do clube, havia incumprido o contrato e, em consequência, estava obrigado a indemnizar o Panathinaikos FC. Foi, assim, anulada a decisão proferida pela CRC da FIFA que havia considerado o direito de opção então estabelecido inválido.

Relativamente à fundamentação do Acórdão do TAD cumpre referir, sumariamente, que a mesma radica em circunstâncias determinadas que foram dadas como provadas e que levam a concluir que existira a "tal" liberdade contratual esclarecida e, por outro lado, argumenta-se a necessidade de salvaguardar dois princípios basilares do Direito, o princípio *pacta sunt servanda* e o princípio *bona fides*.

Porque o Acórdão é muito recente, não é possível, agora, uma análise mais profunda do mesmo. O que se sucederá, por certo, muito brevemente, dada a actualidade do tema.

Assim, sem grande esforço, se conclui que não pode haver dogmas inabaláveis nesta questão dos direitos de opção unilateralmente consagrados a favor dos Clubes.

CONFERÊNCIA DE ENCERRAMENTO

José Alberto Pinheiro Pinto
Especificidades Fiscais no Fenómeno Desportivo

ESPECIFICIDADES FISCAIS
NO FENÓMENO DESPORTIVO

José Alberto Pinheiro Pinto

Propomo-nos abordar, nesta intervenção, algumas especificidades fiscais no fenómeno desportivo.

Por um lado, serão apenas algumas, pois não seria possível exaurir todo o campo de especificidades de uma área como a do desporto.

Por outro lado, a nossa atenção incidirá apenas sobre os impostos mais relevantes, ou seja, o IRS, o IRC e o IVA.

Importa desde logo salientar que certos regimes fiscais em geral e certas especificidades em particular têm explicação na tradição. Ou seja, é frequente que certas disposições encontrem a sua justificação em tratamentos tradicionais ou decorram de comportamentos, positivos ou negativos, generalizadamente assumidos.

Procuraremos, assim, expor as referidas especificidades do fenómeno desportivo nesta perspectiva, tentando enquadrá-las no contexto em que surgiram.

Comecemos pelo **IRS**, imposto que incide, como se sabe, sobre o rendimento das pessoas singulares, tendo entrado em vigor em 1 de Janeiro de 1989.

A esta distância no tempo, talvez seja interessante referir que, até finais da década de 80 do século passado, era generalizada a fuga à tributação do rendimento pessoal dos desportistas (e, bem assim, de outras pessoas remuneradas pelos clubes – treinadores, médicos, massagistas, etc.).

284 *II Congresso de Direito do Desporto*

Valia a realização de duplos contratos e de duplos recibos, de uma forma que podemos dizer ostensiva, sem que a administração fiscal tivesse qualquer atitude no sentido de contrariar essas práticas.

Talvez se admitisse, no íntimo, que o desporto de alta competição era uma profissão de desgaste rápido, sendo como tal merecedor de um tratamento especial, constituindo essa omissão como que uma forma de financiamento do mesmo.

Não estando esse tratamento especial contemplado na lei, acabava por existir na prática, pela via da referida tolerância da administração fiscal em relação à evasão a que claramente se assistia.

A reforma da tributação do rendimento levada a cabo no fim da década de 80 foi aproveitada para corrigir essa anormalidade, causadora de muitas injustiças, quer entre o desporto e os restantes sectores de actividade, quer no seio do próprio desporto.

Sendo os impostos profissional e complementar, que até então vigoravam, bastante progressivos, dentro do conceito de justiça então reinante, acabava a ausência de tributação do desporto por destruir por completo a progressividade, com as consequências em termos de justiça fiscal que se intuem.

Acabou-se, então, com essa área de exclusão tributária, mas, como atrás dissemos, a "tradição" não foi esquecida. Criou-se, para tal, um regime especial para o desporto, vertido no artigo 3.º-A do Decreto-Lei n.º 442-A/88, de 30 de Novembro, válido apenas para os chamados agentes desportivos, abrangendo todos os que, em resultado da prática de uma actividade desportiva, auferissem rendimentos dela directamente derivados.

O regime especial não beneficiava os rendimentos do cônjuge do agente desportivo, nem os rendimentos provenientes de publicidade. Em termos pessoais, estavam excluídos todos aqueles que, embora ligados à actividade desportiva, não fossem dela directos praticantes, como, por exemplo, docentes, treinadores, árbitros, secretários técnicos, pessoal médico e paramédico ou dirigentes desportivos.

O regime especial consistia em permitir aos agentes desportivos a opção entre duas modalidades, qualquer delas fiscalmente privilegiada em relação à generalidade dos sujeitos passivos, a saber:

a) Englobamento de apenas 50% dos rendimentos auferidos exclusivamente da sua actividade desportiva, profissional ou amadora em 1989 e de 75% no ano de 1990, aceitando-se a dedução ao rendimento das importâncias despendidas na constituição de seguros de doença, de acidentes pessoais e de seguros de vida que garantam exclusivamente os riscos de morte, invalidez ou reforma por velhice; ou

b) Tributação autónoma dos rendimentos da actividade desportiva a taxas correspondentes a 1/5, 1/4 e 1/3 das taxas normais, respectivamente nos anos de 1989, 1990 e 1991.

Tratava-se, como é bom de ver, de um regime transitório, a vigorar nos três primeiros anos de vigência do IRS, e que visava fundamentalmente tirar os agentes desportivos da clandestinidade fiscal em que generalizadamente até então se encontravam.

Como é normal, e também na linha do que é tradicional entre nós, o regime transitório foi sendo prorrogado, parecendo estar em vias de chegar ao fim.

Presentemente, mantém-se a opção que atrás descrevemos, mas com uma redução significativa dos benefícios decorrentes de cada uma das alternativas.

Assim, na hipótese de englobamento, já não se limita a 50% do rendimento do desporto, aplicando-se à totalidade do mesmo, subsistindo apenas a ausência de limite em relação aos prémios de seguros.

Quanto à opção pela tributação autónoma, as taxas aplicáveis corresponderam a 60% das taxas normais em 2003, sendo esta taxa incrementada em 10 pontos percentuais nos anos seguintes até se atingir o regime de tributação normal. Isto é, em 2004 aplicaram-se taxas correspondentes a 70% das taxas normais; em 2005, a 80%; em 2006, a 90%; e em 2007 entrar-se-á nas taxas normais, acabando o regime especial do desporto.

Subsistirá, então, apenas o regime previsto no artigo 27.º do Código do IRS para as profissões de desgaste rápido, que abrangem os praticantes desportivos, que, como vimos, consiste na dedução ao rendimento, sem qualquer limite, das importâncias despendidas pelos sujeitos passivos na constituição de seguros de doença, de acidentes pessoais e de seguros de vida que garantam exclusivamente os riscos de morte, invalidez ou reforma por velhice, neste último caso desde que o benefício seja garantido após os 55 anos de idade, desde que não garantam o pagamento e este se não verifique, nomeadamente, por resgate ou adiantamento, de qualquer capital em vida durante os primeiros cinco anos.

286 II Congresso de Direito do Desporto

Ainda em IRS, existe uma outra especificidade, vertida no n.º 5 do artigo 12.º do respectivo Código, que diz textualmente:

"O IRS não incide sobre os prémios atribuídos aos praticantes de alta competição, bem como aos respectivos treinadores, por classificações relevantes obtidas em provas desportivas de elevado prestígio e nível competitivo, como tal reconhecidas pelo Ministro das Finanças e pelo membro do Governo que tutela o desporto, nomeadamente jogos olímpicos, campeonatos do mundo ou campeonatos da Europa, nos termos do Decreto-Lei n.º 125/95, de 31 de Maio, e da Portaria n.º 953/95, de 4 de Agosto".

Trata-se de disposição que, de tempos a tempos, suscita fortes polémicas na opinião pública.

Por um lado, é subjectiva a qualificação de "classificação relevante"; por outro lado, mesmo aceitando-se que em dado caso isso se mostre consensual, é discutível que daí deva resultar um tratamento fiscal de favor.

Parece-nos que se deveria reflectir maduramente sobre se uma norma deste tipo tem ou não razão de ser e, no último caso, decidir definitivamente a sua eventual revogação.

Efectivamente, se a não sujeição a IRS de determinados prémios tem explicação no reduzido quantitativo desses prémios, então por que não aumentá-los para níveis considerados compatíveis a sujeitá-los, então, exactamente como acontece com os demais cidadãos, a tributação em IRS nos termos gerais?

Passemos ao **IVA**.

O IVA veio, há cerca de 20 anos, substituir fundamentalmente o imposto de transacções.

Para algumas entidades, a substituição trouxe grandes vantagens, designadamente por uma maior simplicidade de aplicação; para outras, pelo contrário, a substituição veio introduzir maior complexidade. O desporto incluiu-se neste último grupo de situações.

É que o imposto de transacções era um imposto monofásico que actuava basicamente nas relações entre grossistas e retalhistas.

Em determinadas situações, a não tributação em imposto de transacções assentava num complexo sistema de declarações de responsabilidade, que, ao cabo e ao resto, sustentava situações de fraude e de evasão fiscais. Daí uma grande melhoria que sem dúvida decorreu da introdução do IVA.

Para os retalhistas e para os consumidores finais, o imposto de transacções não encerrava grandes problemas. Os retalhistas adquiriam os produtos com imposto, que repercutiam no consumidor final. Aliás, a própria contabilização do imposto era simples, pois se incluía no custo de aquisição dos bens.

Quanto ao consumidor final, o imposto de transacções também não tinha qualquer problema, que não o de ter de o pagar. É que os preços dos produtos que adquiriam já vinham com imposto incluído.

Com o IVA, alargou-se significativamente o número de sujeitos passivos envolvidos nas operações de liquidação, permitindo-se por outro lado que certas entidades anteriormente tratadas como consumidores finais, pudessem passar a recuperar IVA respeitante a algumas das suas aquisições.

Face ao princípio geral de que só é dedutível o IVA suportado em aquisições destinadas à prática de operações sujeitas e não isentas, o enquadramento dos clubes desportivos e de outras associações ligadas ao desporto mostrou-se bastante complexo, uma vez que, por realizarem operações com e sem IVA, se qualificam como sujeitos passivos mistos ou parciais.

Efectivamente, a par de operações que envolvem a liquidação de IVA nos termos gerais, outras há que estão isentas, como acontece nas situações previstas nos n.ºs 21 e 22 do artigo 9.º do Código do IVA, que passamos a transcrever:

"Estão isentas do imposto:

...

"21 – As prestações de serviços e as transmissões de bens com elas conexas efectuadas no interesse colectivo dos seus associados por organismos sem finalidade lucrativa, desde que esses organismos prossigam objectivos de natureza política, sindical, religiosa, humanitária, filantrópica, recreativa, desportiva, cultural, cívica ou de representação de interesses económicos e a única contraprestação seja uma quota fixada nos termos dos estatuto;

22 – As transmissões de bens e as prestações de serviços efectuadas por entidades cujas actividades habituais se encontram isentas nos termos dos n.ºs 2, 7, 8, 9, 10, 11, 13, 14, 15 e 21 deste artigo, aquando de manifestações ocasionais destinadas à angariação de fundos em seu proveito exclusivo, desde que esta isenção não provoque distorções de concorrência".

Ocorrendo operações deste tipo, a par de outras em que se impõe a liquidação de IVA, o direito à dedução é parcial, qualificando-se os sujeitos passivos como mistos ou parciais.

Ora, quanto a este tipo de sujeitos passivos, o mecanismo de dedução do IVA é complexo, prevendo a lei dois métodos para o efeito: o método da percentagem e o método da afectação real.

Quer a opção por um destes métodos, quer a aplicação do método escolhido encontram ainda uma outra dificuldade, associada à escassez de quadros habilitados a um desempenho adequado.

Nesta medida, é evidente que a introdução do IVA veio, no fenómeno desportivo, introduzir uma muito maior complexidade.

Em termos de incidência, o alargamento do IVA às prestações de serviços veio levantar o problema da tributação das transferências de atletas, em relação às quais não havia qualquer tradição de tributação.

É que o conceito de prestação de serviços acolhido no Código do IVA se mostrou abrangente, por residual, ao dizer-se no n.º 1 do artigo 4.º: *"São consideradas como prestações de serviços as operações efectuadas a título oneroso que não constituem transmissões, aquisições intracomunitárias ou importações de bens".*

Ora, uma transferência de um jogador não deixa de ser, à luz deste conceito, uma prestação de serviço, pois é uma "operação efectuada a título oneroso".

Não obstante, quer pela citada ausência de tradição de tributação, quer pelo facto de uma transferência de um jogador não corresponder, dentro do conceito corrente, à noção de prestação de serviço, durante vários anos nenhum clube liquidou IVA nesses casos.

Só muito mais tarde, depois de a administração fiscal ter verificado tal prática, se optou por clarificar a questão na própria lei, o que foi feito no Orçamento do Estado para 1998.

Foi, então, introduzido o n.º 3 do artigo 4.º do Código do IVA, dizendo:

> *"São equiparadas a prestações de serviços a cedência temporária ou definitiva de um jogador, acordada entre os clubes com o consentimento do desportista, durante a vigência do contrato com o clube de origem e as indemnizações de promoção e valorização, previstas no n.º 2 do artigo 22.º do Contrato de Trabalho Desportivo, aprovado pelo Decreto-Lei n.º 305/95, de 18 de Novembro, devidas após a cessação do contrato".*

Se dúvidas existiam – e não cremos que devessem existir, face ao conceito de prestação de serviço acolhida no Código do IVA –, elas deixaram de existir, permitindo esta alteração legislativa passar uma esponja sobre o passado, ao consentir-se implicitamente a interpretação segundo a qual a norma era inovadora, não podendo aplicar-se retroactivamente.

O importante era, nessa altura, mais que penalizar situações passadas, levar a que todos os clubes entrassem na legalidade, passando a sujeitar a imposto as transferências de jogadores que a partir daí se verificassem.

Quanto à questão da territorialidade da tributação das transferências de jogadores, foi resolvida por enquadramento numa alínea – a alínea l) – do n.º 8 do artigo 6.º do Código, o que significa que se lhes aplica a regra da localização do adquirente.

Depois de feita referência a algumas especificidades no domínio do IVA, passemos finalmente ao **IRC**.

Desde logo, incidindo o IRC sobre os lucros, seria razoável supor que a grande especificidade do fenómeno desportivo fosse precisamente a ausência de qualquer problema, tendo em conta que os clubes desportivos não só não visam a obtenção de lucros, como, pior que isso, nem sequer os têm.

Se analisarmos, porém, o elenco das dívidas que foram abrangidas pelo "Plano Mateus", verificamos que algumas dessas dívidas eram de IRC.

Qual a razão, então, por que, incidindo o IRC sobre lucros e não os tendo os clubes desportivos, têm dívidas de IRC?

O "mistério" esclarece-se facilmente, muito embora para pessoas menos familiarizadas com estas matérias possa começar por parecer inexplicável.

É que aos clubes foi dada uma isenção de IRC, inicialmente contida no artigo 10.º do Código, cujos n.ºs 1 e 3 tinham a seguinte redacção:

"1 – Estão isentos de IRC os rendimentos directamente derivados do exercício de actividades culturais, recreativas e desportivas.

3 – Não se consideram rendimentos directamente derivados do exercício das actividades indicadas no n.º 1, para efeitos da isenção aí prevista, os provenientes de qualquer actividade comercial, industrial ou agrícola exercida, ainda que a título acessório, em ligação com essas actividades e, nomeadamente, os provenientes de publicidade, direitos respeitantes a qualquer forma de transmissão, bens imóveis, aplicações financeiras e jogo do bingo".

No fundo, face à estrutura corrente dos resultados dos clubes desportivos, esta disposição veio isentar de IRC uma fatia fortemente negativa dos resultados – que, como é óbvio, nunca consentiria tributação em IRC –, exigindo ao mesmo tempo a tributação dos rendimentos decorrentes das principais fontes de cobertura dos prejuízos desportivos – bingo, publicidade e transmissões televisivas.

Quer isto dizer que só há IRC porque há isenção dos rendimentos da actividade desportiva, pois, na ausência de tal isenção, os resultados globais não atingiriam nunca o limiar da tributação, por serem negativos.

Ou seja, como a isenção se reporta a uma simples parte do conjunto dos proveitos e dos custos, em que os custos são muito superiores aos proveitos, o resultado que acaba por contar para efeitos fiscais é muito superior ao resultado líquido do clube, sendo mesmo eventualmente positivo.

Trata-se, pois, de isenção manifestamente prejudicial.

Curiosamente, o acesso a essa isenção era condicionado no n.º 2 do mesmo artigo, que textualmente dizia:

"2 – A isenção prevista no número anterior só pode beneficiar associações legalmente constituídas para o exercício dessas actividades e desde que se verifiquem cumulativamente as seguintes condições:

a) Em caso algum distribuam resultados e os membros dos seus órgãos sociais não tenham, por si ou interposta pessoa, algum interesse directo ou indirecto nos resultados de exploração das actividades prosseguidas;

b) O exercício de cargos nos seus órgãos sociais seja gratuito;

c) Disponham de contabilidade ou escrituração que abranja todas as suas actividades e a ponham à disposição dos serviços fiscais, designadamente para comprovação do referido nas alíneas anteriores".

Trata-se, como vê, de condições que dificilmente seriam incumpridas, como convinha!

Quando, porém, começou a ser prática a remuneração dos dirigentes, decerto porque daí resultaria a perda da isenção, o legislador apressou-se a suprimir a condição requerida na alínea b) atrás transcrita.

Assim, presentemente, apenas as duas outras condições são impostas para que a isenção se aplique, sendo certo que na prática o seu cumprimento é praticamente obrigatório.

A situação não parece muito correcta, tanto mais que não é permitida a renúncia à isenção. Ou seja, os sujeitos passivos são obrigados a estar isentos, acabando por ser tributados apenas por "beneficiarem" dessa isenção, já que, na ausência dela, o apuramento de resultados negativos conduziria a que não tivessem de pagar IRC.

Cremos que esta especificidade fiscal do fenómeno desportivo, pelas razões expostas, não tem qualquer razão de ser, pelo que se recomendaria a sua eliminação, ou, no mínimo, a previsão da possibilidade de renúncia à isenção por parte das entidades que com esta fossem prejudicadas.

CRÓNICA DA JORNADA

Nuno Barbosa e Ricardo Costa

CRÓNICA DA JORNADA

(OUTUBRO DE 2006)

1.º Tempo   Nuno Barbosa *

1. O Congresso iniciou-se com um painel inteiramente dedicado à justiça desportiva. E este painel era talvez o que mais curiosidade suscitava, dadas as dúvidas existentes na definição dos casos susceptíveis de recurso fora das instâncias desportivas. Poderá dizer-se que, neste particular, o efeito das conferências proferidas e do debate que se seguiu teve um efeito semelhante ao de um farol: ora parecia estar a orientar-nos, a dar-nos pistas, para logo de seguida nos encandear e deixar-nos mergulhados numa enorme dúvida.

2. A fim de clarificar as posições aqui apresentadas, diria que basicamente temos duas posições sobre este tema. De um lado, uma posição mais favorável à admissibilidade de impugnação judicial das decisões dos órgãos desportivos competentes. No fundo, uma posição que se revê no articulado na Lei de Bases do Sistema Desportivo de 1990 e entretanto revogada. Nesta lei, a inimpugnabilidade dependia da verificação dos dois requisitos previstos no seu art. 25.º. A saber: a) tratar-se de questão estritamente desportiva, que a lei não definia; b) e que o fundamento fosse a violação de normas de natureza técnica ou de carácter disciplinar. Neste sistema, o princípio era o da recorribilidade para os tribunais comuns.

---

* Advogado (Abreu Advogados). Mestre em Direito (Ciências Jurídico-Empresariais). *E-mail*: nuno.barbosa@abreuadvogados.com

296 *II Congresso de Direito do Desporto*

3. A outra posição, aqui sustentada pelo Juiz Conselheiro Almeida Lopes, revê-se no texto da Lei de Bases do Desporto (2004), a qual consagra o princípio inverso, isto é o princípio da não intervenção dos tribunais nas questões relacionadas com o desporto, em obediência àquela máxima que o Conferencista sintetizou admiravelmente e que por certo ficará na história dos Congressos de Direito do Desporto: «roupa suja lava-se em família». Pois bem, lavar a roupa suja em família significa que devem ser as instâncias desportivas a resolver os seus litígios, sendo o acesso aos tribunais admitido muito residualmente.

4. Por outro lado, a Proposta de Lei n.º 80/X, que aprova a Lei de Bases da Actividade Física e do Desporto, vem partilhar desta última posição, mantendo, por conseguinte, a regra da não impugnabilidade para os tribunais comuns das questões desportivas. Ou seja, vai-se continuar a lavar a roupa suja em família ([1]).

Eu, a este propósito, permitia-me fazer somente duas observações: em primeiro lugar, julgo que se o que se pretende é vedar o recurso aos tribunais em todas as questões, à excepção das infracções atinentes à ética desportiva, devia-se dizer isso de um modo mais claro. De facto, dizer-se que não são susceptíveis de ser apreciadas pelos tribunais as questões «que tenham por fundamento normas de natureza técnica ou de carácter disciplinar, enquanto questões emergentes da aplicação das leis do jogo, dos regulamentos e das regras de organização das respectivas competições» é tudo, menos claro. Diga-se, por exemplo, «questões contidas na regulamentação desportiva». Tudo será preferível à actual formulação que, além do mais, tem o inconveniente de usar as palavras do passado (refiro-me a «questões estritamente desportivas») para traduzir a realidade oposta. Creio pois que seria bem mais fácil para o intérprete que se abandonasse qualquer expressão susceptível de criar confusão com o passado, como seja «questão estritamente desportiva», «questão essencialmente desportiva» ou mesmo «questão desportiva».

---

[1] Esta Proposta de Lei deu origem à actual Lei de Bases da Actividade Física e do Desporto (Lei n.º 5/2007, de 16 de Janeiro).

Em segundo lugar, julgo que a opção por um sistema de (essencialmente) justiça privada, deve ser acompanhado pela criação de mecanismos de controlo de legalidade dos regulamentos federativos. Pois é sabido que, actualmente, muita da regulamentação desportiva contém normas manifestamente ilegais, seja por contrariedade ao direito nacional, seja por contrariedade ao direito comunitário. E como agora a tal regulamentação parece não ser sindicável junto dos tribunais comuns, o mínimo que se impõe ao legislador é que consagre mecanismos de controlo prévio da sua legalidade.

5. Outro tema de notável actualidade diz respeito à influência do direito da concorrência no direito do desporto. A este propósito, fomos brindados com mais uma magnífica intervenção de Carolina Cunha, que nos colocou a par das mais recentes decisões judiciais comunitárias e estrangeiras atinentes a esta matéria.

A sua intervenção teve por objecto duas problemáticas relacionadas com o desporto espectáculo. Em primeiro lugar, Carolina Cunha deu-nos nota de que a sujeição do desporto, enquanto actividade económica, ao direito da concorrência é um dado assente, todavia há que ter em conta certas especificidades – como a dimensão social e educativa do desporto ou a especial relação de interdependência entre agentes desportivos, cuja competição entre si reveste características diferentes. A segunda parte da sua intervenção foi dedicada aos problemas da exploração dos direitos de difusão de eventos desportivos, nomeadamente a transmissão televisiva dos jogos de futebol. Carolina Cunha elencou um conjunto de decisões sobre esta matéria, tendo concluído com um conjunto de directrizes aplicáveis aos sistemas de alienação de direitos televisivos que fazem antever grandes mudanças no modo como o desporto é hoje explorado comercialmente. De facto, a sensação com que fiquei depois de ouvir a intervenção de Carolina Cunha é a de que a negociação dos direitos de transmissão televisiva em matéria de futebol profissional está à margem das regras do direito da concorrência.

6. Finalmente, vou referir-me, em breves palavras, à intervenção de Palomar Olmeda. A nota dominante que retiro da sua intervenção diz respeito à fragilidade de algumas posições consagradas no Código Mundial Antidopagem. Eu já tive a oportunidade de analisar o Código e de ler vários dos comentários e pareceres jurídicos preparados a pedido da Agência Mundial Antidopagem. E a verdade é que, não obstante a força persuasiva de tais comentários e pareceres, estão consagradas regras que causam relativa estranheza. Refiro-me sobretudo à matéria da culpa. Como muitos saberão, em matéria de *doping* existem duas posições extremadas: uma que defende estar-se em face de uma responsabilidade objectiva, e em consequência, basta o resultado positivo de uma análise por *doping* para se verificar o ilícito disciplinar; outra que defende estar-se em face de uma responsabilidade subjectiva, e nessa medida será necessário alegar-se e provar-se que o atleta voluntariamente ministrou a substância que veio a verificar-se estar no seu corpo. Foi esta última concepção, aliás, que esteve na base da absolvição do atleta Nuno Assis, num recente acórdão do Conselho de Justiça da Federação Portuguesa de Futebol. Pois bem, a este propósito já tive a oportunidade de escrever que, em minha opinião, a solução acertada ficará no meio destas duas: estamos em presença de uma responsabilidade subjectiva, o que pressupõe a culpa, mas, no caso do *doping*, essa culpa é presumida, pelo que não será necessário provar-se a ingestão da substância proibida pelo atleta.

Bom, a verdade é que o Código Mundial Antidopagem vai ainda mais longe, pois condiciona os termos em que a presunção de culpa pode ser ilidida. O que já se me afigura de legalidade duvidosa e que não deixará certamente de fazer correr muita tinta sobre este assunto.

2.º Tempo
RICARDO COSTA *

1. Este foi o Congresso da *especificidade*, a palavra mais ouvida durante os dois dias de trabalho. Fosse para fundamentar o regime jurídico actual, fosse para justificar a sua revisão, fosse ainda para aconselhar a introdução de novos instrumentos normativos e regulamentares. E não admira essa reiteração do vocábulo. É ele que simboliza a autonomização do Direito do Desporto, num trânsito permanente entre a *regra especial*, que alavanca essa independência, e a *regra geral*, que já não alcança os interesses, os valores e as necessidades do fenómeno desportivo.

2. Esta conclusão genérica ressalta particularmente evidente na *relação laboral desportiva*. Está assente entre nós a tese de que os quadros comuns do Direito do Trabalho não integram as particularidades das relações jurídicas que o fenómeno desportivo gera na área dos vínculos de trabalho. No entanto, as principais respostas a essa *inadequação* em sede da actividade do praticante desportivo – a Lei 28/98 (surpreendentemente "sofisticada", afirmou Júlio Gomes) e, para o futebol profissional, o CCT/LPFP/SJPF –, deixam antever pontos que não foram apreendidos, outros estão credores de revisão, outros necessitam de melhor esclarecimento.

3. Paradigma destas asserções é o regime do período experimental no contrato de trabalho desportivo. Se este é um tempo que atribui ao praticante a liberdade de denunciar livremente o contrato de trabalho, devemos vê-lo como uma contrapartida do carácter estabilizador do termo resolutivo necessariamente aposto ao contrato (depois dele só o extinguirá com justo motivo). Esta apertada liberdade de desvinculação, juntamente com a densidade acrescida das relações pessoais neste tipo de contrato, justificará a *automaticidade* do período experimental no contrato de trabalho desportivo. Mas a discussão sobre a imperatividade de uma cláusula contratual expressa para vigorar a "experiência" mantém-se. O art. 11º, n.º 1, da Lei 28/98 é

---

* Assistente da Faculdade de Direito da Universidade de Coimbra. Mestre em Direito (Ciências Jurídico-Empresariais).

E-mail: rcosta@fd.uc.pt

dúbio, o art. 11°, n.° 4, do CCT presume que o período experimental não existe se não for expressamente previsto pelas partes (mas o poder de exclusão de um direito não assiste à contratação colectiva), o art. 109°, n.° 1, do Código do Trabalho não ajudou a esclarecer. (A propósito: Júlio Gomes sugere que alguns aspectos da lei do contrato de trabalho desportivo deveriam estar na lei geral, dando o exemplo da sucessão de contratos.) Melhor seria uma intervenção clara para delucidar a incerteza. Como noutras matérias se reivindica igual actuação. Justifica-se prazo tão curto para "prova" de um contrato que pode ir até aos oito anos de duração? Em que situações é abusiva a invocação do período experimental? Quem se poderá prevalecer da cessação do período experimental nas hipóteses previstas pelos arts. 11°, n.° 3, da Lei 28/98, e 11°, n.° 2, do CCT? À atenção do legislador ficou o *deficit* valorativo da lei quando acerta o aludido trânsito entre relação laboral comum e relação laboral desportiva.

4. Jorge Leite foi claro: quem tem legitimidade exclusiva para definir e impor as exigências desta última relação *é o legislador*. Pois se certos aspectos das relações entre determinados agentes desportivos são incompatíveis com o regime geral, pois então que se construam novos "edifícios jurídicos", desde que tal seja reclamado pela peculiaridade da actividade. Neste contexto, a relação entre treinador (ou outros técnicos) e os clubes desportivos (ou sociedades desportivas) sofre de evidente lacuna na previsão e merece uma disciplina futura. Enquanto essa não chegar, Jorge Leite defende o recurso às soluções que a lei reserva para a "comissão de serviço" como método para resolver vários problemas. Mas não ficou por aqui. Sendo o treinador um agente "particularmente qualificado" (desde logo pela influência sobre o atleta, individualmente, e sobre um grupo, se for o caso), os desafios dessa disciplina futura passam por identificar o "trabalhador treinador" e delimitar o núcleo essencial da sua função (e até considerar os requisitos de acesso à profissão). Mais em concreto, pediu a uma lei futura atenção privilegiada à duração do contrato, ao tempo do trabalho, às restrições à esfera jurídica pessoal deste operador desportivo, à extinção do contrato.

5. De insuficiências de normação se falou na matéria do direito de opção do atleta no contrato de trabalho desportivo. A tensão é óbvia. A prefiguração deste poder consiste numa manifestação da *liberdade contratual* das partes, à qual se revela por natureza alérgico o Direito do Trabalho, preocupado em primeira linha em reprimi-la em nome da tutela da parte mais débil. Tal direito potestativo – *brevitatis causa*, consagra-se a faculdade de aceitar uma proposta originariamente feita pela outra parte no sentido de se perfeccionar o contrato visado e, assim, prorrogar inelutavelmente a relação contratual no seu termo primitivo – obedece, em rigor, a interesses diferentes, a que escapa a urgência em proteger o trabalhador. Na realidade laboral desportiva existe o risco associado à actividade dos praticantes, a imprevisão dos resultados, a incumbência de gerir racionalmente os recursos humanos (profissionais) e as expectativas de prestação competitiva. Paulo Gonçalves sustentou que tais interesses são decisivos e não podem imputar ao direito de opção um juízo necessário de reprovação (isto é, invalidade das cláusulas que o permitem). Antes se deverá afinar a *interpretação em concreto* de tais cláusulas. Esta convicção do conferencista deve ter como referência a aferição de uma liberdade contratual *livre* e *esclarecida*, no que ao período (pré--aviso) e condições (de preço, por exemplo) para o seu exercício diz respeito. Melhor também aqui seria se a lei constituísse os *guide lines* do que imperativamente se exige para a conformação válida do direito de opção.

6. E se o empregador obriga no contrato o seu atleta trabalhador a respeitar as convocações e a integrar os trabalhos das selecções nacionais, isso só significa que o contrato de trabalho desportivo consagra uma vertente de prestação *obrigatória e coactiva*. Junta-se, segundo Ángel Villar, à parcela esmagadora em que a *voluntariedade* preside ao restante (esmagadoramente maioritário) feixe de direitos e deveres. O certo é que essa libertação tem gerado conflitos entre associações de clubes, como o G14, e as federações internacionais, como a FIFA. A controvérsia está no modelo em vigor: devem libertar-se os atletas para dar corpo a esses compromissos de forma *gratuita, não compensada* e *absolutamente exoneratória de responsabilidades a cargo das federações nacionais pela frustração de expectativas ou lesão de direitos resultantes da utilização dos atletas* *nesses compromissos*. É norma da FIFA, por exemplo, e a sua força hierárquico-normativa no exercício do poder de auto-regulação de uma certa modalidade desencadeia uma *relação em cadeia vertical* deste modelo de libertação para todas as federações associadas e seus clubes. Ángel Villar é defensor incondicional desta solução, já que só ela garante a igualdade de oportunidades na competição, a supressão do desequilíbrio no que toca às capacidades económicas das diversas federações, em suma, a solidariedade e a redistribuição dos recursos gerados pelo desporto. Pagar aos clubes pelo uso dos atletas e/ou pelos prejuízos sofridos com essa utilização teria como resultado prejudicar a função social do desporto, pois os mais poderosos seriam sempre mais fortes em detrimento dos mais fracos porque menos dotados. Ángel Villar foi ainda mais assertivo: este modelo pode não ser legítimo, "mas está hoje legitimado na lei de cada um dos países". O nosso é exemplar: no art. 63º da LBD de 2004, que oferece uma garantia do Estado para esta "missão de interesse público", no programa de deveres laborais recíprocos de clube e jogador (arts. 12º, al. *c)*, 13º, al. *b)*, 14º, al. *g)*, da Lei 28/98). Porém, é também o nosso regime que prevê que o figurino de participação dos praticantes desportivos nas selecções nacionais deve ter em conta, não só o interesse público dessa participação e os interesses legítimos das *federações*, assim como os dos *clubes* e dos *praticantes*. É do art. 49º, n.º 2, do DL 144/93 (regime jurídico das federações desportivas) que falo, norma que prescreve cuidadosamente um modelo *tripartido* e *polivalente*. Nem sempre a lei se esqueceu de regular, o que ela regula é que fica por vezes esquecido.

7. A próxima jornada é certa!

SESSÃO SOLENE DE ENCERRAMENTO

Nuno Barbosa
Coordenação Científica

Senhor Representante do Instituto do Desporto de Portugal
Senhor Bastonário da Ordem dos Advogados
Caro Colega da Coordenação Científica
Senhores Congressistas
Minhas Senhoras e meus Senhores

Chegou a hora de encerrarmos o II Congresso de Direito do Desporto. É, pois, o momento azado para vos dispensar um sincero agradecimento e para vos formular um pedido.

No tempo em que vivemos, tudo se processa a estonteante velocidade. Aquilo a que chamamos trabalho invade todos os dias o tempo que supostamente estaria reservado para o deleite familiar, social, lúdico. Os dias são passados em ofegante aceleração, saltitando-se de afazer em afazer, de telefonema em telefonema, de email em email, de sms em sms, de recado em recado. É pois o tempo do match-point infligido ao pensamento. É o tempo da análise levíssima, da irreflexão, da resposta imediata, do estudo superficial. Todos parecem viver numa infindável auto-estrada, em contínua aceleração, e com paragens breves.

Pois o meu efusivo agradecimento vai vos dirigido pela vontade que manifestaram em aceitar este desafio para uma paragem nesta estação de serviço que colocamos à berma da auto-estrada das vossas vidas.

Um congresso é, como este acabou de confirmar, um espaço privilegiado de introspecção, de reflexão problematizante, de apresentação de propostas previamente ponderadas e não da opinião imediatista, epidérmica, imponderada. É uma paragem na lufa-lufa do dia-a-dia. E como foi saudável esta paragem. Tivemos propostas inovadoras, trataram-se, com profundidade, temas da maior actualidade, houve debate aceso, acenderam-se algumas fogueiras polemizantes, discutiram-se os prós e contras, criaram-se consensos, acentuaram-se divergências. Foi, sem dúvida, um Congresso rico. Rico em consciência, rico em pensamento, rico na razão. O nosso muito obrigado.

Mas esta paragem é também um ponto de partida. O Direito do Desporto encontra-se em fase de crescimento, à procura de consolidar a sua autonomia, tal como um jovem adolescente caminha em passo largo para a maioridade. E a verdade é que o Direito do Desporto tem dado nos últimos tempos sinais de grande vitalidade. Desde logo, uma intensa actividade legislativa, que aliás tem a dignidade de vir compilada em diversas colectâneas, seja da Livraria Almedina, seja da Coimbra Editora, seja da Porto Editora, assim como outras edições de carácter não comercial. Depois, a produção jurisprudencial, que tem registado um nível cada vez maior de decisões atinentes ao Direito do Desporto. Também o ensino tem prestado um grande contributo para a definição dos contornos do Direito do Desporto, uma vez que instituições de alta credibilidade científica têm desenvolvido cursos de pós-graduação, seminários, colóquios e conferências nesta matéria. Finalmente, um último exemplo que atesta bem o caminhar seguro do Direito do Desporto para a consolidação da sua autonomia encontra-se na Desporto & Direito, Revista Jurídica do Desporto, que constitui um registo científico quadrimestral da doutrina, legislação e jurisprudência jusdesportiva. Trata-se, indiscutivelmente, de uma outra estação de serviço de referência!

Para finalizar, formulo-vos o meu pedido. Aprende-se no Direito Internacional Público que a individualidade de um país depende, entre outros factores, da existência de um conjunto de pessoas que formem o seu substrato pessoal, que sejam o seu povo. Pois bem, neste mundo do Direito, o Direito do Desporto também luta por se afirmar como um país independente. E nós teremos de ser o seu povo. Se um ramo de Direito carece de investigadores que lhe devotem a sua atenção, sejamos os seus investigadores; se carece de práticos, sejamos os seus práticos. É com grande júbilo que constato que muitos dos que estiveram no Estoril em 2004 voltaram agora. A eles juntaram-se muitos de vós, advogados, estagiários, magistrados, professores, agentes de jogadores, gestores e outros.

Caros concidadãos do Direito do Desporto, se é que permitem usar esta expressão, chegou o momento de declarar encerrado o Congresso e de retomarmos a viagem nas auto-estradas das nossas vidas. Desejo-vos uma boa partida e despeço-me com um até breve.

NUNO BARBOSA

Comentários

Comentários 309